LECTURE NOTES OF CHINESE NEOLITHIC ARCHAEOLOGY

# 中国新石器时代考古讲义

袁靖 ◎ 主编

复旦大学出版社

# 目 录

| | | |
|---|---|---|
| 001 | 前言 | 袁　靖 |
| 001 | 第一讲　中国新石器时代的分期年代与文化谱系 | 韩建业 |
| 043 | 第二讲　新石器时代环境考古 | 夏正楷 |
| 060 | 第三讲　"点亮东方"——从上山到河姆渡的社会进程 | 孙国平 |
| 078 | 第四讲　探索良渚文明之源——从马家浜、崧泽到良渚 | 林留根 |
| 091 | 第五讲　良渚玉器与良渚文明 | 方向明 |
| 103 | 第六讲　良渚之后的文化格局——广富林文化与马桥文化 | 陈　杰 |
| 116 | 第七讲　史前葬仪中的观念：以大汶口与良渚大墓的比较为例 | 张　弛 |
| 130 | 第八讲　新石器时代的人类骨骼考古 | 朱　泓 |
| 145 | 第九讲　骨中探秘：舌尖上的中国 | 胡耀武 |
| 161 | 第十讲　新石器时代东亚人群的遗传结构 | 文少卿 |
| 173 | 第十一讲　新石器时代植物考古 | 赵志军 |
| 189 | 第十二讲　新石器时代动物考古 | 袁　靖 |
| 219 | 第十三讲　新石器时代的手工业 | 秦小丽 |
| 257 | 第十四讲　考古学对中国文明起源的探索历程 | 赵　辉 |
| 273 | 授课教师简介 | |
| 277 | 后记 | |

# 前　言

袁　靖
复旦大学科技考古研究院

复旦大学科技考古研究院的主要研究方向是科技考古,所以我们2018年第一次推出FIST课程时,主题定为"中国科技考古"。2019年再开FIST课程,我们要从头开始讲中国考古学,即从史前讲起了。"史前"是一个相当长的时间概念,包括旧石器时代和新石器时代,旧石器时代从距今300万年前到距今10 000多年前,关于这段将近300万年的漫长历史,迄今为止还有许许多多的空白等待填补。毛泽东主席说过,人猿相揖别,只几个石头磨过。因为还有许许多多的研究工作需要完成,所以"这几个石头"的时代,我们这次暂且略过,仅在讲授新石器时代考古时,对相关问题有所涉及。

这次FIST课程的题目是"中国新石器时代考古",大致从距今10 000多年前开始,中国新石器时代开启了古人磨制石器的历史、制作陶器的历史、种植农作物的历史、饲养家畜的历史、社会复杂化的历史和文明化进程的历史。国际学术界对于人类历史有三个重大研究,人类起源、农业起源和文明起源,其中,农业起源和文明起源都是在新石器时代完成的,所以说中国新石器时代考古意义重大。在对中国新石器时代考古有了系统的认识之后,就能为学习夏商周考古、秦汉考古、隋唐考古及以后各个时期的考古奠定一个很好的基础,知道中华民族的历史是从哪里开始的。为了做好这次中国新石器时代考古集中授课,我们精心策划,邀请了国内高校和研究机构在新石器时代考古的相关领域中做出突出成就的专家、著名研究人员来给同学们做系列讲座,我们的教师团队应该说是中国考古界的一个明星阵容。相信同学们通过这次听课,一定会受益良多。

讲到新石器时代考古,我们首先面临的是存在于中国大地上的不同时期、不同地域的各个考古学文化。这些考古学文化时间各异,内涵不同,此起彼伏,各有特色。在当今中国考古学界,能够真正把新石器时代各个考古学文化的时间框架、文化内涵、来龙去脉娓娓道来的学者为数不多,中国人民大学历史学院的韩建业教授是这些为数不多的学者中的佼佼者。韩建业教授的主要研究方向是中国新石器时代考古,他在授课中阐述了自己对中国新石器时代特征的思考,将中国新石器时代分为早期、中期、晚期和铜石并用时期,用大量的篇幅介绍了这四个时期内,不同地区以陶器为主的物质文化特征反映出来的众多文化的发展、传承和交流关系,高屋建瓴,大开大合,帮助我们对中国新石器时代有了一个整体性的把握。

大河上下,顿失滔滔,山舞银蛇,原驰蜡象,欲与天公试比高。滚滚长江东逝水,浪花淘尽英雄。在中国大地上从西往东川流不息的一条黄河、一条长江,以及高原、山地、丘陵、平原、盆地、湖泽,是我们的祖先生存和发展、创造一个又一个考古学文化的大舞台。认识当时的气候环境、地形地貌和水文,是我们认识考古学文化的重要基础,探讨人地关系,是考古学研究的重要内容。北京大学城市与环境学院的夏正楷教授是我们中国考古学界的领袖人物夏鼐先生的公子,多年来从事环境考古,硕果累累,是我们中国环境考古的领军人物之一。夏正楷教授给我们讲授了旧石器时代向新石器时代过渡的环境背景、新石器时代的区域文化与环境特征,以及史前大洪水与华夏文明的起源。

长江下游地区新石器时代有多个考古学文化交替兴盛,形成这个地区的新石器时代文化特色。苏秉琦先生提出区系类型的理论,长江下游地区就是其中一个重要的区域。复旦大学在上海,上海位于长江下游地区,作为复旦大学开设的新石器时代考古课程,系统地认识长江下游地区的新石器时代考古学文化是非常必要的。

浙江省文物考古研究所的孙国平研究员多年来一直在田野一线进行考古发掘,聚焦田螺山等多个重要遗址开展考古学研究。孙国平研究员在"点亮东方"的授课中,首先阐述了"东方"概念的由来和界定,其次阐述了"东方"的地理位置与自然环境,然后,孙国平研究员从文化分布的空间和聚落环境、生业经济、聚落形态、手工业技术和原始艺术遗存的不同角度，详细阐述了从上山文化到跨湖桥文化、再到河姆渡文化的发展过程，最后还对东方文化形成的动因阐述了自己的看法。

江苏省考古研究所的所长林留根研究员主要从事中国史前考古、商周考古研究，主持发掘过蒋庄遗址等多个重要遗址，蒋庄遗址曾经入选"2015年度全国十大考古新发现"。林留根研究员以"探索良渚文明之源"为题，从良渚文化与良渚国家文明讲起，讲授了长江下游新石器时代文化谱系与文化格局，剖析了崧泽文化与长江下游文明化进程，最后讨论了长江下游文明演进模式，分析了中央与地方、良渚文化和大汶口文化的关系。

良渚文化是新石器时代长江下游地区最为辉煌的一个文化，其鲜明特色是出土了大量精美的玉器。良渚文化的玉器从造型、制作工艺到其中蕴含的思想观念，是考古学研究的重要内容。浙江省文物考古研究所的方向明研究员长期从事田野发掘，编写过多本大型考古报告，撰写了多本专著。方向明研究员的绘画功底十分精湛，他用极为细致的笔触画出良渚文化的玉器及纹样，让人叹为观止，可谓是中国考古界玉器绘图的第一人。方向明研究员以"良渚玉器与良渚文明"为题给我们授课，讲授了良渚先民为何选择玉文明的道路、宇宙模型（琮）和太阳神（像）、造神和神的由来、成组玉礼器与用玉礼制、"中央"和"地方"等内容。

陈杰研究员是上海博物馆的副馆长，是国家社科基金重大课题"上海广富林遗址综合研究"的首席专家。他主持的青龙镇遗址考古项目被评为"2016年度全国十大考古新发现"之一。陈杰研究员不但是在田野考古一线主持考古发掘的研究人员，同时也是动物考古领域的专家，可以说是符合21世纪中国考古学发展方向的研究人员的典型代表之一，即现在的考古学家不但要在田野考古发掘上是一把好手，还要在研究中有自己的特色，在探讨考古学的重要学术问题上有独到见解，或者在某个研究领域有一技之长。陈杰研究员以"良渚之后的文化格局"为题，讲授了马桥文化及其基本特征、广富林文化及其基本特征、良渚之后的若干问题等内容。

包括长江下游地区的考古学文化在内，葬仪是我们认识新石器时代的一个极为重要的内容。生老病死是不可抗拒的规律。在新石器时代的多个考古学文化中发现了很多墓地，集中埋葬了当时聚落的死者，这些墓地里的墓坑有专门的规划,墓葬里有特殊的随葬品,有的死者还有特殊的葬式。视死如生,众多墓地及其特征集中反映了新石器时代的多种社会和文化现象,是我们认识新石器时代的一个极为重要的内容。北京大学考古文博学院的张弛教授讲授的大汶口文化和良渚文化的大墓,保存了当时最高等级社会群体的思想观念和社会权力观念。从单个墓穴的空间仪式角度来看,大汶口大墓是社会化的,而良渚大墓的葬仪更为个人化,表现了两者社会权力观念的不同。而通过比较大汶口文化早期和与良渚文化前后关系密切的崧泽文化时期的大墓可以看出,无论大汶口文化早期还是崧泽文化时期,大墓的葬仪都跟大汶口文化中晚期基本一致,一直没有变化,都有突出宴饮的社会化的特点。但是反山、瑶山、汇观山等位于良渚遗址群中的大型墓葬并没有延续崧泽文化大墓的葬仪传统,而是采用了一种创新的埋葬仪式,代表了社会权力从观念到形式的一种转变。

我们必须认识到,中国新石器时代的物质文化和精神文化都是人创造的,离开了人,一切都无从谈起。在幅员辽阔的中国大地上,在新石器时代的漫长阶段里,古人是什么样子的?从纵的方面看,文化与文化的更替,人的体质有没有改变?从横的方面看,在同一时期、不同地区的考古学文化中,人的体质是具有共性还是各具特性的?从健康状况看,我们的祖先处于一种怎样的状态?这些都是新石器时代重要的学术问题。吉林大学考古学院的朱泓教授是当今国内人骨考古的领军人物,现在活跃在国内高校和科研机构的研究人骨考古的老师们,绝大多数都出自朱泓教授门下。朱泓教授给我们讲述了人骨考古与体质人类学的共性和个性,详细介绍了新石器时代居民的人骨类型特征及来龙去脉,并以内蒙古自治区通辽市哈民忙哈遗址为例,讲授了古人口学的研究内容。

复旦大学科技考古研究院要在全国考古界做出自己的特色,这个特色中很重要的一个方面是全面开展生物考古研究,就是从人骨考古、动植物考古、同位素分析和古DNA分析等多个角度开展研究。同位素分析和古DNA研究是生物考古中极为重要的组成部分。这两个领域的研究不但为生物考古的深入发展提供了科学的思路、翔实的数据、可靠的观点,在充实和完善考古学综合研究的过程中发挥了不可替代的重要作用,而且也以测试分析用的仪器设备鲜明地凸显出科技考古的特色。

胡耀武教授是国内同位素分析在考古中的应用方面的领军人物之一,这些年来做了大量的工作,在国际一流杂志上发表了多篇论文,他的研究成果为国内外的考古研究人员所关注。胡耀武教授给大家讲授了稳定同位素分析在考古中应用的目的及原理、国内外稳定同位素分析在考古中应用的研究简史、稳定同位素分析应用于考古学研究的成功实例。

古DNA研究进入考古学领域,通过对古代人骨和动物骨骼的测试、分析和研究,给我们带来从骨骼形状上无法看到的、耳目一新的认识。相信经过今后几年的努力,古DNA研究一定会给考古学研究带来一场革命性的变化。文少卿博士是科技考古研究院的后起之秀。文少卿博士给大家讲授了古DNA研究的简史,介绍了复旦大学古DNA研究的高通量测序平台,阐述了古DNA研究成功应用于考古学研究的精彩实例。

讲完考古遗址出土人骨的多角度研究之后,我们需要思考一个最基本的问题,即经济基础。古人在形容北方地区农业社会的富饶时,用的词是五谷丰登、六畜兴旺;而描述南方地区的富饶时,则称之为鱼米之乡,可见作为食物的植物资源和动物资源是密不可分的。五谷和六畜中的主要种类都是新石器时代起源或出现的,这些农作物和家畜起源或出现之后,在整个新石器时代起到了至关重要的作用,有力地支撑了整个新石器时代文化的发展,由此可以概括出一句话,民以食为天。古代中国以农业立国,这个传统是在新石器时代形成的。中国社会科学院考古研究所的赵志军研究员是国内研究植物考古的领军人物,袁靖教授则是从事动物考古研究的领军人物,两位学者的研究是密不可分的。

赵志军研究员首先阐述了植物考古的概念及价值,然后介绍了西辽河上游地区、黄河下游地区、黄河中游地区、黄河上游地区、长江中下游地区植物考古的研究成果,勾勒出不同区域中国古代农业的生产特点和发展模式。

袁靖教授的授课分为四个方面,首先是中国动物考古学研究的特征,其次是动物考古学研究的方法,再次是新石器时代的狗、家猪、黄牛和绵羊等家畜的起源和出现,最后是新石器时代黄河流域和长江流域的居民获取肉食资源的特点。

新石器时代的手工业考古是一个重要的研究领域。考古遗址里出土了许多人工遗物,有陶器、石器、玉器、骨角器、绿松石等,这些器物既反映了当时的生活状况、生产状况、社会结构状况,也反映了当时生产工艺的发展史、文化交流的传播史,手工业考古是我们学习中国新石器时代考古的重要内容。秦小丽教授参加和主持过陕西临潼康家遗址、陕西南郑龙岗寺墓地等重要考古遗址的发掘工作。多年来,围绕陶器、玉器等开展过系统研究,取得了重要成果。秦小丽教授给大家讲授了新石器时代手工业考古的特征,新石器时代手工业考古研究的方法与理论,手工业制作工坊的定义、分类与研究方法,新石器时代手工业门类研究等内容。

夏鼐先生说过,考古学是历史科学的两个主要方面之一,另外一个方面就是狭义的历史学。考古学是为中华民族修家谱、写历史的。尤其涉及史前史,司马迁的《史记》里有《五帝本纪》,从黄帝、颛顼、帝喾,到尧和舜,那是司马迁对古史传说进行归纳之后的个人见解,一家之言。鲁迅称赞《史记》是"史家之绝唱,无韵之离骚"。因为《史记》的关系,五帝之说影响很大。其他有关中国史前时期的历史文献,有些互相抵牾,有些语焉不详,古代文献记载的史前时期,至今仍然是迷雾重重。可以毫不夸张地说,唯有考古学家才能通过考古发掘和研究,揭示新石器时代的物质文化和精神文化面貌,担当撰写一部中国史前史的重任。北京大学考古文博学院的赵辉教授是北京大学的博雅教授。多年来,赵辉教授是我们这一辈中既能够在田野一线指导、从事考古发掘,又能够把考古资料放到历史科学的层次认真思考,且提出系统认识和独到见解的优秀学者。赵辉教授是我们 FIST 课程最后一门课的授课老师,是来为我们压轴的。赵辉教授给大家讲授了中华文明探源工程的由来,到目前为止中华文明探源工程取得的重要认识与收获,以及如何解决现在存在的问题、如何进一步拓展中华文明探源工程等内容。

这次 14 位老师的授课内容,思路清晰、领域广泛、认识独到、深入浅出,学生们听完全部授课,收获极大。这里围绕这次 FIST 课程"中国新石器时代考古",阐述我的三点认识。

第一,特色鲜明。这次授课邀请了国内多所高校和科研机构的老师,老师们都是在新石器时代考古的各个领域中做出突出成绩的优秀研究人员。这个明星教师团队的组成及集中授课,在国内的高校中是十分少见的,这是一个特色。特色之二是我们的思路。我们按照历史科学研究的思路对各门具体课程进行设计,希望各位老师既突出考古学研究首先是判别遗迹、遗物的形状、特征、结构及成分等,讲清楚是什么,又强调深入研究,尝试在讲清楚是什么的基础上探讨为什么,在历史研究中的学术意义是什么,从不同的侧面努力构架起全方位撰写中国新石器时代历史的基础,帮助大家努力思考,进一步提升考古学研究的学术层次。特色之三是把科技考古的内容融入授课之中,比如环境考古、人骨考古、动植物考古、同位素分析、古DNA研究、人工制品的科技考古等,这些内容逐步与新石器时代的考古学文化研究有机地融合到一起。

第二,内容全面。这次的授课内容从时间框架、文化分期到自然环境,从"点亮东方"到探索良渚文明之源,从良渚玉器和良渚文明到良渚之后的文化格局,从墓葬研究到人骨考古,从人骨的碳氢稳定同位素分析到古DNA研究,从植物考古到动物考古,在讲授手工业考古之后,即在前面对考古发现和研究涉及的具体文化面貌、专门研究领域进行授课的基础上,讲授考古学对中华文明起源历程的探索。全部授课内容都是全方位地获取新石器时代考古发掘出土的各种信息,从特定的角度开展新石器时代考古的不可或缺的重要组成部分。各位老师的讲课内容都是见解独到、发人深思的。

第三,殊途同归。本次授课的老师都是在考古学研究中知识结构比较完善的研究人员。有些老师在田野考古发掘中做得可圈可点,同时充分考虑到科技考古各个领域的特长,注重发挥团队的作用,全面提取各种信息,开展研究,在理论探讨及对于当时特定时空范围内的社会历史的研究方面,都有自己的独到见解。有些老师在科技考古多个领域的研究中有自己的独门功夫,对于考古学文化的认识也十分到位,在研究中聚焦考古学的关键问题,发挥自己的特长,从特定的角度进行探讨,充实、完善和深化考古学的研究成果。由此可见,新石器时代考古研究的优秀人才似乎形成了两个群体,一个是从田野考古进入考古学研究的层次,一个是从科技考古进入考古学研究的层次,殊途同归。

希望这本教材的出版,能够帮助同学们逐步明确自己的方向、打好扎实的基础,真正适应21世纪中国考古学发展的需要,成为中国考古学发掘和研究中的有用之才。

# 第一讲

# 中国新石器时代的分期年代与文化谱系

韩建业
中国人民大学历史学院

今天我讲课的内容包括概论、新石器时代早期、新石器时代中期、新石器时代晚期、铜石并用时代五个部分。

## 一、概论

一般来说,新石器时代有三个基本特征:磨制石器、农业和家畜饲养、陶器。

首先讲磨制石器。这个特征是最重要的。从考古发现看,不管是在西方还是在中国,最早的磨制石器主要是石斧、石锛,在中国石斧、石锛、石凿这三种石器经常一起出现。一般认为磨制石器主要是农业工具,但以上三种石器并非农业工具,而是木工工具。石斧用来砍树,石锛用来加工木材,石凿用来做榫卯结构。所以我同意一些学者的看法,最早的磨制石器实际上和农业没有什么必然的联系,它们主要用来加工木材,和定居有一定的关系。定居或者在一个地方生活比较稳定,就可能会有更多的陶器,有更丰富的生活用品,有更复杂的社会生活。

新石器时代的另一个重要特征是农业和家畜饲养的出现。现在最流行的说法认为,农业是新石器时代最主要的特征。比如刘莉和陈星灿在专著中认为，中国的新石器时代始于距今 9 000 年左右，大概他们认为此时中国才出现了真正的农业。

新石器时代还有一个特征就是陶器，中国最早的陶器出现在华南地区，$^{14}$C 测年显示其距今约 20 000 年。

从整体上看，中国是世界上最早出现农业、陶器（陶容器）和磨制石器的国家，而且这三者基本上是以组合的方式同时出现的。虽然三者最初出现时不一定就有必然的联系，但在发展过程中，它们却互相关联：农业为定居提供基础，为制作大量易破碎的陶器和精心制作磨制石器准备条件；陶器作为炊器、饮食器和盛储器，为食物制作、分享和农产品的储藏提供了最大的方便；磨制石器则逐渐成为农业生产的主要工具，此外还为木材加工——尤其是榫卯结构的出现提供了条件。这些都为中国成为世界上最大、最稳定的农业地区、最有特色的陶瓷器大国奠定了坚实的基础。发展农业需要长期的定居，需要不断调节社会内部结构以保持稳定，而不需要无节制地对外扩张，尤其不需要扩张至不适合发展农业的地区，这使得中国文化逐渐形成质朴稳健、注重整体性思维、重视传统、稳定内敛的特质。相比之下，西亚地区麦类农业和磨制石器的出现是在距今 10 000 年左右；陶器的出现是在距今 9 000—8 000 年，晚于中国 1 000 年，以致存在一个"前陶新石器时代"；房屋主要用泥坯、石块垒砌。但这样的社会的农业基础不够稳固，不断受到北方地区游牧民族的强力影响，从而造就其动荡、冲突和外向的特质。

关于中国新石器时代是从什么时候开始、怎么分期的问题，我基本同意严文明先生的分期方案，只是稍有修订。我同意将新石器时代分为四个阶段，每个阶段在社会和经济形态上都有重大的改变，而且这四个阶段正好与四次大的气候变迁相对应。

第一个阶段是新石器时代早期，年代约为公元前 18000—前 7000 年。这一阶段又可以分为前段和后段。全新世之前是前段，全新世之后是后段。前段年代约为公元前 18000—前 9000 年，这一时期主要的遗址是华南的洞穴、贝丘遗址。石器主要为打制石器，陶器少而简陋，人们开始尝试栽培稻和黍。后段年代约为公元前 9000—前 7000 年，磨制石器开始出现，范围扩大很多。

第二个阶段是新石器时代中期，年代约为公元前 7000—前 5000 年。从这个时候开始,中国南北方的遗址数量都增多了,且多在平地。打制石器仍然占一定比例,陶器种类较多,农业有了明显的发展。

第三个阶段是新石器时代晚期,年代约为公元前 5000—前 3500 年。这一时期遗址增多,且有大小之分,彩陶发达,陶器以红褐陶为主,石器以磨制为主。社会非常有秩序,出现了大规模的聚落和公共墓地,体现出向心、凝聚、平等社会的特征。

第四个阶段是铜石并用时代,年代约为公元前 3500—前 1800 年。这一时期的社会明显有了分化。遗址数量众多,且有中心聚落、城垣、大型建筑、大型墓葬,出现了阶级、贫富分化,可能已经进入文明社会或者早期国家阶段。这一时期的陶器以灰、黑陶为主,流行轮制,石器常用切割和管钻工艺,玉器发达,铜器增多。这个阶段以公元前 2500 年为界,又可以分为早段和晚段。

中国幅员辽阔,新石器时代考古学文化还涉及分区问题。关于新石器时代的分区,不同学者有不同的观点。如严文明先生根据经济形态,将新石器时代分为北方狩猎采集文化区、黄河流域旱作农业文化区和长江流域稻作农业文化区。还有学者认为,在此基础上还应该有一个区,就是华南的园圃农业文化区。苏秉琦先生在其著名的"区系类型"理论当中,根据考古学文化特征将中国新石器时代划分为六个文化区。但是我们不能机械地理解"区系类型"理论,之所以能形成六个文化区,既有文化传承的因素,也有环境因素,不能将它单纯理解成六个自始至终一脉相承的文化传统。

我曾将全新世的整个欧亚大陆划分为三大文化圈。第一个文化圈是早期东方文化圈,其核心是中国的长江流域和黄河流域,在这里形成了早期中国文明,无论是物质文化还是精神文化都有自己的传统。第二个文化圈是早期西方文化圈,其核心在西亚地区,当然也包括尼罗河流域和印度河流域,并且涉及大部分欧洲地区。早期东方文化圈由于地理环境的关系,自始至终是一个文明体,而早期西方文化圈却形成了多个互相有联系的文明体。第三个文化圈是大家容易忽略的早期北方文化圈,其实这个文化圈从距今 1 万多年开始,在陶器、经济形态等各个方面都有自己的特点。中国的主体范围属于早期东方文化圈,但是它的北方和西方与早期北方文化圈和早期西方文化圈都有关系。

下面我按照时间顺序介绍一下中国新石器时代的文化谱系。为简便起见，我主要以陶器为核心介绍，基本不再涉及聚落形态、房屋建筑、墓葬习俗、经济形态、社会状况等。

## 二、新石器时代早期

新石器时代早期前段大约在公元前18000—前9000年，处于更新世末期。在华南及附近地区发现了最早的陶器遗存，以江西万年仙人洞和吊桶环早期、广西桂林甑皮岩一期和湖南道县玉蟾岩早期遗存为代表。所见陶器仅有圆底釜和圆底钵两种，多为胎质粗陋、火候较低、器表斑驳的夹砂褐陶，流行拍印编织纹、刮抹条纹以及素面陶。这类遗存总体特征相似，可以归纳为"绳纹圆底釜文化系统"。

进入全新世之后的公元前9000—前7000年，中国大地上出现五大系统文化并存的格局。除华南及其附近地区外，长江下游、中原腹地、黄河下游和华北、东北等地区也开始出现包含陶器的新石器时代早期后段文化遗存。

（一）华南地区：绳纹圆底釜文化系统

华南及其附近地区文化以广西桂林甑皮岩二期、邕宁顶蛳山一期和福建漳平奇和洞二期遗存为代表，大致还包括海南岛和越南北部同期遗存。陶器主要为小口高颈绳纹釜，常见压印附加堆纹形成的花边口沿，当为此前绳纹圆底釜文化系统的继续发展。不过奇和洞二期有更多戳点纹和罐类器物。

（二）长江下游地区：平底盆-圈足盘-双耳罐文化系统

长江下游地区文化以浙江浦江上山第一阶段、嵊州小黄山早期和龙游荷花山同期遗存为代表，主要分布在杭州湾南岸地区。陶器多为平底器，圈足器次之，流行敞口平底盆、双耳罐、敞口豆、平底盘、平底钵，还有圈足盘、圈足罐、高颈壶、直腹杯、圆底釜等。器表一般素面红衣，个别沿外饰刻画折线纹和戳点纹；有的圈足饰圆形镂孔或竖条状镂孔。这类遗存器类丰富，器物附件和装饰复杂，发展水平较高，可以称之为"平底盆-圈足盘-双耳罐文化系统"。由于该类遗存的内涵较为清楚，已被命名为上山文化。

## （三）中原地区：深腹罐文化系统

中原腹地文化以河南新密李家沟"细石器文化遗存"和"早期新石器遗存"为代表，这类遗存被称为李家沟文化。陶器主要是直口的深腹罐类，均为色泽斑杂的夹粗砂褐陶，外表多饰压印或拍印圆窝纹和绳纹，也有少量篦点纹和刻画纹。部分陶片质地较坚硬，显示其烧成火候较高。这类遗存可概括为"深腹罐文化系统"。

## （四）黄河下游地区：素面釜文化系统

黄河下游地区文化以山东沂源扁扁洞早期遗存为代表。陶器仅见釜和钵的残片，为器表斑杂、火候不均的厚胎夹砂褐陶，有的表面略经压光处理，有的沿下贴加一周泥条。这类遗存暂时可被称为"素面釜文化系统"。

## （五）华北和东北地区：筒形罐文化系统

华北地区文化以河北徐水南庄头、阳原虎头梁、于家沟和北京门头沟东胡林、怀柔转年早期遗存为代表，主要分布在太行山和燕山山麓；东北地区以吉林白城双塔一期为代表。陶器多夹粗砂，质地疏松，多为浅腹或深腹筒形罐，外饰压印纹，可以归纳为"筒形罐文化系统"。

此外，当更新世末期华南及附近地区进入新石器时代早期前后，中国北方的大部分地区仍然分布着旧石器时代末期遗存；全新世初期，中国华南和中东部地区形成新石器时代早期后段的五大文化系统，而之外的中国西南、东北尤其是西北广大地区的同时期文化应当处于"中石器时代"。

# 三、新石器时代中期

大约公元前 7000 年以后，现今中国的大部分地区文化蓬勃发展，进入新石器时代中期。这一时期可分为三个发展阶段，早、中、晚段的绝对年代大致在公元前 7000—前 6200 年、公元前 6200—前 5500 年、公元前 5500—前 5000 年。

### (一) 新石器时代中期早段

1. 黄河流域和淮河上中游地区：裴李岗文化、后李文化

黄河流域和淮河上中游地区的新石器时代中期早段文化，包括裴李岗文化早期和后李文化早期，前者以河南舞阳贾湖 1—4 段为代表，后者以山东临淄后李第 12 层和章丘小荆山 I 段为代表，绝对年代大致在公元前 7000—前 6200 年。

裴李岗文化早期陶器中占据主体的深腹角把罐为颜色斑杂的夹砂褐陶，筒形小平底，多饰绳纹和圆窝纹，和新石器时代早期的新密李家沟陶器应当有继承关系。卵形双耳罐则和湖南澧县彭头山早期的双耳罐有近似之处。后李文化早期陶器主要为粗陋的夹砂褐色素面直腹圆底釜，多口外叠唇，有的带鋬耳，和早先的扁扁洞陶器当有直接联系。数量很少的小口卵形壶矮颈无耳，和裴李岗文化同类器有别。

总体来看，这时黄河中下游文化仍属于联系不多的两个文化系统，裴李岗文化可称为"深腹罐-双耳壶-钵文化系统"。后李文化仍属"素面釜文化系统"。

2. 长江中下游和华南地区：上山文化、顶蛳山文化、彭头山文化

包括从新石器时代早期延续下来的上山文化，以甑皮岩三、四期和顶蛳山二期遗存为代表的顶蛳山文化早期，奇和洞三期类遗存，以及新出现的以湖南澧县彭头山和八十垱一、二期遗存为代表的彭头山文化早期，绝对年代大致在公元前 7000—前 6200 年。

顶蛳山文化早期陶器中占据主体的是拍印绳纹的褐色圆底罐釜类器物，一种小口细高颈，一种大口矮颈或无颈。奇和洞三期遗存有饰绳纹、贝齿压印纹等的釜、罐、钵类陶器。他们显然都仍属华南绳纹圆底釜文化系统。

彭头山文化陶器主要有拍印绳纹的褐色圆底罐釜类和盆钵类器物，其与甑皮岩三、四期陶器接近，颈部饰平行线纹的特征也彼此类似。据推测，它的主要源头在南岭两侧的绳纹圆底釜文化系统。当然彭头山文化也有不少自身特色，比如流行夹炭陶，有一定数量的双肩耳高颈罐、矮足器和兽形支座，器物唇部压印锯齿状花边而非绳纹，出现由戳印圆点、圆圈、篦点等组成的较复杂的图案等。

## (二) 新石器时代中期中段

1. 黄河流域和淮河上中游地区：裴李岗文化、白家文化、后李文化、顺山集文化

新石器时代中期中段包括舞阳贾湖5—6段和河南新郑裴李岗遗存所代表的裴李岗文化中期，后李第11、10层和小荆山Ⅱ—Ⅲ段所代表的后李文化中期，以及陕西临潼白家村和甘肃秦安大地湾一期所代表的白家文化早期，绝对年代大致在公元前6200—前5500年。

裴李岗文化在这一期开始出现鼎、三足钵、圈足钵（碗）等形态较复杂的陶器，壶类多样化，甚至出现个别管状流壶，泥质陶大增，泥条筑成法盛行，器形规整，火候均匀，这些都反映了制陶技术的显著进步和陶器功能更加专门化，可能受到过上山文化的影响。

渭河流域和汉水上游白家文化早期的圆底钵、三足钵、圈足钵、深腹罐等主要陶器都可在裴李岗文化中找到原型。由于白家文化的初始年代比裴李岗文化晚1 000年左右，因此有理由推测，白家文化可能是裴李岗文化西向扩展并与土著文化融合的产物。当然，两者也存在一定的差别，如白家文化流行交错绳纹，有简单棕红色彩陶，还有小口高领鼓腹罐等陶器，这些都是和裴李岗文化不同的地方，或许是受峡江地区枝城北类彭头山文化的影响所致。

该阶段后李文化的情况基本同前。值得注意的是，淮河中游地区出现了以安徽宿州小山口早期和江苏泗洪顺山集一、二期遗存为代表的一类文化。其文化中占据主体的素面圆底釜、棒状支脚、小口双耳壶等与后李文化相接近，但其釜器形矮胖，且有的为多边形口沿，与后李文化有一定区别。其他如双耳平底罐、多耳多口器、折腹钵、豆等当为江淮地区土著因素，与上山文化遥相传承。这类文化可单独归为顺山集文化。

可见，通过裴李岗文化的强势扩展，黄河上游地区也已经被纳入"深腹-双耳壶-钵文化系统"当中，但整个黄河流域的整体文化格局大体依旧。

2. 长江中下游和华南地区：顶蛳山文化、彭头山文化、跨湖桥文化

新石器时代中期中段包括以广西邕宁顶蛳山三期和广西南宁豹子头晚期遗存为代表的顶蛳山文化晚期，以湖南澧县彭头山和八十垱三期遗存为代表的彭头山文化晚期，以及以浙江萧山跨湖桥一期为代表的跨湖桥文化早期

等,绝对年代大致在公元前 6200—前 5800 年。

顶蛳山文化晚期和彭头山文化晚期基本是早期的延续。跨湖桥文化早期陶器可大致分成两组:属第一组的双耳折肩罐、圈足盘和豆等早就见于上山文化且细部形态彼此相似,两者还均以夹炭陶为主,都有器表施红衣现象,这说明跨湖桥文化的主体应当源自上山文化;第二组为各种形态的绳纹圆底釜和折腹圆底钵,不见或少见于上山文化,而与长江中游的彭头山文化接近,可见跨湖桥文化的形成应当有彭头山文化的贡献在内。换句话说,跨湖桥文化应当是在上山文化基础上接受彭头山文化影响发展而成的。此外,峡江地区的枝城北类彭头山文化遗存(或可称为彭头山文化枝城北类型)的一些地方性因素当为受到裴李岗文化影响而产生,如双錾平底或圈足深腹罐、小口耸肩壶等。

3. 华北和东北地区:磁山文化、兴隆洼文化、裕民文化

新石器时代中期中段包括太行山以东以河北磁山早期和易县北福地一期遗存为代表的磁山文化早期,西辽河-凌河流域和燕山南北以内蒙古敖汉旗兴隆洼 F171、林西白音长汗二期甲类、辽宁阜新查海 D1 为代表的兴隆洼文化,内蒙古中南部东南缘至河北西北部以内蒙古化德裕民、河北康保兴隆早期遗存为代表的裕民文化,以及呼伦贝尔地区的哈克一期类遗存,绝对年代大致在公元前 6200—前 5500 年。

磁山文化陶容器基本都是夹砂褐陶,泥条筑成法制作,矮筒形罐(盂)占据主体,也有深腹罐、平底盘等。该文化与华北新石器时代早期文化存在明显的渊源关系,仍属"筒形罐文化系统"。只是南北有所差别,北部的北福地类型器表上部压印或刻画一周成组斜线纹、鳞纹、篦点纹等,与新石器时代早期的东胡林二期遗存陶器风格接近,其中之字纹平底钵和玉玦等可能为兴隆洼文化因素;南部的磁山类型陶器常带双錾,器表以拍印绳纹为主,也有细泥条附加堆纹、篦点纹、刻画纹等,与新石器时代早期的南庄头遗存可能有联系,至于少量泥质三足钵的出现,则是裴李岗文化向北渗透的结果。

兴隆洼文化陶器主要为泥条筑成法制作的夹砂褐色筒形罐,其次为平底钵、盆、圈足碗。器表最初基本为素面,后遍饰压印旋纹、网格纹、附加堆纹、多重鳞纹等,最后流行之字纹、绞索纹等。它和磁山文化同属"筒形罐文化系统",其渊源或与新石器时代早期的双塔一期文化有关。兴隆洼文化各区域

也有一定的地方性差异。

裕民文化的陶器也主要为夹砂褐色筒形罐类,但部分装饰麻点纹的圆底筒形罐不见于西辽河流域,倒是和外贝加尔地区同类器很接近,推测和西辽河流域、外贝加尔地区文化都有交流关系。

哈克一期类遗存陶器为素面或绳纹筒形罐,同类陶器在贝加尔湖附近地区也有分布。

可见此时的华北和东北地区仍都属于"筒形罐文化系统"。

### (三)新石器时代中期晚段

1. 黄河流域和淮河上中游地区:裴李岗文化、白家文化、双墩文化、后李文化

新石器时代中期晚段包括以河南巩义瓦窑嘴、孟津寨根为代表的裴李岗文化晚期,以甘肃天水师赵村一期为代表的白家文化晚期,以安徽蚌埠双墩、山东济宁张山 J1 为代表的双墩文化,以及以山东章丘小荆山Ⅳ段为代表的后李文化晚期,绝对年代大致在公元前 5500—前 5000 年。

这时的裴李岗文化进入没落阶段,壶类数量大减,新出现黑衣陶、竖条纹等,部分碗钵口部略折。恰巧此时或稍后,锥足鼎、双耳平底壶、三足壶、三足钵、口部略折的圈足或假圈足碗等裴李岗文化因素却较多见于淮河中游地区,由此促使淮河中游乃至泰沂山西南的顺山集文化、后李文化转变为双墩文化,与泰沂山以北的后李文化形成对峙格局。双墩文化当中的豆、人面或兽面陶塑等,都早已在之前的顺山集文化中存在。这一文化格局的转变或许伴随着人群的东向迁徙。此外,白家文化晚期也出现类似裴李岗文化晚期的竖条纹,罐、钵、盆和新出现的平口双耳壶等也都呈现出向仰韶文化过渡的趋势。

如此一来,黄河流域大部和淮河上中游文化实际上大致融合成一个"深腹罐-双耳壶-钵文化系统","黄淮流域文化区"初步形成。但泰沂山以北地区后李文化所代表的素面釜文化系统仍然存在。

2. 长江中下游和华南地区:跨湖桥文化、皂市下层文化、高庙文化、城背溪文化、楠木园文化

新石器时代中期晚段包括以跨湖桥二、三期为代表的跨湖桥文化晚期,

以湖南石门皂市下层和临澧胡家屋场遗存为代表的皂市下层文化,以湖南洪江高庙下层为代表的高庙文化,以湖北宜都城背溪早期遗存为代表的城背溪文化,以湖北巴东楠木园遗存为代表的楠木园文化等,绝对年代大致在公元前5800—前5000年。

从陶器来看,皂市下层文化流行的束颈或高领圆底釜、绳纹等因素显然承继自彭头山文化,其他如斜弧腹的盆、钵类以及直体支脚等,也都和彭头山文化有颇多联系,可以说皂市下层文化是在彭头山文化的基础上发展而来的。但很多新因素,如大量镂孔装饰的圈足盘,折腹罐、折腹钵,边带一周凹槽的"线轮",釜罐类盛行的双耳、折沿内凹、折肩或折腹、平底等特征,这些恰好是起点更早的跨湖桥文化的典型因素。可见皂市下层文化是在彭头山文化基础上,接受较多跨湖桥文化因素发展而成。

再往外围,沅江上中游地区的高庙文化和峡江口以下的城背溪文化,其主体都是承继彭头山文化而来的。它们的圈足盘等跨湖桥文化因素比皂市下层文化明显要少,或许只是通过皂市下层文化传播而来;地方特点则更加浓厚,如高庙文化的精美白陶和带獠牙兽面纹、八角星纹、太阳纹等。至于三峡地区的所谓楠木园文化,已不见圈足盘,只有个别双耳罐体现出与跨湖桥文化的些许间接联系,而较多圈足碗则明确为白家文化因素。特别值得一提的是,这时甑皮岩五期遗存有和高庙文化颇为接近的一面,如出现圈足盘和白陶,器口内曲,压印或戳印复杂几何形纹饰等,贵州东部和广西东北部也有类似遗存,可见高庙文化对此地区产生了较大影响。

总体来看,首先是在公元前7000年前后,华南的绳纹圆底釜文化系统北上,可能与当地文化结合而在长江中游洞庭湖地区诞生彭头山文化。公元前7000年末期,彭头山文化向东挺进长江下游的杭州湾以南地区,使得当地的上山文化发展成为跨湖桥文化,从此绳纹圆底釜成为长江下游南部地区长期存在的重要文化内容。几百年之后的公元前6000年初期,处于兴盛期的跨湖桥文化又反过来向西影响了洞庭湖地区,促成彭头山文化向皂市下层文化的转变,使得圈足盘等成为长江中游文化的重要特征。不仅如此,间接通过皂市下层文化的对外影响,跨湖桥文化因素还渗透到沅江、湘江、峡江甚至漓江流域。通过这种双向交流融合,此后长江中下游地区和华南北部文化已经大同小异,基本形成"长江中下游-华南文化区",总体构成新的"釜-圈足盘-豆文化系统"。

3. 华北和东北地区：磁山文化、赵宝沟文化、新乐下层文化、左家山下层文化、新开流文化

新石器时代中期晚段包括太行山以东以磁山晚期遗存为代表的磁山文化晚期，西辽河和燕山南北以内蒙古敖汉旗赵宝沟遗存为代表的赵宝沟文化早期，下辽河流域以辽宁沈阳新乐下层遗存为代表的新乐下层文化，第二松花江流域以吉林农安左家山第四层遗存为代表的左家山下层文化早期，东北北部牡丹江流域和三江平原的新开流文化，以及呼伦贝尔地区的哈克一期类遗存等，绝对年代大致在公元前5500—前5000年。

这时冀南磁山遗址磁山文化晚期中泥质素面的三足钵、圆底钵、壶、深腹罐等已经占到陶器总量的近1/3，这些因素显示来自裴李岗文化的影响显著加强。

赵宝沟文化筒形罐和平底钵之外新出现尊形器、圈足钵、圈足罐等陶器种类，以遍布器表的压印或刻画几何形纹最具特色，各类题材互相勾连组合，繁缛复杂，之字纹规整成熟，类似风格的纹饰雏形早见于查海兴隆洼文化当中。新乐下层文化陶器以规整成熟的之字纹筒形罐为主体，也有斜口器、圈足钵，与赵宝沟文化较为相似。左家山下层文化早期和新乐下层文化近似，其刻画的阶梯状带纹较有特色。新开流文化筒形罐流行压印或刻画的鳞纹、网纹、菱形纹、圆窝纹等，但不见之字纹，体现出不一样的地方传统。

总体来看，赵宝沟文化、新乐下层文化、左家山下层文化和兴隆洼文化有一定的传承关系，新开流文化和哈克一期类遗存则和兴隆洼文化存在交流关系。

此外，虽然新石器时代中期文化已经占据包括中国黄河长江流域在内的主体区域，但并不是全部，在西北等地应当仍分布着中石器时代文化。

## 四、新石器时代晚期

公元前5000年前后是一个重要转折点，中国文化从此迎来又一个发展的高峰期，文化间的交流和融合进一步加强，三大文化系统格局正式确立，聚落成群，社会秩序井然，进入新石器时代晚期前段。公元前4200年进入新石器

时代晚期后段,中原核心地区的仰韶文化东庄-庙底沟类型迅猛崛起,向周围强力扩张影响,导致仰韶文化面貌空前统一,中国大部分地区文化首次交融联系,形成以中原为核心的文化共同体,"早期中国文化圈"或者文化意义上的"早期中国"正式形成。

### (一)新石器时代晚期前段

#### 1. 黄河流域文化区:北辛文化、仰韶文化

黄河流域文化区实际包括黄河流域大部分、华北和淮河上中游地区。

约公元前5000年,双墩文化和后李文化南北对峙的局面宣告结束,两者融合成面貌一新的北辛文化。如果我们把北辛文化分为前、后两期,那么前期就是以北辛遗址的发掘者所划分的中期遗存为代表,其锥足鼎、浅腹敞口平底钵、小口双肩耳壶、圈足捉手或环状捉手器盖、支脚、网坠等器类,附加细泥条或压划、戳刺而成的网格纹、成组斜线纹、折线纹、篦点纹等纹饰,以及较多泥质陶等特征,都与双墩文化接近而与后李文化有别,可见双墩文化是北辛文化的重要来源之一。约公元前4500年进入北辛文化后期,以山东泰安大汶口遗址1974年发掘的H24、H2和兖州王因H11、H1为代表,变化表现在釜的数量减少,鼎大增且腹部变浅,附加细泥条装饰逐渐被戳印纹、锥刺纹替代,不过总体上和前期一脉相承。

在两大文化系统基础上融合而成的北辛文化极富活力,形成之初即向西渗透影响,对整个黄河上中游地区文化的频繁交流和整合重组起到较大推动作用,面貌一新的初期仰韶文化诞生,并自东向西形成河北磁县以下潘汪仰韶文化"第二类型"遗存为代表的下潘汪类型,以河南方城大张遗存为代表的大张类型,以山西翼城枣园一、二期为代表的枣园类型,以陕西临潼"零口村文化遗存"为代表的零口类型。具体来说,关中和汉中地区零口类型的前身就应当是白家文化,零口类型的钵、假圈足碗、小口壶、绳纹罐等主要陶器,同时也是白家文化晚期的典型器物,前者钵上的红顶、红褐彩带,绳纹罐颈部饰戳印纹等特点,也都先见于后者。豫中南地区的大张类型与裴李岗文化末期存在诸多联系,其钵、盆、罐、圈足碗、豆、小口肩耳壶、锥足圆腹鼎等陶器,都可在裴李岗文化找到源头。京冀地区下潘汪类型则继承了部分磁山文化磁山类型因素,如钵、小口肩耳壶、支脚、带槽砺石等。

至公元前4500年左右,仰韶文化终于发展到一期阶段,包括半坡类型、后岗类型、枣园类型、鲁家坡类型等。文化格局虽无大的变化,但分布地域显著扩展。各类型间虽存在文化交流,但地方性差异反而增大,实际是一个彰显个性的时期。

仰韶文化一期时实力最为强盛者莫过于半坡类型和后岗类型。半坡类型以西安半坡早期遗存为代表,为零口类型的继承者,小口尖底瓶由小口平底瓶演变而来,已扩展至陕北和鄂尔多斯西南边缘。后岗类型以河南安阳后岗一期遗存为代表,为下潘汪类型的继承者,其釜形鼎由釜演变而来。和此前的零口类型和下潘汪类型相比,半坡类型和后岗类型间的差异显著增大,如半坡类型出现小口尖底瓶,基本不见鼎,彩陶发达且流行黑彩,常见鱼纹等动物纹题材;而后岗类型仍为小口平底瓶,鼎为主要陶器,彩陶不甚发达且为红彩,常见成组斜线纹。

半坡类型和后岗类型还向地广人稀的狭义的北方地区同时挺进,碰撞融合的结果是在北方地区产生鲁家坡类型和石虎山类型。其中石虎山类型偏于岱海一隅,与后岗类型颇为近似,只是有少量绳纹等半坡类型因素。而鲁家坡类型则分布广泛,实为半坡类型和后岗类型的融合体:绳纹瓮、绳纹或绳纹和旋纹兼施的罐,以及个别黑彩陶器,与半坡类型近似;折唇球腹壶、矮领壶、成组的红色条纹彩陶,以及少量鼎、釜、甑等,与后岗类型相近。此外,在半坡类型和鲁家坡类型两者之间,还有延续前期而来的枣园类型晚期。在河南地区还有由大张类型发展而来的大河村类型和下王岗类型,分别以大河村前二期遗存和下王岗一期遗存为代表。

2. 长江中下游-华南文化区:汤家岗文化、大溪文化、咸头岭文化、河姆渡文化、马家浜文化、龙虬庄文化

在仰韶文化初期和一期时,长江中游先后为汤家岗文化等和大溪文化一期,华南地区比较明确者为咸头岭文化。

汤家岗文化主要见于湖南安乡汤家岗、划城岗和澧县城头山等遗址,该文化明确由皂市下层文化发展而来,其圈足盘和釜等陶器组合彼此相似,绳纹和几何纹前后相承。但也出现了看得见的变化,如亚腰双耳罐等基本消失,新见夹细砂白陶器和大量压印几何纹、篦点纹,尤以印纹白陶盘最具特色。

汤家岗文化之后的大溪文化以四川巫山大溪遗址为名,发展阶段看得最

清楚的是湖北枝江关庙山和湖南澧县城头山遗址,可以据此将大溪文化分为三期,属于本阶段的是一期。大溪文化一期是在汤家岗文化的基础上发展而来的,釜、圈足盘、折腹钵、曲颈罐等主要陶器都与汤家岗文化一脉相承,变化主要表现在绳纹釜基本被素面釜替代,新出足饰镂孔的三足盘、素面圈足碗——这些可能来自长江下游的马家浜文化和龙虬庄文化。大溪文化最早发源于澧阳平原和峡江地区,稍后向周围地区扩展。

咸头岭文化以广东深圳咸头岭遗存为代表,属于该阶段的大致是其Ⅰ—Ⅲ段,其主要分布范围在珠江三角洲及附近岛屿,北部或可延伸至韶关地区。该文化大量绳纹釜当然是继承顶蛳山文化而来的,但较多戳印纹白陶盘却显然不是本地因素,而应当是从长江中游的高庙文化、汤家岗文化等传播而来的,白陶圈足杯也应当是受白陶盘的影响而产生的。广西东北部的桂林甑皮岩五期、资源晓锦一期也有类似遗存,或许这里正是联系长江中游和珠江口的通道。

此时长江下游的河姆渡文化以浙江余姚河姆渡遗址一、二期文化为代表,包括余姚田螺山遗址等,分布在西到余杭、东到舟山群岛的杭州湾以南宁绍地区。陶器以夹炭黑陶为主,流行绳纹、刻画几何纹以及各种动植物纹。其双耳罐、敞口盆、敛口钵、圈足盘、豆等陶器,以及口沿外双耳、多边形器口等风格,其实都与上山文化有传承关系。各类下腹饰绳纹的釜可能是受跨湖桥文化影响变异而成的——最早的源头还在彭头山文化,只是其腰沿、敛口等特征的确很具地方特点。真正新出的主要陶器其实只有带管状流的盉形器,就连灶也早在顺山集文化中就已出现。

马家浜文化主要分布在太湖周围地区,情况更加复杂。现在发现的最早的马家浜文化遗存,见于浙江桐乡罗家角、江苏张家港东山村和宜兴骆驼墩等遗址。陶器以夹蚌红褐陶为主,流行素面而非绳纹,这是其与河姆渡文化的显著差异之一,至于器类则颇多近似之处。其双耳罐、敞口盆、敛口钵、圈足盘、豆、杯等陶器可能源自类似上山文化的遗存——只可惜目前在杭州湾以北地区实际上还没有发现这样一类遗存,但大量带錾的腰沿釜却很难在长江下游找到源头。放眼周边,会看到双墩文化流行双錾平底釜,其文化范围曾一度达到江苏句容,那么太湖西部骆驼墩类马家浜文化的平底釜或许与其有关;后李文化最多的是口沿外带附加堆纹的圆底釜,然则太湖东部罗家角类马家浜文化的圆底釜或许与其有关。但无论如何,数量较多的盉形器、匜或许只能视为马家浜文化或河姆渡文化的创造。马家浜文化在后来的发展过程中,出现高柄豆,以及锥足鼎、盉、三足钵等大量三足陶器——锥足鼎或许与来自北辛文化的影响有关,其他三足陶器也是受此启发而产生,还新出现了很有特色的猪形罐、双口或三口壶、多流壶等,并向南影响到浦阳江流域楼家桥类遗存的出现。而类似遗存还有一个更大的分布面,如江淮东部地区的龙虬庄文化一期,除腰沿釜外还有双环耳釜等,其彩陶繁缛似跨湖桥文化,但细节则又有差异。龙虬庄文化北部可到苏北的连云港-邳州一线,只是受到北辛文化影响。

3. 东北文化区：赵宝沟文化、红山文化、新乐下层文化、小珠山下层文化、左家山中层文化、新开流文化、振兴文化、亚布力文化

公元前 5000 年以后,东北地区文化格局并没有发生大的变化,偏南部仍然是赵宝沟文化、新乐下层文化等,只是文化面貌略有改变,进入其晚期阶段。具体来说,赵宝沟文化晚期的内蒙古林西白音长汗三期乙类、敖汉旗小山遗存,就新出泥质红陶钵、盆等来自仰韶文化下潘汪类型的因素。

至公元前 4500 年左右,随着仰韶文化后岗类型向东北更加强势地推进,终于在当地文化基础上产生红山文化,以赤峰魏家窝铺早期遗存和西水泉 F17 为代表,除筒形罐外有斜口器,出现较多钵、盆、小口双耳壶、口沿外带指甲纹的圆底釜等后岗类型因素,红色斜线纹彩也与后岗类型近似。而东北文化区南缘的赵宝沟文化上宅类型晚期就有更多泥质红陶钵（包括红顶钵）、盆、小口壶、勺等,见于北京平谷上宅中期晚段、河北迁西西寨二期等当中。实际上当时北京房山一带属于仰韶文化,燕山地区属于赵宝沟文化,北京地区正是两大文化系统的交汇之处。另外,左家山下层文化发展为左家山中层文化,筒形罐上开始流行之字纹,应为红山文化影响所致。

当时与赵宝沟文化近似或者受其影响的文化,还有辽东半岛的小珠山下层文化等,筒形罐也流行之字纹,但小珠山下层文化还常见双耳筒形罐、双耳鼓腹罐（壶）以及席纹、横线纹等。此外,东北北部的牡丹江流域和三江平原还有新开流文化（晚期）、振兴文化、亚布力文化等,筒形罐流行压印或刻画的鳞纹、网纹、三角纹、菱形纹、圆窝纹、篦点纹、附加堆纹等,但不见之字纹。这样就可以大致将东北筒形罐文化区分成有之字纹和无之字纹两个小区。

约公元前 5000 年进入新石器时代晚期以后,终于整合形成三大文化区或三大文化系统,即黄河流域文化区的瓶(壶)-钵(盆)-罐-鼎文化系统,长江中下游-华南文化区的釜-圈足盘-豆文化系统,东北文化区的筒形罐文化系统。

## (二) 新石器时代晚期后段

### 1. 黄河上中游文化区:仰韶文化

仰韶文化东庄类型和庙底沟类型主要分布在晋西南豫西地区,绝对年代约在公元前 4200—前 3500 年。

东庄类型以山西芮城东庄村仰韶遗存和翼城北橄一、二期为代表,时代介于半坡类型和庙底沟类型之间,绝对年代约在公元前 4200—前 4000 年。该类型是在当地仰韶文化枣园类型的基础上,接受东进的半坡类型的强烈影响而形成的。具体来说,其钵、盆、罐、瓮等主体陶器兼具枣园类型和半坡类型的特点,尖底瓶的雏形双唇口为仰韶文化枣园类型内折唇口和半坡类型杯形口的结合;杯形口尖底瓶和雏形双唇口尖底瓶的尖底特征,绳纹和宽带纹、三角纹、菱形纹、鱼纹等黑彩,都来自半坡类型;素面壶、鼎,尖底瓶的瘦长特征等,基于枣园类型;葫芦形瓶、火种炉以及豆荚纹、花瓣纹等彩陶纹饰则为新创。总体看来自半坡类型的影响巨大,甚至从某种程度上可视其为半坡类型在潼关以东的变体。东庄类型大致可以细分为两期,早期以北橄一期为代表,尖底瓶无颈且雏形双唇口的下唇不突出;晚期以北橄二期为代表,尖底瓶出颈且雏形双唇口的下唇较突出。同属东庄类型的豫西陕县三里桥仰韶遗存、三门峡南交口仰韶文化一期等,仅见杯形口尖底瓶而不见雏形双唇口尖底瓶,也不见火种炉,推测东庄类型的核心当不在豫西,而在晋西南地区。

庙底沟类型以河南陕县庙底沟一期为代表,绝对年代约在公元前 4000—前 3500 年,总体是在东庄类型基础上的继续发展,新出的直领釜和灶等则体现来自郑洛地区的影响。该类型流行鸟纹彩陶,见有鸟形鼎、灶、器盖等。庙底沟类型大致可以分为三期:北橄三、四期和南交口仰韶文化二期早段代表早期,庙底沟遗址一期和西阴村庙底沟类型主体遗存代表中期,西坡 H110 代表晚期。小口尖底瓶先是上唇圆翘、下唇突出下垂而成为真正的双唇口,然后双唇逐渐尖平,最后上唇几乎消失而变为近于喇叭口,器底则由尖向钝变化;葫芦形瓶上部由斜弧向斜直转变,最后变为颈部出棱近似喇叭口;钵和宽沿盆由浅弧腹向深曲腹发展，罐、瓮腹由矮弧向深直演变，器錾和附加堆纹越来越常见；彩陶中花瓣纹逐渐繁复成熟，最后又趋于简化，钵口沿先是由宽带纹变为窄带纹，最后彩带基本消失。

东庄类型一经形成，就迅速反馈影响关中地区，使半坡类型进入晚期亦即史家类型阶段。陕西渭南史家墓葬、临潼姜寨二期等史家类型遗存，总体上继承半坡类型早期而有所发展，如钵、盆类器向尖圆底、折腹方向转变，小口尖底瓶、细颈壶变小退化等；但不少则为东庄类型因素，如葫芦形瓶以及彩陶中的花瓣纹、豆荚纹等。庙底沟类型向西的影响更加强烈，使得关中和甘肃东部由史家类型发展为泉护类型，如陕西华县泉护一期、白水下河一期、扶风案板一期、宝鸡福临堡一至二期、甘肃秦安大地湾三期等，花瓣纹、鸟纹彩陶和双唇口小口尖底瓶等典型因素和庙底沟类型大同小异，区别只在鼎较少等细节方面。类似遗存还向西北一直扩展至青海东部和宁夏南部，西南达陇南至川西北，偏晚阶段的彩陶明显繁缛化，与关中东部彩陶简化的趋势正好相反，反映核心区和"边远地区"逐渐分道扬镳。至于汉中地区的陕西汉阴阮家坝、紫阳马家营等遗存，流行釜形鼎而与泉护类型有所不同，当受到过晋南豫西核心区文化的直接影响。

东庄类型同时向北强势扩张至晋中北、内蒙古中南部、陕北北部和冀西北——狭义的北方地区，形成仰韶文化白泥窑子类型和马家小村类型。内蒙古中南部至陕北北部此前分布着仰韶文化鲁家坡类型和石虎山类型，一定程度上可视为后岗类型和半坡类型的融合体，此时却变为白泥窑子类型，早晚期分别以内蒙古清水河白泥窑子C点F1和凉城王墓山坡下第一段遗存为代表，新出雏形双唇口小口尖底瓶和火种炉，钵、盆流行宽带纹和花瓣纹黑彩装饰，显然与东庄类型因素的大量涌入有关；甚至早晚期的尖底瓶口特征正好与北橄一、二期对应，充分显示其与晋西南亦步亦趋的关系。但白泥窑子类型缺乏鼎、釜、灶等，花瓣纹彩陶也较简单，仍体现出一定的地方特色。晋北和冀西北此前属后岗类型，此时则演变为地方特征浓厚的以山西大同马家小村遗存为代表的马家小村类型，宽带纹和花瓣纹彩陶少而简单，小口尖底瓶，个别卷沿外附加一圈泥条似双唇口，多数为单圆唇直口。至庙底沟类型早中期，晋中北和冀西北文化面貌已与庙底沟类型基本相同，而内蒙古中南部仍更多延续此前的风格。庙底沟类型晚期，由于红山文化的南下影响，冀西北孕育出最早的雪山一期文化,岱海地区形成装饰较多红彩的王墓山坡下第三段遗存——初期海生不浪类型,北方地区文化与晋西南的关系渐行渐远。

东庄类型同样东南-南向对河南中南部和鄂北产生很大影响。郑洛及以南地区,此时转变为大河村类型偏晚阶段遗存,新出雏形双唇口小口尖底瓶和花瓣纹、豆荚纹黑彩等东庄类型因素,但流行釜形鼎、崇尚素面和红彩带等仍为当地传统的延续,小口折腹釜形鼎的出现当为北辛文化影响的结果,豆、杯等则体现出与江淮地区的文化联系。豫西南和鄂西北地区,此前为仰韶文化大张庄类型,此时则发展为以河南淅川下王岗二期下层、邓州八里岗 M53 为代表的下王岗类型,新出宽带纹、豆荚纹、花瓣纹黑彩等东庄类型因素,小口尖底瓶则多为杯形口。庙底沟类型的影响更加深入,花瓣纹彩陶成为这些地区典型因素,双唇口小口尖底瓶和葫芦形瓶也见于各地,只是距离豫西越远越少。但地方性特征仍然浓厚,郑洛地区的河南汝州阎村、郑州大河村一至二期、荥阳点军台一期、巩义水地河三至四期类遗存,小口尖底瓶更多为矮杯形口,浅腹釜形鼎发达,还新出圆肩大腹的素面高领罐,常在白衣上兼施黑、红彩,流行成人瓮棺葬,被称为仰韶文化阎村类型。豫西南和鄂西北地区仍为下王岗类型的延续,以下王岗二期中、上层为代表,扩展至鄂西北的郧县、枣阳、随州一带,流行圆腹釜形鼎,小口尖底瓶多为杯形口,彩陶黑、红、白搭配,相映成趣。偏晚阶段接受大汶口文化、大溪文化和崧泽文化影响,出现太阳纹、互字纹等彩陶图案,豆、杯、圈足碗、附杯圈足盘等陶器增多,与晋西南豫西核心区的差异逐渐增大。

2. 东北文化区:红山文化、小珠山中层文化

东庄类型和庙底沟类型对仰韶文化区以外的东北地区也产生了深远影响。东庄类型形成后强烈影响北方,形成仰韶文化白泥窑子类型和马家小村类型,其中前者已扩展至内蒙古锡林郭勒盟境,后者到达冀西北。这两个类型继续东北向强力影响,使西辽河流域的红山文化进入以内蒙古赤峰水泉 H2 以及辽宁建平、凌源、喀左三县交界处的牛河梁第五地点早期遗存为代表的红山文化中期早段,出现不少装饰黑彩的泥质红陶钵、盆、壶类,尤其宽带纹黑彩钵明确为东庄类型因素。此时出现的大重鳞纹(或平行弧线纹)、菱块纹等彩陶则属于仰韶文化和当地传统的合璧:彩陶这种形式来自中原,而鳞纹等图案则出自当地。

庙底沟类型继续东北向施加影响，不但在冀西北地区留下蔚县三关F3那样与其很类似的遗存，而且使得以牛河梁第五地点中期、敖汉旗三道湾子H1为代表的中期晚段红山文化开始流行涡纹彩陶，那实际上是花瓣纹彩的变体，还新出现彩陶罐、筒形器等陶器和玉镯。

这时辽东半岛的小珠山中层文化早期，以辽宁长海小珠山中层、大连郭家村下层遗存为代表，实际是在原先小珠山下层文化——筒形罐文化系统基础上的继续发展，筒形罐由直口变为翻缘，之字纹基本消失而流行刻画戳印的平行线纹、斜线纹、戳点纹等，更重要的是增加了大量来自大汶口文化的釜形鼎、豆、杯以及涡纹彩陶等文化因素。

3. 黄河下游和长江中下游文化区：大汶口文化、大溪文化、崧泽文化、北阴阳营文化、龙虬庄文化

约公元前4100年，在江淮地区龙虬庄文化向北渗透的背景之下，海岱地区增加了杯、豆、盉等崭新因素，从而由北辛文化发展为以山东泰安大汶口H2003、兖州王因M2594为代表的最早期的大汶口文化，其中鼎、钵、小口双耳壶等则属于北辛文化因素。公元前4000年左右，庙底沟类型对大汶口文化的影响显著增强，在大汶口、王因等早期大汶口文化遗存中，突然新增较多花瓣纹彩陶以及敛口鼓肩深腹彩陶钵、宽折沿彩陶盆等庙底沟类型因素，使得大汶口文化的面貌发生了一定程度的改观。不过从其彩陶的黑、红、白组合以及钵敛口显著等来看，与阎村类型更为接近，说明庙底沟类型间接通过阎村类型对大汶口文化产生影响。

约公元前4100年，仰韶文化东庄类型的花瓣纹彩陶、宽带黑彩钵、雏形双唇口小口尖底瓶、小口鼓腹旋纹鼎等因素渗透进汉水两岸，见于关庙山二期、城头山二期等大溪文化二期遗存当中。与此同时，大溪文化中还出现高圈足豆、小口鼓腹豆、单耳曲腹圈足彩陶杯、圈足薄胎彩陶碗、敛口簋、高领或矮领圈足壶罐等较为新颖的矮圈足陶器，以及深腹尖底缸、匜等，陶器常配器盖。这当中占据主体的矮圈足器是在大溪文化一期类似矮圈足器的基础上发展而来的——尽管更早的源头在长江下游，高圈足豆、小口鼓腹豆、匜以及璜的出现应该是此时受到长江下游文化影响的结果，彩陶的较多出现或许是受到仰韶文化的启发，深腹尖底缸来自中原或海岱。此外，素面釜、圈足盘等很多器物仍与大溪文化一期一脉相承。大溪文化陶器明确分为红陶和黑灰陶两

个系列,红陶一般施红衣,彩陶一般为黑彩。

庙底沟类型对长江中游大溪文化三期的影响更加深入,其典型因素花瓣纹、鸟纹彩陶装饰,以及口沿外带一周钩錾的大口罐,发现于湖北宜昌中堡岛新石器时代Ⅰ期、清水滩遗存、关庙山大溪文化三期、重庆巫山大溪遗存等当中,在湖北黄冈螺蛳山M1甚至还随葬庙底沟类型风格的彩陶鼓腹盆。大溪文化本身出现较为明显的分异,汉水以东地区最为活跃,油子岭一期晚段、谭家岭二期等遗存中,新出现折腹簋、曲腹杯、附杯圈足盘等器类,矮凿形足鼎、敛口簋的数量大增;峡江地区其次,新出现曲腹杯、筒形杯、瓦棱纹球腹罐等,多见釜和支脚;澧阳平原地区最保守,但也新出现筒形杯、盆形擂钵、饰编织纹的罐等。由于这种分异,有人提出此时汉水以东地区的遗存已经可独立为一个考古学文化——油子岭文化。但实际上,各区多数器类还是在大溪文化二期的基础上发展创新而来的,汉水以东地区也不例外,因此,汉水以东地区文化仍以称大溪文化为宜。这些不同地区的大溪文化各具特点,可分别划分为一些地方类型。

约公元前4100年以后,江淮、江浙地区的文化发生重要转变,出现以上海青浦崧泽一至二期、浙江嘉兴南河浜早期为代表的早期崧泽文化,以江苏南京北阴阳营二期、安徽宿松黄鳝嘴遗存和湖北黄梅塞墩早期为代表的早期北阴阳营文化,以及龙虬庄文化二期遗存。由于这些文化遗存的面貌大同小异,形成过程互相关联,故暂称其为"崧泽化"过程。

当然,我们在崧泽文化里也看到了庙底沟文化的影响,比如小口鼓腹釜型鼎,有的肩部还饰慢轮旋转形成的多周旋纹,当为受到庙底沟类型-阎村类型小口折腹鼎的影响所致;花瓣纹彩陶、葫芦形瓶等都是更为明确的庙底沟类型因素。但更重要的是在这种刺激下江淮地区文化本身的趋同性变革。在其前身马家浜文化、龙虬庄文化一期等的基础上,陶器普遍变得造型复杂、形态多样、多段拼接,以三足、圈足器居多;纹饰以八角星纹、边绕三角的太阳纹(或星纹)最有特色;彩陶或彩绘陶有红、黄、黑诸色。主要器类为鼎、豆、壶、盉、杯类,其他还有釜、罐、缸、盆、钵、圈足碗、圈足盘、匜、钵形甗、三口器等,常带器盖。具体来说,鼎的数量大增,多为高足釜形鼎,也有矮足鼎,足多呈凿形、扁柱形、鸭嘴形;豆多折盘曲柄,形态多样;杯直腹或曲腹,平底、圈足或三足。

我们从崧泽文化中能够看出东南地区的传统特点,比如器物见棱见角,颜色比较花哨,流行各种黄红搭配,完全与仰韶文化红和黑两色搭配不同。崧泽文化还有大量的圈足器、三足器,纹饰多编织纹。崧泽文化还出现了中国最早的鬹,但其鬹是分体的,再晚一点,到了安徽、山东,或者河北、内蒙古这一带,就是连体的。

4. 华南、东北、西北和西南地区文化

尽管仰韶文化东庄-庙底沟类型对周边文化影响广泛深刻,但还远没有扩展至历史上中国的全部范围。

华南地区的代表性遗存包括福建闽侯县石山一期、平潭壳坵头遗存,以及广东深圳咸头岭Ⅳ—Ⅴ段和台湾新竹大坌坑中期遗存等,陶器无非绳纹圆底釜、圈足盘、豆、支脚等,流行绳纹、贝齿纹、戳点纹、圆圈纹等,有少量彩陶,和长江中下游仍大体属于同一文化区,仍为釜-圈足盘-豆文化系统,但却并不像长江中下游地区那样可以看到东庄-庙底沟类型的明显影响。

东北地区从西辽河流域、辽东半岛直到呼伦贝尔草原都受到黄河流域的影响,但再向东、向北则仍为比较单纯的筒形罐文化系统,如牡丹江流域的晚期亚布力文化。

前文提及仰韶文化西北向已抵青海东部,西南达到四川西北部,但再向西、向南,则目前还没有包含陶器和农业遗存的遗址发现,这些地区主要还属于中石器时代文化范畴。

总体来看,由于公元前4000年前后仰韶文化东庄-庙底沟类型从晋南豫西核心区向外强力扩张影响,以前的三大文化区或文化系统的格局大为改观,中国大部地区文化交融联系成相对的文化共同体。其空间结构自内而外至少可以分为三个层次,这个三层次结构文化共同体的核心区和主体区基本就是此前的黄河流域、华北和淮河上中游文化区,换句话说,它主要是在瓶(壶)-钵(盆)-罐-鼎文化系统的基础上发展而来的,其边缘区则包括了新整合而成的长江中下游和黄河下游地区的鼎-豆-壶-杯文化系统,以及东北南部和西部的筒形罐-彩陶罐-钵文化系统。在这个三层次结构的文化共同体之外,还有华南的釜-圈足盘-豆文化系统,东北大部的筒形罐文化系统,以及中石器文化区,这些文化区都和上述三层次结构文化共同体互有联系。如果站在现代中国的角度,那实际上已经是第四层次了。

## 五、铜石并用时代

大约公元前 3500 年进入铜石并用时代早期,这时形势逆转,早期中国各地文化的地方性特征大为增强,文化分化趋势显著,文化间交流碰撞的激烈程度前所未见。仰韶文化所代表的中原文化的势力相对减弱,接受周围地区,尤其是偏东部地区文化影响的程度明显加大。此时也是社会分化显著加强的时候,社会冲突不断,急剧复杂化,普遍开始了走向文明社会的步伐,已基本进入初期文明社会阶段。大约公元前 2500 年进入铜石并用时代晚期,文化格局重新整合,龙山时代到来,以公元前 2200 年左右为界,还可以将其分成前期和后期两个阶段,社会分化继续加强,形成多个区域中心和区域文明社会。

### (一)铜石并用时代早期

1. 黄河上中游-长江上游-青藏高原东部文化区:仰韶文化、马家窑文化、哨棚嘴二期文化、卡若文化

大约公元前 3500 年,中原核心区的仰韶文化庙底沟类型转变为西王类型,以山西芮城西王村 H4,河南灵宝西坡 H143、M27 等遗存为代表。其主要陶器与庙底沟类型一脉相承:双唇口小口尖底瓶双唇渐次退化变为喇叭口,瓶底越来越钝;深腹罐、瓮日渐瘦长,肩腹常箍数周附加堆纹;盆、钵口部近折;新出现双腹盆、带流罐、釜形附加堆纹足鼎等。篮纹增加而绳纹减少,灰黑陶增加而彩陶大为衰落,以红色网纹、爪形纹、重鳞纹等为主,仍有圆点、勾叶、三角纹彩陶的影子。西王类型可谓庙底沟类型最坚定的继承者。当然也可见到来自东部地区的影响,如敛口折盘豆、敞口双腹豆、背壶、高领壶等应与来自大汶口文化的影响有关,重鳞纹当为红山文化因素,折肩罐、高领罐、彩陶碗等为秦王寨类型因素,而带流器最早的源头在长江下游。钺、大口缸当然可以是继承庙底沟类型而来,也不排除受到长江下游地区文化的影响。

约公元前 3000 年,西王类型发展为庙底沟二期类型,并以山西垣曲古城东关"庙底沟二期文化遗存"早期、河津固镇二至三期,河南陕县庙底沟二期、

渑池仰韶三期遗存为代表,其陶器绝大部分都与西王类型有继承关系,只是在形态上小有区别,如深腹罐更趋瘦直、附加堆纹更多,鼎为附加堆纹足盆形鼎,小口尖底瓶领由弧变直、底更钝,在小口尖底瓶基础上发展出小口平底瓶,进一步发展为小口高领罐。新出的最引人注意的陶器为釜形斝——被认为是受到来自豫中地区鬶的启发而产生的。其余少量彩陶薄胎斜腹杯、盂形杯、宽沿直腹杯、高颈壶以及彩陶侈口罐等陶器也都是从豫中或通过豫中传播而来的。此外,宽沿直腹杯、觚形杯、高颈壶、高领折肩尊、钝尖底陶尊(缸)等当为大汶口因素,盂形矮圈足杯和高柄杯、彩陶斜腹杯、双腹豆等当为屈家岭因素。

公元前 3500 年以后受周围文化影响最小的地区是关中,其仰韶文化泉护类型稳定发展为半坡晚期类型,并以西安半坡晚期、宝鸡福临堡三期遗存为代表。陶器向灰黑化发展,平唇或喇叭口钝底尖底瓶、浅腹盘(常为双腹)、宽沿浅腹或深腹盆、双錾敛口或敞口深腹盆、敛口平底钵或碗、大口深腹罐、高领罐(高颈壶)、敛口瓮、釜灶等绝大部分陶器都是继承泉护类型而来的,新出少量钵形甗、带流盆或带流罐,新见少量白彩以及拍印的篮纹和方格纹,这应当与其和西王类型的交流有关。渭河中游福临堡等处发现有弧线涡纹壶,可能为石岭下类型因素。

约公元前 3000 年,半坡晚期类型发展为泉护二期类型,以《华县泉护村》所分的泉护二、三期为代表,还包括扶风案板三期、武功浒西庄二期和赵家来早期等。基本器类与此前一脉相承,篮纹和附加堆纹盛行,新出斝、盉等三足器和盆形擂钵,常见鼎,这些都应当是受到庙底沟二期类型影响的结果。还有扁腹红彩壶、大圈足盘、圈足碗、敞口圈足(假圈足)杯等早期屈家岭文化或秦王寨类型因素。在泉护遗址还明确出现快轮拉坯制作的陶器,这种先进技术当从东方传入。此外,在陇东泾河上游还有以镇原常山下层遗存为代表的常山类型,除缺乏三足器外,总体情况和泉护二期近似。汉中地区西乡李家村、南郑龙岗寺"龙山文化遗存",有折肩罐、绳纹深腹罐、豆等,也和泉护二期类型近似,复杂的压印纹很具特色。

早在庙底沟时代末期,北方地区就出现内蒙古凉城红台坡上 G1 和王墓山坡中一类海生不浪类型初期遗存,它是在白泥窑子类型的基础上,受到东部文化深刻影响而形成:绳纹罐、素面罐、钵、盆等陶器继承了白泥窑子类型传统，筒形罐来自红山文化，小口双耳鼓腹罐是雪山一期文化小口双耳高领罐的变体，深折腹钵则与仰韶文化大司空类型者近似。就彩陶来说，黑、紫红、褐色相间的复彩为新出，相对双勾纹、鳞纹、棋盘格纹等来自红山文化，对顶三角形、对顶菱形与菱形网纹则应来自雪山一期文化。另外，在王墓山坡中遗存还发现典型的红山文化系统的圆角方形的岫玉璧，在红台坡上发现打磨过的岫玉料，表明有红山文化工匠携带玉料到达岱海地区。至约公元前3500年，海生不浪类型已经分布于内蒙古中南部和陕北大部地区，以内蒙古托克托海生不浪、察右前旗庙子沟、凉城王墓山坡上遗存为代表。总体是在初期基础上的继续发展，如小口鼓腹罐中腹从方折向圆鼓再向微折发展，彩陶渐趋衰减而篮纹逐渐增加。另外，准格尔白草塔遗址饰四组大圆形图案的彩陶盆应当为马家窑文化石岭下类型因素。该类型也存在地方性差异，最明显的是喇叭口小口尖底瓶流行于鄂尔多斯黄河两岸地区，却不见于岱海-黄旗海地区。而此时晋中北地区已经是义井类型，以山西太原义井T1⑥、太谷白燕H99和汾阳杏花村H11为代表，陶器总体上是在白泥窑子类型基础上的继续发展，变异程度远小于海生不浪类型，但垂带纹、蝶须纹、网纹、棋盘格纹、对角三角纹等彩陶仍体现出来自大司空类型和雪山一期文化的影响。

约公元前3000年，北方地区文化在原有基础上稳定发展，海生不浪类型转变为阿善三期类型，义井类型转变为白燕类型。前者以内蒙古包头阿善三期、准格尔小沙湾遗存以及陕西绥德小官道遗存为代表，后者以白燕H538和F2为代表。各类罐、瓮、盆、钵和直壁缸、豆、钵形甑等陶器都是此前基础上的进一步发展，只是阿善三期类型有喇叭口或浅杯形口小口尖底瓶，那是当地传统的延续。白燕类型还有少量盆形鼎、折腹斝、釜灶、釜、素面高领折肩壶等，那显然是其接近晋南、受庙底沟二期类型影响的结果。

由于受东方和南方文化的强烈影响，河南中南部于庙底沟时代末期已经开始文化变异的过程，至公元前3500年以后变得更加显著，河南中部仰韶文化阎村类型转变为秦王寨类型，以河南郑州大河村三期和洛阳王湾二期一、二段遗存为代表；河南南部仰韶文化下王岗类型转变为八里岗类型，以河南邓州八里岗仰韶晚期、淅川下王岗仰韶三期遗存为代表。

秦王寨类型和八里岗类型总体比较相似，秦王寨类型以继承当地仰韶文化而来的陶器占据主体,如鼎、深腹罐、盆、钵、瓮、高领罐、小口尖底瓶、大口尖底瓶等陶器,以及彩陶中的勾叶、圆点、三角纹及其变体。但它们的器物群中也出现了很多深受东方和南方文化影响的因素:细颈壶、双连壶、大口鼓肩罐以及彩陶中的六角星纹、圆圈纹,体现出来自大汶口文化的影响;曲腹杯、圈足碗、矮圈足壶、矮圈足敛口杯和刻画纹陶球,体现出来自大溪文化油子岭类型的影响;肩腹有转折的壶体现出来自崧泽文化的影响;镂孔圈足豆属于偏东大部地区文化的共见因素;其他如带流罐以及睫毛纹、X纹、S纹彩陶等则为新出现因素。秦王寨类型和八里岗类型的区别,主要表现在前者罐多折肩,鼎多折腹,钵多深曲腹,常见饰横带网格纹的彩陶罐,有更多大汶口文化因素;而八里岗类型罐、鼎、钵多圆肩弧腹,常见高领壶形鼎、曲腹杯,有更多大溪文化因素。

约公元前3000年,河南中部的秦王寨类型稳定发展为谷水河类型,至于豫南大部地区已经属于屈家岭文化的天下了。谷水河类型以河南禹州谷水河三期、登封阳城"龙山文化早期"、郑州大河村四期、孟津妯娌二至三期遗存为代表。主体陶器与此前一脉相承,罐类上腹略鼓,白衣彩陶基本消失,而留下少量红衣彩陶;新出现斝、篮纹、附加堆纹比例显著增加,显示出庙底沟二期类型影响的增强。直腹鼎、背壶、圈足尊等为大汶口文化因素,双腹豆、盂形杯等为屈家岭文化因素,重鳞纹为红山文化因素。

约公元前3500年,太行山以东地区文化再度崛起,河北南部兴起仰韶文化大司空类型,河北中北部兴起雪山一期文化。

大司空类型以河南安阳大司空仰韶文化遗存、鲍家堂遗存和新乡洛丝潭一至二期遗存为代表,是在钓鱼台类型基础上发展而来的。陶器以灰色为主,主要陶器为敛口或曲腹钵、彩陶鼓腹盆、鼓肩深腹罐、高领罐、彩陶罐、瓮等,个别彩陶碗、凿形足鼎当为秦王寨类型因素。素面为主,有少量篮纹和花边口罐。彩陶为红或黑彩,最主要的弧边勾叶三角纹和多条竖波纹的组合,显然是在钓鱼台类型彩陶纹饰基础上发展而来的。其他还有蝶须纹、同心圆纹、网格纹、S纹、睫毛纹、飘带纹等,后几种当属于秦王寨类型因素。

雪山一期文化可分早、晚期,早期以河北平山中贾壁遗存为代表,晚期以北京昌平雪山一期、河北容城午方第二层、阳原姜家梁墓地为代表。早期的中贾壁遗存主要陶器为筒形罐、斜腹敛口钵、盆、素面侈口罐、高领罐、壶、甑等,彩陶有横带纹、垂带纹、三角纹、菱形纹、网格纹、逗点纹、宽鳞纹、梯格纹等纹样,尤以菱形纹和网格纹、三角形纹和垂线纹组成的复合图案最为流行。其主体因素与冀中正定南杨庄类仰韶文化后岗类型接近,但两者间存在较大缺环,至于筒形罐、宽鳞纹等则为红山文化因素。晚期新出折腹盆、平底盆、豆等大汶口文化因素。

约公元前3000年,太行山以东地区文化比较低迷,遗存发现很少。冀中北直至西辽河一带大约仍属于雪山一期文化,而冀南豫北地区则是以河北永年台口一期遗存、辉县孟庄"仰韶文化遗存"为代表的仰韶文化台口类型。陶器流行竖篮纹和附加堆纹,有个别红、褐或黑色网格纹、折线纹彩陶。篮纹花边深腹罐、素面罐、高领罐、双腹盆、杯等主体器类都为继承大司空类型发展而来,豆、圈足尊、高领壶等当为大汶口文化因素。

早在泉护类型末段,西部甘青地区的彩陶就已趋于繁复,与关中等地开始分道扬镳。约公元前3500年以后,变异程度更大,终于在有一定地方特点的泉护类型基础上发展为马家窑文化石岭下类型。当然,从更宏观的角度着眼,其与仰韶文化半坡晚期类型还是有很多共同点的,它们无疑仍属于一个大的文化系统。石岭下类型主要分布在甘肃省东南部的渭河上游地区,以武山石岭下遗存为代表,包括秦安大地湾仰韶晚期遗存,天水师赵村四期、西山坪四期和傅家门"石岭下类型"遗存等。泥质陶仍流行彩陶,主要为黑彩,彩陶纹样为弧线三角纹、圆饼纹、波纹、弧线纹等,其中变体鸟纹、变体蛙纹、二重连续旋纹很具特点,其图案主要是泉护类型彩陶的复杂化和变形化。器物平底或尖底,包括平口直颈平底壶、平口直颈尖底瓶、敛口平底钵、宽折沿深腹盆、敛口弧腹或敞口折腹的盘(盆)、深腹罐、鼓腹彩陶罐、盆形甑等。穿孔石钺增多。傅家门发现带有简单刻符的卜骨,上有烧灼痕迹,是目前中国发现的最早的卜骨。

公元前3000年以后,在甘青宁地区形成了马家窑文化马家窑类型。马家窑类型以甘肃省的渭河上游地区为分布中心,以甘肃临洮马家窑遗存为代表,包括甘肃天水师赵村五期和西山坪五期、傅家门"马家窑类型"遗存、东乡林家遗存等。北至宁夏南部,西至青海东北部和河西走廊东部,南达白龙江上游甚至四川西北部。它是在石岭下类型基础上进一步发展而来的。细泥质陶绝大部分施黑彩,其数量竟占陶片总数的一半左右,个别施白、红彩。马家窑类型彩陶具有施彩面积大、内外兼施、构图复杂、线条流畅等特点,其纹饰有同心圆圈纹、波纹、涡纹、网纹等图案,也有较具象的蛙纹、蜥蜴纹、蝌蚪纹、人面纹等。主体图案以圆形或椭圆形为主,在上孙家寨等遗址还发现多人舞蹈纹彩陶。器物基本都是平底器,和石岭下类型一脉相承。

宗日类型分布在以共和盆地为中心的青海省东部,以同德宗日一期遗存(M291类)为代表。陶器主要可分为两大类,第一类为质地细腻的泥质红陶,饰精美黑彩,器类、彩陶图案和风格基本同于马家窑类型;在宗日遗址还发现饰有多人舞蹈纹、两人抬物纹彩的盆。第二类为质地粗糙的夹粗砂褐陶,有的上部施线条生硬的紫红色彩,有鸟纹、折尖三角纹、折线纹等图案,极富地方特征。陶器多底部外撇呈假圈足状,器类仅高领瓮(壶)、单耳或双耳罐、敞口钵(碗)三种。正如陈洪海所推测,该类型极可能为马家窑类型扩展至青海后,与当地无陶文化融合的产物。值得注意的是,其僵硬的折线纹等,似乎与欧亚草原筒形罐类器物上的几何形纹饰有近似之处

公元前 3500 年或稍早,在长江上游东部偏北地区出现重庆忠县哨棚嘴一期早段类遗存,仅就目前发现的退化形态的双唇口小口尖底瓶和绳纹罐等器物来看,仍可勉强归入仰韶文化半坡晚期类型范畴。至公元前 3000 年左右发展为哨棚嘴一期晚段和二期类遗存,总体继承一期早段,如小口尖底瓶发展为小口平底罐或小口高领壶,仍有绳纹深腹罐、敛口平底钵等,也和关中地区一样越来越流行附加堆纹。但盘口、花边口沿、交错绳纹等地方特点则显著加强,因此已经可以单独命名为一个考古学文化,即哨棚嘴二期文化,或称玉溪坪文化。这当中的彩陶圈足壶、高柄杯、尊、缸等陶器属于屈家岭文化因素。

无独有偶,公元前 3500 年左右,在长江上游西北山区甚至成都平原偏北地区都出现类似仰韶文化泉护类型和马家窑文化石岭下类型的遗存,尤其什邡桂圆桥所见退化形态的小口尖底瓶引人注目,至公元前 3000 年左右演变为以桂圆桥 H20 为代表的一类遗存。该类遗存流行粗绳纹、附加堆纹,甚至器物口、底也施绳纹,器类有绳纹花边深腹罐、钵、盆等,面貌与哨棚嘴二期文化相似。

至于大渡河流域的四川汉源麦坪类遗存,主要器类也是深腹罐、小口罐、敛口平底钵等,流行绳纹和附加堆纹,总体面貌和桂圆桥早期类遗存近似,主

要源头依然是马家窑文化，不过其网格纹、联珠纹、篦点纹等几何纹饰更具特色。

青藏高原最早的新石器时代文化，就是以西藏昌都卡若遗存为代表的卡若文化，年代上限大致在公元前 3000 年。其早期的高领罐和敞口盆等主要器类，与马家窑文化宗日类型早期的宗日式陶器较为接近，如同样流行假圈足，见少量黑彩，常见与后者彩陶图案类似的刻画折线纹、网格纹、附加堆纹等。

2. 黄河下游-长江中下游-华南北部文化区：大汶口文化、大溪文化、屈家岭文化、崧泽文化、薛家岗文化、良渚文化、樊城堆文化、石峡文化、牛鼻山文化、昙石山文化

约公元前 3500 年以后进入大汶口文化中期，以 1959 年发掘的山东泰安大汶口墓地早期为代表，包括枣庄建新早期、兖州六里井、邳州梁王城大汶口文化遗存等。其主要陶器鼎、豆、背壶、高柄杯、深腹罐等均和早期一脉相承，新出现凿形足鬶、圈足尊，开始流行鬶、平底或三足盉、匜等带流器。红陶减少而灰陶增加，出现快轮制陶。大汶口文化少量折线纹、网格纹、重鳞纹彩陶钵可能与红山文化或雪山一期文化影响有关，圆角方形璧、联璧等岫岩质玉器，以及新出现的双孔石刀等，更明确为红山文化因素。潍坊、平阴等地所见石璧、双贯耳高领壶等当为良渚文化因素，新沂花厅北区墓葬有玉器等很多良渚文化因素。鲁西南一带由于和仰韶文化秦王寨类型、西王类型等的交流，深腹罐上多饰红色带状网格纹、垂须纹彩，或者拍印绳纹并箍附加堆纹，还出现彩陶高领罐、绳纹双錾钵等。

约公元前 3000 年进入大汶口文化晚期，以 1959 年发掘的大汶口墓地中晚期为代表，包括枣庄建新中晚期、曲阜西夏侯 M26、莒县陵阳河，以及安徽蒙城尉迟寺大汶口文化遗存等。值得注意的是，此时鲁东南地区突然涌现出大批大汶口文化遗址。陶器基本以黑灰陶为主，轮制技术越来越成熟，以薄胎黑陶高柄杯为最。器形多向瘦高方向发展，袋足鬶最多，双腹豆可能为从中期的折盘豆发展而来，尉迟寺遗址等还出现凿形足鬶——是为中国最早的连体鬶。虽然对外影响显著，但也有周围文化因素进入，如偏西区域篮纹、附加堆纹的较多出现，当与来自庙底沟二期类型等的影响有关。栖霞杨家圈一期所见鱼鳍形鼎足、豆等属于良渚文化因素。

约公元前 3500 年以后,长江中游最重要的变化就是大溪文化油子岭类型晚期的极度扩张。主要分布在江汉平原的油子岭类型晚期以油子岭二期、屈家岭三期遗存和谭家岭三期遗存为代表,陶器以黑皮陶为主,流行轮制,形制规整,绝大部分器类都只是在油子岭类型早期基础上的继续发展,高柄豆、矮圈足罐、矮圈足瓮增多,偏晚阶段新出现高领罐、圈足盆形甑、圈足碗、彩陶圈足高颈壶、彩陶盆、塔式钮器盖等,豆、盆等由敛口变为敞口。

油子岭类型晚期实力强劲,向周边地区强力扩张,并产生显著影响。南向强烈影响到澧阳平原,使当地文化发展发生重大转折,出现澧县城头山大溪文化四期类遗存,新出现大量矮足鼎、内折盘竹节柄豆、矮圈足簋、矮圈足盆形甑、细高颈壶、曲腹杯、筒形杯、小口瓶等陶器,但较多小口瓶、小口壶等为当地特色。西南向远距离影响到沅江流域,出现怀化高坎垅一、二期类遗存,基本不见鼎等为地方特色。西向影响到峡江地区,出现宜昌中堡岛"新石器时代Ⅲ期"、巴东楠木园 H117 类遗存,但其中小口尖底瓶、绳纹罐等为仰韶文化半坡晚期类型因素。北向扩展至鄂北,出现湖北枣阳雕龙碑三期、孝感叶家庙一期类遗存,有互字纹、花瓣圆点纹、棋盘格纹、网格纹彩陶,圈足罐形鼎、带管状流的圈足盆形擂钵、圆底或尖底陶缸等自具特色,多见平底钵、深腹罐、矮圈足罐、矮圈足瓮,还有较多横篮纹,个别折肩瓮、似喇叭形小口尖底瓶应分别为仰韶文化秦王寨类型、半坡晚期类型因素。东向扩展至鄂州、黄冈一带,以黄冈螺蛳山 M2(1985 年发掘)为代表,朱绘多孔石刀、敛口折盘豆等明确属于薛家岗文化因素。

约公元前 3000 年,江汉平原、鄂西北、豫西南地区的大溪文化率先转变为屈家岭文化,江汉平原以湖北京山屈家岭晚期、天门谭家岭四期以及邓家湾和肖家屋脊屈家岭文化遗存为代表,鄂西北和豫西南地区以湖北郧县青龙泉屈家岭文化遗存、河南淅川下王岗屈家岭文化一期遗存为代表。随后屈家岭文化向周围扩张,南向、西南向影响形成以澧阳平原、沅江流域澧县城头山、安乡划城岗、怀化高坎垅三期等所代表的屈家岭文化遗存;西向影响形成峡江地区宜昌中堡岛"新石器时代Ⅳ期""新石器时代Ⅴ期"类遗存;东北向扩展至豫东南地区,形成罗山李上湾一期类遗存;东向扩展至鄂东,形成黄冈螺蛳山 90HLM1 类遗存。屈家岭文化以灰陶为主。彩陶仍多饰黑彩,除油子岭类型常见的网格纹、方格圆点纹等外,新出棋盘格纹、"太极"纹和晕染风格彩陶。陶器中矮足鼎、高领罐、花边足罐、缸、圈足盆形甗、圈足盆、圈足碗、彩陶圈足高颈壶、彩陶斜腹杯、塔式钮器盖、彩绘空心陶球等都和油子岭类型晚期一脉相承。新出的一组极富特征的双腹鼎、双腹豆、双腹圈足碗等双腹器，固然可视为是油子岭类型晚期同类器的发展，但也不排除是受到了大汶口文化和仰韶文化的启发，因为豆、盘等双腹器最早见于黄河流域；至于高柄杯、圈足尊和折腹觚形杯等更明确与来自大汶口文化的影响有关，篮纹、附加堆纹等因素则来自仰韶文化，可见大汶口文化和仰韶文化在屈家岭文化的形成和发展过程中起到了重要作用。豫西南和鄂西北地区为黄河流域和长江流域交汇之地，其屈家岭文化遗存中还见有仰韶文化的双腹盘、大汶口文化的拔牙习俗等，该地区当为多种文化因素融汇形成屈家岭文化的关键地区。屈家岭文化的鼎足复杂多样、装饰丰富，尤其是宽扁的铲形足等，当与来自薛家岗文化的影响有关。该文化流行彩陶纺轮，有的饰螺旋纹或"太极"纹，富于旋转动感，类似刻画图案最早见于北阴阳营文化塞墩类型。郧县青龙泉等遗址所见个别石琮、石璧、斜柄石刀等则体现出来自良渚文化的影响。

约公元前3500年以后长江下游文化极度强盛，崧泽文化进入发达的晚期阶段，以上海青浦崧泽三期、浙江嘉兴南河浜晚期、湖州毘山"新石器时代文化遗存"为代表。陶器与前一脉相承，流行轮制，有些陶器的具体形态发生变化，如鼎足多为铲形、凿形，出现鱼鳍形足，敛口折盘竹节柄豆、假腹圈足盘、假腹杯、带管状流的塔形壶等很有时代风格，有的豆口沿有穿孔小鼻。北阴阳营文化发展为薛家岗文化，以安徽潜山薛家岗主体遗存、含山凌家滩遗存为代表；西南部甚至达到鄂东和江西北部，留下湖北黄梅塞墩晚期、武穴鼓山以及江西靖安郑家坳等遗存。新出的单把实足鬶、觚形杯、高柄杯等陶器以及编织纹，应当与来自崧泽文化和大汶口文化的影响有关；新出的圈足壶、圈足罐、空心陶球以及鄂皖交界处的曲腹杯、簋等当为大溪文化因素，印纹圈足壶的源头当在东南沿海一带。薛家岗文化鼎新出折腹者，足多为铲形、凿形、鸭嘴形或倒圭形，足上多有复杂刻画戳印纹饰；赣北地区子口鼎的鸭嘴形足转折夸张。

约公元前3300年以后，太湖周围地区由崧泽文化发展为以浙江余杭反山、瑶山墓葬和上海青浦福泉山良渚文化墓葬为代表的良渚文化。其主体器类与崧泽文化一脉相承,轮制发达,流行鱼鳍形或T字形足鼎、浅折腹盘豆、阔把带流杯、圈足盘、圈足壶(尊)、圈足罐、鼎式甗、鬶、盉,平底匜发展成圈足、三足匜,新出双鼻壶、贯耳壶、带喇叭状流的过滤器等。有些陶器漆黑光洁,有些陶器刻镂繁复细致的蛇、鸟、云形花纹并加以彩绘,精美异常。外来因素少见,江北个别背壶来自大汶口文化,江南少量子口鼎、绳纹等来自樊城堆文化等。

约公元前3000年,江西北部和西部地区出现以樟树樊城堆下层与筑卫城下层、新余拾年山三期、靖安老虎墩上层遗存为代表的樊城堆文化,也曾被称作筑卫城文化。差不多同时,在广东西北部韶关至封开一线则出现以曲江石峡二期遗存为代表的石峡文化。

樊城堆文化由具有一定地方特点的薛家岗文化发展而来,鼎、豆、壶、罐、鬶、杯等主体陶器均和薛家岗文化一脉相承,只是形态发生了一定变化,如子口釜形鼎腹部变浅,成为盘形鼎,子口豆凸棱更宽,出现高柄壶、高柄觚形杯等,鼎足有瓦足、鸭嘴形足、锥足、扁柱足和奇特的管状足,形态多样,装饰复杂。此外,玉琮、T字形足或鱼鳍形足鼎则应为良渚文化因素,双腹豆、篮纹、方格纹与屈家岭文化的影响有关,绳纹体现与昙石山文化的交流。石峡文化子口浅盘形瓦足鼎、子口豆、圈足壶、圈足罐、鬶等主要陶器和樊城堆文化近同,其形成当与樊城堆文化南向强势扩张有关,当然地方特色也很明显,如见有釜形鼎、釜、三足盘,鼎足根端明显宽于足端,鼎足、豆柄等多见小镂孔等,还有较多釜、绳纹等华南文化因素。

约公元前3000年或更早,在福建西北、浙江西南和江西东南部出现以福建浦城牛鼻山下层为代表的遗存,可称牛鼻山文化。素面圆底的釜罐类、圆底壶、圈足罐和锥足釜形鼎很具地方特点,但大量豆、圈足壶以及贯耳特征却与樊城堆文化者近同,少量倒圭形足盘形鼎更与薛家岗文化同类器近似,推测该文化应当为樊城堆文化南下并与当地土著文化结合的产物。稍晚在福建东南沿海一带兴起昙石山文化,以闽侯昙石山二期早段、庄边山下层一期遗存为代表,陶器主要是圆底釜、圆底罐、圈足壶、豆、圈足盘、圈足杯、簋等,其与牛鼻山文化的区别主要表现在釜、罐一般饰绳纹等,不见鼎和贯耳特征。昙石山文化主要是在当地文化基础上发展而来,但豆、圈足盘等的流行也应与来自长江下游的影响有关。

3. 东北文化区：红山文化、哈民忙哈文化、雪山一期文化、偏堡子文化、小拉哈一期文化、南宝力皋吐文化、小珠山中层文化、左家山上层文化、莺歌岭下层文化、金谷文化

东北南部和西部属于筒形罐-彩陶罐-钵文化系统。

公元前3500年以后，西辽河流域的红山文化进入以牛河梁第五地点晚期遗存为代表的晚期阶段，也是最为兴旺发达的时期。彩陶流行三角纹、折线之字纹、平行线加勾连涡纹、大重鳞纹等，新出带盖彩陶瓮，有彩陶筒形器、塔形器、熏炉器盖、三足小杯等与宗教祭祀有关的陶器。

红山文化晚期极盛之时，曾经一度强力影响到科尔沁草原腹地的通辽-白城一带，留下以内蒙古科左中旗哈民忙哈、辽宁白城双塔二期为代表的哈民忙哈文化遗存。其双耳壶、彩陶罐、之字纹筒形罐、斜口器等陶器，都与一般红山文化者近同，但其素面或麻点纹筒形罐等又体现出浓厚的地方特点。

红山文化晚期对外影响强烈，可以依据影响的远近和深度将红山文化的南向影响大致分为三个层次，其影响过程应当伴随着一定数量人群的迁移，至少对邻近的内蒙古中南部、山西、河北地区是这样。

约公元前3300年，雪山一期文化从燕山以南北进至西辽河流域，代替了曾经煊赫一时的红山文化。雪山一期文化遗址小而少，远不能同红山文化相提并论，以内蒙古敖汉旗南台地遗存、翁牛特旗大南沟墓地为代表。彩陶流行黑彩，也有红彩，有的还带白色陶衣。筒形罐的比例比海河流域的午方类型明显偏高，应该是继承部分红山文化传统的缘故，尊似乎与赵宝沟文化遥相传承。钵、盆、素面侈口罐高领罐等显然来自燕山以南，鸮形偏口壶、高领壶、双口壶、异形壶、陶器上的八角星纹图案以及石璧、石环、石镯等应当来自大汶口文化，而骨束发器以及卍字纹、回形纹、雷纹、狗形兽纹等纹饰为其特有。这类遗存可称为雪山一期文化小河沿类型。

大约公元前3000年，雪山一期文化小河沿类型继续向东扩张至科尔沁草原腹地，与下辽河流域的偏堡子文化、嫩江流域及其以北地区的小拉哈一期文化融合，从而形成以内蒙古扎鲁特旗南宝力皋吐墓地为代表的南宝力皋吐文化。其素面侈口罐、高领罐、钵、盆、尊形器、高领壶、双口壶及部分筒形罐等属于雪山一期文化小河沿类型因素，龟形偏口壶也当为受鸮形偏口壶启发而产生，还有骨束发器；刻画多周横向平行线纹及席纹、箍多周附加堆纹的筒

形罐属于小拉哈一期文化因素;饰纵向附加泥条纹的双耳叠唇罐属偏堡子文化因素;复线刻画或彩绘的三角形、菱形、回形几何纹很有特色。最引人注意的口沿外箍一周附加堆纹的深腹圆底罐早就流行于外贝加尔地区,有些器物肩部装饰一周胡须状垂带纹的情况,早就见于欧亚大陆西部。

约公元前3500年以后,辽东地区进入小珠山中层文化晚期阶段,出现鬶、盉等大汶口文化中期因素。约公元前3000年,辽东地区出现以瓦房店三堂村一期、沈阳肇工街一期为代表的偏堡子文化,以装饰纵向附加泥条纹(蛇纹)、篦划纹的双耳叠唇罐最具特色,也有高领壶、斜腹或折腹钵、圈足碗、素面深腹罐等,后几类陶器连同玉璜等基本都属于大汶口文化因素,玉璇玑或许为北方因素。

东北地区大致在"早期中国"之外的有嫩江流域的小拉哈一期文化、第二松花江流域的左家山上层文化、牡丹江流域的莺歌岭下层文化、图们江流域的金谷文化等。黑龙江肇源小拉哈一期以刻画平行线纹、席纹筒形罐为代表的所谓甲组陶器,和饰多周附加堆纹的所谓乙组陶器,其实应当只是一个考古学文化即小拉哈文化的组成部分,并没有早晚之分;其遥远的源头或许竟在西拉木伦河东北一带富有地方特点的兴隆洼文化。

4. 华南文化区:大坌坑文化、大帽山文化

华南的福建南部、广东南部和广西大部仍是绳纹釜加圈足盘的传统,台湾的大坌坑文化也是如此。如福建南部(包括台湾地区)分布着东山大帽山类遗存,有人称之为大帽山文化。西南的贵州、云南大部和西藏中西部,西北的青海西部至新疆,情况更不清楚,推测即使有新石器时代文化,也必定很不发达,主体仍为狩猎采集经济。

(二) 铜石并用时代晚期

1. 黄河中下游地区:龙山文化、陶寺文化、老虎山文化、王湾三期文化、造律台文化、后岗二期文化、雪山二期文化、客省庄二期文化、齐家文化、菜园文化

黄河、长江流域大部分地区属于鼎-鬵(鬲)-鬶文化系统。

这里的龙山文化指的是狭义的龙山文化,就是海岱地区以黑陶为主的遗存。约公元前2500年,鲁东沿海和潍河流域的大汶口文化最早发展为龙山文

化,以胶州三里河、日照东海峪、临沂大范庄、潍坊鲁家口龙山文化早期遗存为代表。稍后龙山文化扩展至鲁中南地区,以泗水尹家城龙山文化一至三段、兖州西吴寺龙山文化一至四段、邹平丁公龙山文化一至三段遗存为代表,再后扩展至山东全境乃至于江苏北部。龙山文化的鼎、鬶、豆、深腹罐、蛋壳高柄杯、筒腹杯、折腹壶、平底盆、匜等主体陶器与大汶口文化一脉相承,只是制作更加精整,且形态发生了细微变化,大汶口文化的背壶、瓶、尊等则基本消失。鼎既有罐形也有盆形,由凿形足或铲形足变为鸟首形足;鬶足由鸟首形足变为袋足;鬶颈腹比较分明,罐最宽处多在上腹,平底盆多斜腹较浅;高柄杯口越来越大,贯耳越来越流行,出现鸟首形足甗、三环足盘、圈足盘、瓦足或圈足盆、罍、盒,以及云雷纹、兽面纹等。约公元前2200年进入龙山后期,以泗水尹家城龙山文化四至六段、兖州西吴寺龙山文化五段遗存为代表,鼎足逐渐变为侧装三角形,甗袋足实足跟越来越明显,鬶颈腹不很分明,罐最宽处多在中腹,平底盆多近直腹较深,出现折壁器盖,子母口器、假圈足器显著增多,受中原龙山文化影响出现斝。龙山文化扩展至鲁西北地区,以茌平尚庄龙化遗存为代表,受后岗二期文化影响而有双腹盆、罐形斝,常见篮纹、方格纹、绳纹等。

约公元前2500年,晋南地区诞生了面貌一新的陶寺文化。陶寺文化早期以山西襄汾陶寺遗址陶寺文化早期遗存为代表,主要局限在北部的临汾盆地,南部的运城、垣曲一带仍为以垣曲古城东关"庙底沟二期文化"中晚期为代表的庙底沟二期类型末期遗存。陶寺文化实际上是在仰韶文化庙底沟二期类型的基础上融入大量东方文化因素而形成的。其釜灶、斝、盆形鼎、甑、侈口罐、斜腹盆、折腹盆、扁壶等属于庙底沟二期类型传统器物,还有大量良渚文化或者大汶口文化晚期因素,包括常施彩绘的高领折肩尊、折腹尊、簋、豆等陶器,彩绘多以红色为底,有白、黄、黑、蓝、绿赭色,回纹、涡纹、勾连纹、蟠龙纹等图案;有案、俎、盘、豆、盆、勺、碗、杯、觚、仓形器等彩绘木器或漆器,以及曲尺形厨刀、多孔刀、钺、铲、戚、琮、璧、璜、璇玑(牙璧)等玉或石器。

约公元前2200年,老虎山文化的南下对陶寺文化产生很大冲击,使其转变为以陶寺ⅢH303为代表的陶寺晚期文化,还包括曲沃东许、方城以及冀城南石主体遗存。陶寺晚期遗存出现大量老虎山文化的双鋬鬲,还有单把鬲、甗、斝、深腹簋、折肩罐、圈足罐、侈口罐、折腹盆、斜腹盆、甑、单耳罐、单耳或双耳的平底或三足杯、粗柄或细柄豆,釜灶、筒形罐则逐渐消失。受老虎山文化影响,出现了有灼痕的卜骨,个别鬶、盉属于王湾三期文化因素,仍流行曲尺形石厨刀、带环状捉手的陶垫等器物。

龙山前期之初,豫西三门峡地区仍然分布着仰韶文化庙底沟二期类型末期遗存,洛阳附近地区仍为以新安西沃、济源长泉庙底沟二期文化为代表的仰韶文化谷水河类型末期遗存,篮纹由横变斜,斝口变大,足外移,出现红陶斜腹杯等石家河文化因素。同时或稍晚,豫中地区形成以郾城郝家台一、二期和上蔡十里铺二、三期为代表的王湾三期文化郝家台类型,豫西地区形成以新安冢子坪龙山文化遗存为代表的王湾三期文化冢子坪类型,两者的深腹罐、高领罐、钵、盆、平底碗等都是在当地谷水河类型基础上发展而来的。两个类型的区别主要表现在郝家台类型多鼎——既有锥形足、宽扁式足鼎,也有少量矮足鼎、鸟首形足鼎,常见袋足鬶、平底实足鬶、漏斗形擂钵、折盘豆、圈足盘、觚、觚形杯、折腹壶等;而冢子坪类型少鼎多斝,有较多双腹盆、素面罐以及少量鬲、甗、釜灶等。这当中袋足鬶、平底实足鬶、鸟首形足鼎、折盘豆、圈足盘、觚形杯、折腹壶等与龙山文化有莫大关系,觚或为良渚文化遗留,漏斗形擂钵、宽扁式足鼎以及两个类型都有的红陶斜腹杯属于石家河文化因素,鬲、甗体现来自陶寺文化的影响,而双腹盆、素面罐则为冢子坪类型和后岗二期文化共有。

龙山后期,嵩山以南王湾三期文化郝家台类型发展为煤山类型,以汝州煤山、登封王城岗龙山遗存为代表;嵩山以北王湾三期文化冢子坪类型发展为王湾类型,扩展至郑州地区,以洛阳王湾三期遗存为代表。煤山类型矮足鼎猛增,王湾类型出现盉等,两个类型互有交流。王湾三期文化后期对外强势扩张,王湾类型西北向影响至三门峡、运城和垣曲地区,使该地区出现以陕县三里桥、夏县东下冯和垣曲古城东关龙山晚期为代表的遗存,可称王湾三期文化三里桥类型,其中罐形斝、无耳或单耳鬲、单耳或双耳罐、簋等属于客省庄二期文化或陶寺晚期文化因素。煤山类型南向大规模拓展而代替豫南、鄂北、鄂西地区的石家河文化,形成豫东南鄂北地区以驻马店杨庄二期为代表的王湾三期文化杨庄类型、豫西南鄂西北地区以淅川下王岗龙山遗存为代表的王湾三期文化下王岗类型、鄂西峡江地区以宜都石板巷子遗存为代表的石板巷子类型等,其中下王岗类型的单耳、双耳或三耳罐等属于客省庄二期文化因素，石板巷子类型的釜等为当地传统因素。到龙山后期末段，在嵩山以东兴起以新密新砦二期为代表的王湾三期文化新砦类型，其子母口器（包括子母口缸、子母口鼎、子母口瓮、子母口钵等）、高足罐形鼎、折壁器盖、平底盆、甗等陶器体现来自豫东造律台文化的强烈影响。

龙山前期前段豫东皖北仍基本为大汶口文化尉迟寺类型末期遗存，但已经渗透进少量龙山文化的蛋壳黑陶杯和鬶等，也有红陶杯等石家河文化因素。龙山前期后段至龙山后期尉迟寺类型发展为造律台文化，以河南永城造律台、王油坊和蚌埠禹会龙山遗存为代表。它的侧装三角形足或凿形足罐形鼎、深腹罐、大口罐、高领罐、高领壶、豆、平底盆、平底碗、筒腹杯、觚形杯、尊（缸）等主要器类继承尉迟寺类型而来；鬶、鸟首形足鼎、假圈足缸、瓮、圈足盘、假圈足器盖等体现来自龙山文化的强烈影响，以至于有人将其归入龙山文化范畴；而矮领瓮、篮纹深腹罐、盆形擂钵等则体现来自王湾三期文化的影响，甗应为后岗二期文化的因素，折腹盆或双腹盆为王湾三期文化或后岗二期文化因素，长颈壶、甑等属于石家河文化因素，长颈盉与石家河文化和良渚文化末期物近似。造律台文化也存在地方性差别，其中豫东遗存侧装三角形足鼎圆腹，常见矮领瓮，假圈足钮器盖多折壁，多甗，可称王油坊类型；皖北遗存鼎垂腹，常见高领罐，假圈足钮器盖多弧壁，有假腹高圈足簋、长颈壶、浅盘等特色器物，或可称禹会类型。造律台文化晚期曾一度东南向扩展至江淮地区，留下江苏兴化南荡、高邮周邶墩等遗存，或可称南荡类型，侧装三角形足鼎少见篮纹、方格纹而多为绳纹或素面，甗浅腹，有些柱状足鼎等为当地传统。

龙山时代豫北冀南地区为后岗二期文化，冀中北和京津地区为雪山二期文化，两文化总体面貌大同小异。后岗二期文化以河南安阳后岗二期、汤阴白营和辉县孟庄龙山遗存为代表，雪山二期文化以北京昌平雪山二期、房山镇江营新石器四期以及河北任丘哑叭庄一期为代表。两文化主体器类都是甗、斝、深腹罐、矮领瓮、大口瓮、平底盆、瓦足盆、甑、豆、圈足盘、壶、平底碗、筒腹杯等，尤其夹蚌陶素面深腹罐很有特色；只是前者多双腹盆、斜腹钵、釜形斝、擂钵等与王湾三期文化共有的器物，鼎与造律台文化近似，陶器以灰陶为主；而后者多双鋬大袋足鬲等老虎山文化因素，有相当数量红褐陶。后岗二期文化可分前后两个阶段，以后岗龙山早中期和孟庄龙山早期为代表的前期，鬶足素面而无实足跟，深腹罐最宽处靠近上腹，平底盆浅腹斜直；以后岗龙山晚期和孟庄龙山晚期为代表的后期，鬶足饰绳纹且有实足跟，深腹罐最宽处下移至中腹，平底盆深弧腹。雪山二期文化总体上与后岗二期文化后期相当，应为后岗二期文化北上拓展的结果。后岗二期文化前期的深腹罐、矮领瓮、大口瓮、平底盆、平底碗、筒腹杯都与仰韶文化台口类型有继承关系，罐形斝当为晋南釜形斝的变体，袋足鬶或为在尉迟寺类型实足鬶和斝基础上的创造，双腹盆当为和王湾三期文化共同创造；后岗二期文化前期和雪山二期文化的鸟首形足鼎、鬹、罍、圈足盘、瓦足盆、子母口盆、子母口缸、假圈足折壁器盖、贯耳盆形器盖等的出现应与来自龙山文化的强烈影响有关。

内蒙古中南部、晋中北、陕北和冀西北地区——也就是狭义的"北方地区"，在龙山时代分布着老虎山文化，以内蒙古凉城老虎山遗存为代表，包括内蒙古凉城园子沟和准格尔永兴店、山西汾阳杏花村和忻州游邀、陕西神木石峁 H1、河北蔚县筛子绫罗等龙山遗存。器物流行双鋬或环形耳，器类主要有斝或斝式鬲、鬶、盉、深腹罐、高领罐、矮领瓮、直壁缸、高领尊、大口尊、大口瓮、敛口瓮、单耳或双耳罐、斜腹盆、折腹盆、豆、钵、碗、壶、甑等。有个别红铜手镯。老虎山文化可分为前后两期，前期多横篮纹，有釜形斝，并在此基础上新创斝式鬲，根据地方性差异可分老虎山类型、永兴店类型、游邀类型等；后期多斜篮纹，斝式鬲演变为鬲，在陕北已经出现三足瓮，可分白草塔类型、游邀类型、筛子绫罗类型等。老虎山文化主体由仰韶文化阿善三期类型发展而来，但新出的釜形斝的来源应当在晋南地区，其他鬶、盉类可能与后岗二期文化存在联系。

龙山时代关中、陇东和宁夏南部等地分布着客省庄二期文化、齐家文化、菜园文化，分别以陕西西安客省庄二期、天水师赵村七期与西山坪七期、宁夏海原菜园林子梁遗存为代表，总体面貌大同小异。其中属于龙山前期者有客省庄二期文化前期、齐家文化早期和菜园文化，属于龙山后期者有客省庄二期文化后期、齐家文化中期。龙山前期三个文化都流行篮纹、绳纹、附加堆纹，主要器类都是斝或斝式鬲、小口高领罐、束颈罐、单耳或双耳罐、花边罐、斜腹盆、折腹或曲腹盆、豆、平底碗、甑、擂钵等，只是客省庄二期文化斝式鬲瘦高，有塔式钮器盖、敛口瓮、鬶等；齐家文化斝式鬲较矮，也有塔式钮器盖、敛口瓮、鬶等；菜园文化则有少量彩陶器，以黑彩为主，或与红（褐）色或紫色组成复彩,有锯齿纹、网格纹、菱块纹、棋盘格纹、重弧纹、鳞纹、圆圈纹等图案;在壶类腹部常以圆形、三角形、菱形等分成几个大的单元,内部填各种花纹,甚至还有人像彩陶罐。客省庄二期文化和菜园文化分别由仰韶文化泉护二期类型、常山类型发展而来,齐家文化为客省庄二期文化的地方变体。客省庄二期文化和齐家文化新出的鬹当来自中原地区,但更早的源头在龙山文化;菜园文化的复彩彩陶、偏口壶、双孔刀等文化因素当来自东部仰韶文化海生不浪类型、雪山一期文化等。龙山后期,菜园文化消失,客省庄二期文化和齐家文化的斝式鬲变为鬲。值得关注的是,此时齐家文化从甘肃东部扩展至甘肃中西部、青海东部和宁夏南部,璧、琮、多孔刀等玉石器当与陶寺文化的影响有关,不少"玉璜"可能彼此联系成璧或环。在偏西的青海乐都柳湾、武威皇娘娘台等遗址还发现少量彩陶,主要为马家窑文化马厂类型的遗存,一种尖顶冠形纹(有人称为变体蛙纹)当为来自中亚青铜时代的因素。

2. 长江流域:石家河文化、肖家屋脊文化、宝墩文化、中坝文化、良渚文化、昙石山文化、广富林文化、造律台文化、山背文化、好川文化

龙山时代前期,长江中游和豫南地区为石家河文化,核心区江汉平原以湖北天门石家河镇邓家湾石家河文化一、二期和肖家屋脊石家河文化早期遗存为代表,边缘区还有鄂东的湖北麻城栗山岗晚期、鄂东南的湖北通城尧家林遗存、湘北的澧县城头山石家河文化遗存、豫西南的青龙泉三期、豫东南的驻马店杨庄一期等,甚至皖南的安庆张四墩类遗存也可大致纳入其中,可分成若干地方类型。约公元前 2200 年进入龙山后期,王湾三期文化向南强势扩张和影响,豫东南、豫西南、鄂西、鄂北等地都已经被王湾三期文化所占据,就连江汉平原及附近地区文化面貌也与王湾三期文化接近,有人称之为肖家屋脊文化。

石家河文化由屈家岭文化发展而来,其宽扁式足折腹鼎、凿形足鼎、高领罐、腰鼓形罐、花边足罐、甑、尊(缸)、豆、圈足碗、圈足盘、弧腹盆、折腹壶、长颈壶、红陶斜腹杯、高柄杯、折腹杯、彩陶纺轮等主体器类均为屈家岭文化同类器的继承和发展,在盆形擂钵基础上创造出漏斗形擂钵;新出大量红陶盘、捏塑红陶小动物和小人,动物陶塑种类有各种家畜、野兽、鸟禽、龟鳖、鱼等,小人陶塑有的抱鱼、抱狗或背物,姿态活泼,还新见鸡、鸭形偏口壶。此外,鬹和有刻符的陶尊的出现可能与来自大汶口文化尉迟寺类型的影响有关,个别

罄当属于仰韶文化庙底沟二期类型末期因素，西部所见釜为土著传统，皖南所见觚形杯、长颈鬶、盉等有特色。到肖家屋脊文化阶段，石家河文化的典型器物大多消失，残留少量弧腹盆、红陶盘、三足杯等；占据主体的矮领瓮、细高柄豆、侧装足鼎等与王湾三期文化同类器接近，鬶、盉属于龙山文化或造律台文化因素，扁足罐、凸底罐、无底甑等器物以及叶脉纹等因素体现出地方特色。

龙山时代在成都平原和重庆地区分别为宝墩文化、中坝文化。宝墩文化以四川新津宝墩遗存为代表，包括都江堰芒城、郫县古城村、温江鱼凫、崇州双河龙山遗存等；中坝文化以重庆忠县中坝新石器时代一、二期遗存为代表，包括忠县哨棚嘴三期等。

两个文化总体面貌接近，共有的主体器类花边绳纹深腹罐、喇叭口壶、高领罐等与此前长江上游陶器有直接渊源关系，共有的平底尊、豆、圈足盘等或为长江中游屈家岭文化因素之遗留，或为受同时期石家河文化、王湾三期文化之影响，尤其偏西的巫山魏家梁子遗存有较多矮领瓮、圈足盘等后期王湾三期文化因素。只是宝墩文化有更多盘口或敞口圈足尊，更流行旋纹以及刻画戳印的波纹、网纹、成组平行划纹等，类似因素早见于汉源麦坪类遗存，与云南新光文化也有联系；而中坝文化有更多盘口罐、圈足或假圈足碗、折腹钵等，有的器物花边绳切凹凸显著。

宁镇地区龙山前期发现有北阴阳营H2一类大汶口文化尉迟寺类型遗存，包含鬶和刻文尊等陶器。江浙一带龙山前期偏早当为上海青浦福泉山五期类良渚文化遗存，稍后发展为以上海松江广富林第二阶段为代表的末期良渚文化，鱼鳍形鼎足大而夸张，有长颈圈足壶、长颈鬶等——前者与昙石山文化、石家河文化同类器接近，新出侧装扁足鼎、旋断绳纹、旋断篮纹罐等，当为受到豫东南、鄂东皖南石家河文化类遗存影响的结果。龙山后期则以上海松江广富林第三阶段为代表的广富林文化，其侧装扁足鼎、凹折沿罐、矮领罐、矮领瓮、细高柄豆、平底碗等主要器物与造律台文化南荡类型和王湾三期文化杨庄类型较为相似，甗、白陶鬶、竖条纹直腹杯等也当与造律台文化相关；饰云雷纹、方格纹、叶脉纹等的印纹矮领凹底罐、圈足罐、圆底钵，体现出强烈的地方特色，应该和良渚文化有一定继承关系，也与华南昙石山文化等有关；石犁形器、有段石锛等也应当为良渚文化之余绪。广富林文化大约是在末期良渚文化基础上，受到中原龙山文化强烈影响并融合北上的华南文化因素而形成。

龙山前期江西中北部为以修水山背跑马岭遗存为代表的山背文化,浙江南部为以遂昌好川墓葬为代表的好川文化。两个文化都以鼎、豆、素面高领罐、高领圈足壶(尊)、鬹占据主体,都有素面或印纹釜,这都与樊城堆文化等当地传统相关。区别主要是山背文化鼎腹较深、多凿形足,豆多子母口,多见与石家河文化近似的高领扁腹圈足壶、红陶小动物;而好川文化鼎腹较浅、多侧装扁足,豆盘下出棱,多见单耳圈足盉以及属于良渚文化因素的阔把带流杯、双鼻壶、单耳圈足杯、三鼻簋等,还有玉钺、玉锥形器、嵌玉石片漆器等良渚式器物。当分别与石家河文化和良渚文化的影响有关。其中良渚文化对好川文化的影响更大,但好川文化不见琮、璧,双孔石钺、三重台阶状玉饰片自具特色,玉片形态和陵阳河、尉迟寺等大汶口文化陶器上的刻画符号近似。另外,好川文化有较多印纹圈足罐等昙石山文化因素。两个文化都流行有段斧、有肩斧、有段锛、钺、弧背双孔刀、石凿等磨制石器。

3. 黄河上游与青藏高原东部地区:马家窑文化

在黄河、长江流域大部分地区交融整合形成以灰黑陶和三空足器为代表的龙山文化的同时,黄河上游的甘肃中西部和青海大部则走着流行彩陶的不同道路,保留了更多古老仰韶文化的底蕴,属于罐-壶-钵-盆文化系统,同时在早期中西文化交流中起到更重要的作用。

龙山前期在以兰州附近为中心的甘肃中西部和青海东部分布着马家窑文化半山类型,以甘肃广河半山墓地为代表,包括甘肃省的兰州青岗岔居址、土谷台早期墓葬和康乐边家林墓葬,青海省的柳湾"半山类型墓葬"、循化苏呼撒"半山文化墓葬"等。盛行黑、红复彩彩陶,以直线、弧线、三角形等元素,组成锯齿纹、横带纹、网格纹、多重弧线纹、涡纹、波纹、折线纹、圆圈纹、葫芦纹、贝纹、棋盘格纹、菱块纹、方块纹、对三角纹、鳞纹等图案,各种图案相互搭配、彼此填充、繁复多变。绝大多数器物带单耳或双耳,典型器类有小口高领壶(罐)、单耳或双耳长颈瓶、侈口鼓腹瓮、小口高领瓮、弧腹或鼓腹盆、单耳罐、双耳罐,以及敛口钵、带管状流或不封闭流的钵或盆、鸮形壶、双口壶、单把杯等。

龙山后期甘肃中西部和青海东部分布着马厂类型,以青海民和马厂塬墓地为代表,包括甘肃兰州土谷台晚期、青海民和阳山、柳湾"马厂墓葬"等。陶器基本类似半山类型,彩陶绘制渐趋潦草,盛行单色黑彩,也有红色单彩和黑红复彩。彩陶图案多数继承半山类型而略有变化;X 形纹、横个字纹、竖折线纹、串贝纹、回纹、卐字纹、同心圆纹、星形纹等为马厂类型新出现或主要见于该类型,人蛙纹(蛙肢纹)大增且种类复杂,四大圆圈纹盛行。大多数器类继承半山类型,敛口瓮、豆、四耳盆、无耳斜腹盆、塔形纽器盖等则为受到齐家文化影响而新出现。此外,其卐字纹和尖顶冠形花纹早见于中、西亚地区,表明早在公元前 2000 年以前,中国和中、西亚之间就存在文化联系。个别人像或人面彩陶小口壶以及方形直腹杯等较为特别。随着时间的推移,马厂类型有逐渐向河西走廊延伸的趋势,最西到达新疆哈密地区。青海中部宗日类型则基本消亡。

4. 东北地区:雪山一期文化、南宝力皋吐文化、偏堡子文化、小珠山上层文化、北沟文化

龙山时代东北西部西辽河流域和科尔沁草原一带大约仍为雪山一期文化小河沿类型和南宝力皋吐文化末期,下辽河流域当仍为偏堡子文化或类似遗存,辽东南部为小珠山上层文化,辽东鸭绿江下游一带则为北沟文化。

小珠山上层文化以小珠山上层遗存为代表,实际属于龙山前期,大连双砣子一期等遗存属于龙山后期。该文化是在小珠山中层文化和偏堡子文化基础上,受到龙山文化强烈影响而形成,鼓肩罐、瓮、盆形鼎、鬶、豆、三环足盘、三足杯、单把杯、盂、平底碗、器盖等陶器大都大致属于龙山文化因素,但罐、瓮等饰刻画或戳印几何纹、饰多色几何纹彩绘等特征很具地方特色,筒形罐、叠唇罐以及环、璇玑等玉器等更是属于当地传统。

北沟文化以辽宁岫岩北沟遗存为代表,主要器类为装饰刻画几何纹、纵向附加泥条纹、附加堆纹等的侈口罐、敛口罐、壶,尤其直领略外鼓的壶最具特色,与偏堡子文化存在一定联系;但三环足盘、豆等显然属于龙山文化因素。

5. 华南地区:昙石山文化、石峡文化、后沙湾二期文化、感驮岩一期文化

龙山时代福建东南沿海发展到以闽侯昙石山二期中晚段和庄边山下层二、三期为代表的昙石山文化晚期,新出与好川文化形态近似而拍印绳纹等的折腹鼎,新出长颈圈足壶——这是当时见于长江下游和东南沿海大部地区的器物,豆或圈足盘也和好川文化一样腹下出棱,可见与好川文化等存在较为密切的交流。其余器物只是在早期基础上的继续发展,也出现较多石钺、

石镞,聚落、墓葬和经济形态也与前基本相同。昙石山文化拓展至福建西北部,以浦城牛鼻山上层类遗存为代表,但其鬶、甗等并不见于福建沿海一带,甗的存在当与造律台文化的影响有关。

广东西北部为石峡文化晚期遗存,新出圈足甗、鬶等陶器。闽南粤东分布着以普宁虎头埔遗存为代表的虎头埔文化;粤中南部(包括香港、澳门)分布着珠海后沙湾二期、珠海宝镜湾二期、东莞圆洲一至二组和香港涌浪晚期类遗存,或可暂称后沙湾二期文化。这些遗存总体上大同小异,都在釜-圈足盘基础上发展而来,以印纹釜、印纹圈足罐、印纹圆底钵、豆(或簋)、支脚等陶器为主,印纹有绳纹、篮纹、折线纹、方格纹、叶脉纹、云雷纹、重圈纹等。广西大部分地区为邕宁顶蛳山四期、平南石脚山、那坡感驮岩一期以及武鸣岜旺、弄山类遗存,或可暂称感驮岩一期文化。该文化的基础仍为绳纹圆底釜传统,以圆底釜、圆底钵、三足罐、圈足壶、圈足碗、圈足杯等陶器为主体,大多饰绳纹,成组水波形、横竖S形、飘带状刻画纹很有特色,有条带状红色彩绘。偏东部锥足鼎、豆等属于石峡文化因素。

6. 云南的新光文化

云南西北部为永平新光和永仁菜园子、磨盘地类遗存,或可称为新光文化。宾川白羊村早期和元谋大墩子早期也属于此类。陶器主要是各种罐类,也有壶、钵、平底碗、圈足盘等,常见花边口沿,盛行刻画、压印、戳印的各种几何形纹饰,包括网格纹、斜线纹、水波纹、篦点纹、联珠纹、三角形纹、回纹、之字纹、S形纹、绞索纹、垂幔纹等,有主地纹之分,组成繁复图案,以绞索纹、垂幔纹等外缘装饰圆点纹者最有特色,也有附加堆纹和红、白色彩绘。该文化也可分期,有绳纹陶的菜园子遗存早于磨盘地和新光遗存。其源头或许与川西马家窑文化及其后续传统有关,在早先的四川汉源麦坪类遗存中就有装饰绳纹或类似圆点纹、网格纹等的罐、钵等,或许与流行几何纹的卡若文化也有联系;其圈足盘当与来自宝墩文化的影响有关。

中国新石器时代的分期年代与文化谱系讲到这里就全部结束了,谢谢大家。

## 第二讲

# 新石器时代环境考古

夏正楷

北京大学城市与环境学院

环境考古学研究的核心问题是古代的人地关系。在人类历史上，任何时代都存在人类与环境的关系问题。人地关系是一个永恒的课题，随着地理环境的不断演变和人类能动性的逐渐增强，人地关系也在不断地发生变化。因此，不同时期的人地关系研究也就必然具有各自的重点和方向。

就新石器时代环境考古而言，有以下三个重点问题值得深入研究：1.旧-新石器文化过渡的环境背景；2.新石器时代文化演替的环境背景；3.文明起源的环境背景。

### 一、旧-新石器文化过渡的环境背景

**（一）旧石器文化向新石器文化过渡的气候背景**

旧石器文化向新石器文化的过渡是人类历史上的重大事件，包括细石器的大量出现、磨制石器和陶器的出现、人类从狩猎采集向农业经济的过渡等，大致都发生在距今 13 000—10 000 年前后。这一时段也是全球气候环境发生重大变化的时期，末次冰期趋于结束，全球进入冰川大规模退缩的冰消期。

末次冰期被认为是第四纪最后一次冰期，相当于深海岩心同位素记录的 MIS2 阶段，其中距今 20 000 年前后为盛冰期，当时气候寒冷，人类的生存环境十分严酷。为获取更多的食物以求生存，人类开始改进工具，距今 50 000—

30 000年已经出现的细石器及石叶技术得到发展,工具的改进大大提高了采集和狩猎的效率,帮助人类度过末次冰盛期极其严酷的生存环境。

从距今14 000—13 000年冰川开始消融,到距今10 000年左右全球气候全面转暖为止,这段时间被称为末次冰消期。在末次冰消期,原始农业开始萌芽,并伴随有陶器、磨制石器的出现,标志着人类即将进入一个新的历史阶段——新石器时代。人类从旧石器文化向新石器文化的过渡,是在距今13 000—10 000年的末次冰消期完成的,这是一个重要的现象。

### (二)过渡时期人类的栖息地与板桥期下切

对于人类的文明演进,我们不能仅仅考虑气候因素的影响,还要对当时人类栖息地的生态环境,包括地貌、气候、水文和动植物等进行全面的考虑。"板桥期"和随后的"皋兰期"这两个重要的地文现象,可能是研究旧-新石器过渡时期人类栖息地生态环境的一个很好的切入点。

"板桥期"主要记录的是在更新世末到全新世初的冰消期,我国北方地区广泛发生的河流下切事件,而"皋兰期"则记录了随后河流的大规模加积事件。前者史称"板桥期侵蚀",后者史称"皋兰期堆积"。前者造成了早期堆积平原上河流的广泛下切,并形成新的河谷。后者导致了河谷中河漫滩的广泛发育。我们围绕这一问题开展了一系列的工作,不仅证实这次河流下切事件普遍存在,而且还发现旧-新石器文化过渡时期的遗址大多分布在板桥期侵蚀之后的皋兰期河漫滩堆积物中。

下面我们给大家介绍属于旧-新石器文化过渡时期的典型遗址。

1. 河北阳原于家沟遗址

阳原盆地是著名的泥河湾盆地的组成部分,分布有从旧石器时代早期到晚期的大量人类文化遗址。于家沟遗址位于阳原盆地中部的桑干河二级阶地,阶地由河流相黏土质粉砂组成,阶地基座为泥河湾层湖积地层,为河流深切在湖积平原之中形成的基座阶地。于家沟遗址的文化遗物均分布在阶地堆积物中下部的河漫滩堆积之中,出土的石制品多达数千件,主要是细石器,包括楔形石核和石片,代表了我国旧石器时代晚期的一种独特的石器加工技术,在遗址中还发现了距今11 700年的原始陶片,具有旧石器时代晚期向新石器时代早期过渡的性质。经年代测定,于家沟遗址的年代大致在距今

13 000—10 000年,说明河流下切的年代要早于13 000年前,属板桥期侵蚀。根据于家沟遗址古人类文化遗迹和遗存都出土于组成阶地的河漫滩堆积物中,推断过渡时期的古人类栖息地主要是当时桑干河的河漫滩。孢粉组合分析表明,于家沟遗址在距今13 000—10 000年期间,周围环境属于持续温暖干燥的河漫滩草原和草甸草原。

2. 河南新密李家沟遗址

李家沟遗址的文化遗存同样也埋藏在河流二级阶地的堆积物中,堆积剖面主要由李家沟-裴李岗时期的河流漫滩堆积组成,其中剖面下部的第六层为距今10 500年前后的李家沟文化时期的漫滩堆积物,出土有细石器、局部磨制的打制石器,以及少数的陶片。陶片具纹饰,比于家沟遗址出土的陶片要精细一些。第六层之下为马兰黄土堆积,属于阶地的基座,为河流深切于黄土平原之中的基座阶地。河流下切发生在距今10 000年前后,属板桥期侵蚀。随后深切河谷进入河漫滩发育时期,人群开始在河漫滩上生活。

3. 北京东胡林遗址

东胡林遗址位于距清水河河面约26米的三级阶地,它以马兰黄土为基座,是板桥期清水河下切于黄土平原之中形成的基座阶地。阶地堆积物由河漫滩沉积组成,东胡林人的文化遗存分布在组成阶地的河漫滩堆积物中,年代大致在距今13 000年左右,有大量的细石器、磨制石器、陶片、骨针等,还保留有被河水浸没的灰堆和完整墓葬。孢粉分析表明,遗址周围的环境以蒿属草原为主,属于温暖干燥的河漫滩草原或生长有阔叶树的河漫滩草甸草原。说明东胡林人主要栖息在古清水河的河漫滩上,由于河水的季节性涨落,河漫滩有时会被河水淹没,居住环境并不稳定。

4. 宁夏青铜峡鸽子山遗址

鸽子山遗址情况也与上述遗址类似,文化遗存也分布在组成黄河三级阶地的河漫滩堆积之中,出土有大量的细石器、骨器,建筑类遗存有柱洞遗迹和结构性火塘等,年代大致在距今10 000年前后。这表明在板桥期侵蚀形成的黄河谷地中,广泛发育的黄河河漫滩适宜古人的生活。

目前发现的旧-新石器过渡时期的文化遗址遍布我国北方各地。除了上述4个遗址点之外,还有山西的柿子滩遗址、宁夏水洞沟遗址的第12地点等20多处。这些遗址均位于晚更新世黄土平原(或湖积平原、冲洪积平原)的板桥期深切河谷中,其文化层分布在组成河流三级(或二级)阶地的皋兰期漫滩相堆积物之中,对应于距今13 000—10 000年的冰消期。通过对这些遗址的野外考察和沉积特征、地貌结构分析,我们初步构建了旧-新石器文化过渡时期古人类栖息地形成过程的地貌模式,这一模式适用于整个中国北方地区。

### (三) 旧-新石器过渡时期人类的生存环境——冰消期和河漫滩

中国华北地区旧-新石器文化的过渡基本发生在板桥侵蚀之后的皋兰堆积期,恰好对应于冰消期的地貌、气候和水文环境。

板桥期侵蚀指的是在大约10 000年前,由于末次冰期趋于结束,全球进入冰消期,冰消期气候逐渐好转,冰川开始融化,河流流量急剧增大,原来流淌在黄土平原或冲积湖平原上的早期河流强力下切,人们把这次下切称为板桥期侵蚀。随后,在板桥期侵蚀形成的深切河谷中,河流不断拓宽,由于当时气候刚刚转暖,河流的流量尚不足以搬运大量的碎屑物,因此,当时河流的加积作用十分强盛,是河漫滩广泛发育的时期,被称为皋兰期堆积。

河漫滩的广泛发育为这一时期的先民们提供了较适宜的生存空间。冰消期的先民们之所以选择到开阔的河漫滩上生活,首先是由于冰消期河流水量虽有明显增多,但仍然较少,因此,河漫滩被洪水完全淹没的几率较小,属于相对比较稳定的高地。其次,由于深切河谷两岸陡立谷坡的地形效应,使河谷底部的河漫滩具有温暖、避风的小气候环境。第三,河漫滩靠近河道,具有良好的水文条件和生物资源。微地貌复杂多样的河漫滩,植物资源比较丰富多样:地势较高的滨河床沙坝,环境较为干燥,生长有较多的双子叶植物;地势较低的河漫滩洼地,环境比较潮湿,生长有苔草属等湿地植物;介于两者之间的河漫滩平原,则生长较多的禾本科植物。在靠近河道的河漫滩边缘,不仅生长有各种水生植物,而且栖息有软体动物和鱼类,各种哺乳动物也喜欢来此饮水。这些都为生活在河漫滩上的先民提供了比较适宜且稳定的栖息地和丰富的食物来源。

### (四) 从收获者到农夫

冰消期栖息在河漫滩上的先民们,面对着比较丰富的食物来源,在长期从事采集经济的活动中,逐步观察到不同植物生长的规律,产生等待收获植物果实的思想准备,并开始学会储存食物,以备长期食用。于是,一些单纯的采集者或狩猎者开始转变为收获者,他们不从事耕作,而是半定居在相对固定的植物产地附近,等待着野生植物(尤其是谷物)收获季节的到来,并有意识地储存植物的果实,以维持稳定的食物供给。

收获者半定居的生活又为进一步观察植物的生长和动物的习性创造了条件。在长期的观察中,收获者选择可食用、可驯化、可储存、有广域分布以及有较大产出的野生种属,进行驯化和培育的尝试,他们成为农业的最早发明者。但是河漫滩环境存在河流频繁泛滥的风险,并不适合真正的"农夫"从事耕作活动,他们最终要从河漫滩转移到地势较高的河流阶地上生活。阶地汲水方便,又无洪水之患,且阶地地面平坦开阔,土质肥沃,水热条件较好,有利于耕作和定居。只有从选择定居到河流阶地的时候开始,先民才有可能从收获者转变成农夫,并实现向农业生产的过渡。

## 二、新石器时代文化与环境

### (一)新石器时代的三大标志

磨制石器、陶器的大量使用和农业的出现是人类社会进入新石器时代的三大标志。采用磨制技术制作石器,可以使制作的石器更加精致,使用起来更得心应手。陶器的出现一方面是应社会生活中汲水、炊煮和储存的需要,另一方面也是因为自然界有陶土的存在。陶器出现在距今 10 000 年前后,南方地区出现得更早,这可能与采集者储存粮食的需求有关:北方气候干燥,谷物可以直接在储藏坑中储存,而南方潮湿的土壤环境不便于粮食直接在储藏坑中保存,容易霉烂。中国最早的陶片出土于距今 20 000 年前后的江西仙人洞遗址,北方地区则出土于距今 13 000 年左右的山西于家沟遗址。陶器的发明是人类首次通过改变物质的物理结构来制造器物。

从作物驯化到种植是一个漫长的过程,从种植谷物到农业成为主要经济形态又是一个漫长的过程。农业的出现是人类社会的一次伟大进步,标志着人类开始摆脱完全从自然界索取的被动状态,是人类在人口、资源和环境之间矛盾不断加剧的情况下,对生态环境压力的一种文化生态适应。

## (二)中国新石器文化的基本序列

新石器时代的开始以距今 11 500 年的新仙女木事件的结束为标志,与全新世相对应,直到距今 4 000 年文明出现结束。

中国的新石器时代文化大致可以分为早、中、晚三期。严文明重新对新石器文化的分期进行梳理后,提出新石器时代仅包括原来的新石器早、中期,而把原有的新石器时代晚期划为铜石并用时期(表 1)。

表 1 中国新石器时代文化分期

| 传统划分 | | 代表性文化类型 | | 年代(BC) | 文化特征 | 严文明 | |
|---|---|---|---|---|---|---|---|
| | | 北方文化类型 | 南方文化类型 | | | | |
| 新石器时代 | 晚期 | 齐家、龙山、夏家店下层 | 广富林、石家河 | 2000 | 出现文明因素,出现城址,磨制石器占绝对优势,农具丰富,轮制黑陶为主,出现刻画符号,铜制品以农业经济为主 | 铜石并用时期 | 晚 |
| | | | | 2600 | | | |
| | | 马家窑、仰韶、红山 | 良渚、大溪、屈家岭 | 3500 | | | 早 |
| | 中期 | 庙底沟、大汶口、红山 | 大溪、马家浜 | 5000 | 鼎盛时期,遗址规模大,磨制石器为主,农具普遍,彩陶精美,栽培谷物和家畜普遍农业经济已成规模 | 新石器时代 | 晚 |
| | | 磁山、裴李岗、贾湖、兴隆洼、北辛 | 彭头山、城背溪 | 7000 | 发展时期,遗址规模较小,磨制石器大量出现,农具、陶器普遍出现栽培谷物和家畜,农业经济规模较小 | | 中 |
| | 早期 | 李家沟、东胡林、南庄头 | 甑皮岩、仙人洞 | 10000 | 新旧石器时期过渡,以细石器为主出现石叶技术,磨制石器增多,有夹砂陶片出现 | | 早 |

## (三)中国新石器文化发展的气候背景

中国东部地区的新石器时代中、晚期对应于全新世大暖期,气候比今天要温暖湿润得多。在河北桑干河上游、中原地区和北京地区均发现有现代象的踪迹,说明当时整个北方地区的气候与现在的淮河下游、长江下游相似。

与此同时,全新世大暖期海平面较现在海平面高 5 米左右,海岸线较末次冰期向陆地推进了大约 300 千米,因此,在考虑气候变化的影响时,也需要注意考虑海陆位置变迁带来的影响。

我们选择河南洛阳盆地的两个自然剖面来表现中原地区全新世气候变化与文化的对应关系。

河南孟津寺河南剖面位于邙山黄土塬顶部的瀍河河谷,为一套湖沼堆积,厚 5.92 米。剖面主要为棕黄色粉砂质黏土,其中夹有两层的灰黑色粉砂质黏土,分别称为上湖相层和下湖相层,剖面上部覆盖有二里头时期的堆积。$^{14}$C 测年表明,上湖相层年代为距今 4 610—4 040 年,下湖相层为距今 7 000—5 660 年,分别对应于龙山文化时期和仰韶文化时期,其间对应于庙底沟文化二期。

两个湖沼层是剖面中孢粉和软体动物化石最为富集的层段,其中上湖相层孢粉组合指示含有较多阔叶树、包括少量枫杨的暖温带南缘的森林草原环境,软体动物是以湖球蚬为主的喜暖种属。下湖相层孢粉组合也指示含较多阔叶树,并出现少量枫杨的暖温带南缘森林草原环境,软体动物是以白旋螺为主的喜暖种属。这说明仰韶和龙山文化时期都属于温暖湿润、湖沼发育的气候环境。而两者之间的庙底沟二期时期以草本为主,阔叶树明显减少,属于暖温带草甸草原环境,软体动物稀少,湖沼明显萎缩。因此推测气候环境的恶化可能是庙底沟二期文化衰落的原因。

与寺河南剖面相距不远的洛阳盆地二里头遗址南一级阶地 Z3 钻孔剖面,深 10 米左右,为河湖相堆积。据 $^{14}$C 测年,其下部为灰绿色湖相层,年代为距今 9 300—8 800 年;相当于李家沟时期;中部为灰色河漫滩相粉砂质黏土,年代为距今 8 800—7 300 年;上部为棕灰色河漫滩相粉砂质黏土,年代为距今 7 300—7 000 年,相当于裴李岗时期。顶部有明显的间断面,间断面之上为河流相的棕黄色细砂和砂质黏土,为二里头文化之前的洪水堆积。

孢粉分析结果表明,Z3 剖面下部指示温暖湿润的落叶阔叶林-草原环境,中部为温凉较干的草甸草原,上部为温暖湿润的温带针阔混交林-草原环境,说明李家沟文化和裴李岗文化的气候环境基本相同,而裴李岗早期的气候恶化可能是李家沟文化衰落和向裴李岗文化转化的原因。

以上两个剖面分别记录了中原地区距今 10 000—7 000 年和距今 7 000—

4 000 年的古环境变化,可以看出,中原地区全新世(距今 10 000—4 000 年)气候变化与文化演进具有很好的对应关系(表 2)。

表 2　新石器时代气候变化与文化演替的对应关系

| 地区 | 年代(aBP) | 植被类型 | 气候特征 | 文化期 |
| --- | --- | --- | --- | --- |
| 二里头地区水渠剖面 | 4040—3800（洪水期） | 草甸草原-森林草原 | 温暖湿润 | 二里头 |
| 孟津地区寺河南剖面 | 4610—4040 | 草甸草原(阔叶树多) | 温暖湿润 | 龙山 |
| | 5660—4610 | 草甸草原(阔叶树锐减) | 变冷变干 | 庙底沟二期 |
| | 7000—5660 | 森林草原(阔叶树多) | 温暖湿润 | 仰韶 |
| 二里头地区Z3 钻孔剖面 | 7300—7000 | 温带针阔混交林-草原 | 温和湿润 | 裴李岗 |
| | 8800—7300 | 温带草甸草原 | 温凉较干 | 裴李岗 |
| | 9300—8800 | 落叶阔叶林-草原 | 温暖湿润 | 李家沟 |

**(四) 中国新石器文化的统一性**

中国不同地域的新石器文化具有明显的统一性(共性),主要表现为都是以农业生产为主的经济形态、自给自足的小农经济、器物类型的相似性以及与农业生产相关的自然崇拜。

中国新石器文化主要分布在黄河和长江中下游广阔的冲积平原。这个区域被雪域高原、山地峻岭、广袤沙漠和辽阔海洋等人类不宜穿越的地理单元所环绕,与外界基本隔绝,人员和文化不易交流,形成一个相对封闭的独立地理单元。受东亚季风的影响,区域内气候温暖湿润,水热同期,与农作物的生长周期相匹配,而且黄土类堆积广布,土质肥沃,质地疏松,适宜于早期的农耕活动。先民们利用得天独厚的自然环境,在此创造了包括北方的旱作农业和南方的稻作农业在内的季风农业。这种季风农业,不仅造就了我国自给自足的农业经济形态,而且也影响到我国的社会形态和意识形态。在季风气候影响下形成的自给自足的小农经济是中国新石器文化统一性的基础。

**(五) 中国新石器文化的区域差异**

中国新石器文化除了共性之外,还具有明显的区域差异。考古地层学、年代学及类型学的研究结果都显示了史前文化在地域和时间上的差异,构成了文化的多样性。中国考古学家很早就注意到考古学文化的地区差异性,并根据地理环境及物质文化遗存的特征,将我国的考古学文化划分为不同的文化区(表3)。

**表3　中国新石器考古学文化的分区意见**

| 夏鼐(1962) | 安志敏(1979) | 苏秉琦(1981) | 佟柱臣(1986) | 严文明(1987) |
|---|---|---|---|---|
| 北方草原地区 | 北方草原 | 长城地带为中心的北方地区 |  | 蒙新文化区 |
| 黄河中上游 | 黄河上游 |  | 马家窑文化系统中心 | 甘青文化区 |
|  | 黄河中游 | 陕豫晋邻近地区 | 半坡文化系统中心 | 中原文化区 |
|  |  |  | 庙底沟文化系统中心 |  |
| 黄河下游 | 黄河下游 | 山东及邻省地区 | 大汶口文化系统中心 | 山东文化区 |
| 长江流域 | 长江中游 | 湖北及邻近地区 | 屈家岭文化系统中心 | 长江中游文化区 |
|  | 长江下游 | 长江下游 | 河姆渡文化系统中心 | 江浙文化区 |
|  |  |  | 马家浜文化系统中心 |  |
| 华南地区 | 华南 | 鄱阳湖-珠江三角洲 |  | 闽台文化区<br>粤桂文化区 |
| 东北地区 |  |  |  | 东北文化区 |
|  | 西南 |  |  | 云贵文化区 |
|  |  |  |  | 青藏文化区 |

此外,郭大顺还根据文化传统和经济类型的差别,将中国新石器时代的考古学文化划分为三个大区:以彩陶、尖底瓶为主要的考古学文化特征、以粟作农业为主要经济形态的中原文化区;以鼎为主要考古学文化特征、以稻作农业为主要经济形态的东南沿海和南方文化区;以筒形陶罐为主要考古学文化特征、以渔猎为主要经济活动的东北文化区。

以上各家的中国新石器文化的分区大致相同,反映大家对文化分区的思想是比较一致的,既考虑考古学文化的特征,也考虑地理环境的差异。

如果把考古学家对我国新石器文化的分区与地理学家的中国自然地理区划进行对比,就不难发现两者基本相同,可以一一对应:文化大区对应于自然地理大区,文化区对应于自然地理区,而文化类型则对应于自然地理小区。

例如,东部季风区气候温暖湿润,地势低缓,植被茂盛,对应于以季风农业为主的文化大区;西北干旱区气候干冷、少雨,多荒漠,植被稀少,对应于以绿洲农业和畜牧业为主的文化大区;青藏高原区气候高寒,地势起伏,植被稀少,对应于以畜牧业经济为主的文化大区。

东部季风区内也存在着降水量、积温和干燥度等内部的差异,因此,不同地区新石器时代的经济文化形态也具有相应的区域差异。据此,东部季风区可以进一步分为华北、华中、华南和东北四个文化区,其中华北区气候温暖少雨,发展以粟、黍为主的旱作农业;华中区气候高温多雨,主要发展稻作农业;华南区气候炎热多雨,以块茎农业为主,兼有稻作农业;东北区气候低温多雪,少量发展旱作农业。也有人以秦岭-淮河为界,把东部季风区分为"南方"和"北方"两个亚区,两区分别呈现两种不同的社会经济与文化形态(表4)。

表4 中国季风区南、北两种农业文化之比较

| 农业文化 | 北方旱作区 | 南方稻作区 |
| --- | --- | --- |
| 农作物 | 粟、黍为主,还有旱生杂粮 | 水稻为主,还有水生淀粉类植物 |
| 家畜 | 猪、羊、狗、黄牛 | 猪、狗、羊、水牛 |
| 水热条件 | 较低 | 较高 |
| 生产方式 | 粗放 | 精耕细作 |
| 生产工具 | 镐、铲、犁、镰、碌 | 锄、铲、犁、镰、耜 |
| 役畜 | 黄牛 | 水牛 |
| 加工工具 | 磨棒、磨盘、石臼、碾盘 | 磨棒、磨盘、石臼、石磨 |
| 生活用品 | 罐、鼎、尖底瓶 | 罐、鼎、瓶 |
| 储存方式 | 窖穴 | 陶罐 |
| 遗址规模 | 数量多,以中小型为主 | 数量少,多中大型遗址 |
| 社会形态 | 注重王权和军权 | 注重神权和王权 |
| 意识形态 | 自然崇拜和祖先崇拜 | 宗教崇拜 |

文化类型与自然地理小区的对应也十分明显,以龙山时期中原文化区为例,其中王湾类型分布于豫西地区,本区黄土发育、盆地开阔、土地肥沃、气候宜人,原始农业发达;三里桥类型分布于豫西三门峡地区,本区黄土发育、河谷比较狭窄、气候较干,原始农业不如王湾类型发达;陶寺类型分布在晋中地

区汾河流域,本区黄土发育、河谷开阔、土地肥沃、气候适宜,原始农业发达。可见,不同的自然环境可以孕育出不同的文化类型。

### (六) 中国史前文化格局

文化格局是考古学文化时空变化的集合。考古学文化在时间上的变化,形成文化系列和谱系,反映同一地区考古学文化在时间上的演变和传承关系;考古学文化在空间上变化,形成文化的分区,指示不同地区考古学文化在空间上的差异和彼此的交流。文化格局是一种考古学文化现象,它反映的是不同时期、不同区域考古学文化的分布和变化。问题的关键在于要揭示考古文化格局形成的原因和机制,这是环境考古研究的重要任务之一。

文化演替与环境变化的相互关系可能是解决这一问题的重要切入点。环境变化包括空间变化和时间变化两个维度。环境在空间上的变化表现为环境的区域差异——不同地区的文化适应各自的地理环境,形成了考古学文化的多样性,文化多样性的必然结果是文化分区。自然环境在时间上的变化,表现为同一区域不同时期的环境面貌存在差异。环境在时间上的变化可以分为渐变和突变两种模式:其中渐变的过程是缓慢的,在这一过程中人类可以不断适应环境,使人类文化不断向前发展;而突变是指短时间内环境的急剧变化,人类不能适应环境的突然变化,出现文化的停滞或衰落。但在一定条件下,环境突变也会引发文化的变革或革命,促使人类社会进入一个新的发展阶段。可以说,环境在空间和时间两个尺度上的变化是考古学文化格局形成的驱动力,而人类对环境的文化生态适应则应该是文化格局形成的内因。

## 三、史前大洪水与华夏文明起源

### (一) 百花争艳的新石器晚期

距今 5 000 年前后,人类社会进入新石器文化晚期。这一时期的文化遗址在我国的黄河流域和长江流域都有广泛的分布。这些遗址不仅出土的器物和遗迹非常丰富,而且特色鲜明。如内蒙古的二道营子遗址,不但有集中分布的房址,而且出土了一批具有本地特色的精美青铜器;山西陶寺遗址出土有龙盘、磬等礼仪性用器,还发现有罕见的观象台建筑;山东焦家遗址出土的精美黑陶和玉器,反映出高度发达的制陶技术和玉器加工技术;长江中游石家河遗址,不仅有房屋、城墙和水田等遗迹,还有精细雕刻的玉器,特色鲜明;长江下游的良渚遗址,则更以大量的精美玉器、城址和水利系统闻名于世;甘青地区的喇家遗址,出土有大型礼仪性用品——石刀和石磬,体量之大,国内少见。不同地方出土的精美器物、房屋建筑、生产工具以及大小城址,表明在距今 5 000—4 000 年的新石器晚期,我国各地均出现了空前繁荣的新石器文化,形成了"满天星斗,百花争艳"的大好局面。

### (二)文明的萌芽出现

尽管目前关于文明的具体标准仍存在较多争议,说法不一,但是无论如何,最终要解决文明起源的问题,在没有文字记录的史前时代,还要靠考古发掘中出土的实物,而目前最能说明文明程度的实物主要是都城、文字和青铜器。在新石器晚期,一旦发现有都城、文字和青铜器,就可以认为文明的萌芽已经出现,或者说见到了文明的曙光。

都城反映了社会的分化、权力的集中和管理集团的出现,是文明起源的重要标志之一。近年来,全国各地发现了多座相当于龙山时期的古城,包括城子崖城址、良渚城址、陶寺城址、古城寨城址和石峁城址等。考古发掘表明,这一时期不但城址数量有所增多,而且已有一定的形制和内部规划,筑墙开始大量使用土夯和版筑技术,城壕普遍,并出现有涝池和其他供水工程。宏大的面积、坚固的城墙、宽深的环壕,城内大型的建筑、排列有序的道路等,反映了社会的分化和权力的集中,说明这一时期的城市已经具有作为统治中心的作用和地位,当然,它同时也具有"市"的功能,以及防洪和御敌等多项功能。

文字被视为文明社会最为重要的标志,是野蛮社会和文明社会的分水岭。文字的使用大大提高了人类记录事件、传递信息、传承知识的能力,使人类摆脱结绳记事的落后状况,走上了读书写字的文明之路。我国在龙山时期的陶器上就已经发现有最早的原始文字——刻画符号或彩绘符号,其形状与后来的文字有所接近。而陶寺发现的朱书"文字"和丁公陶文,已经可以进行一定的解读。这些早期文字的出现均属于文明的萌芽,标志着我国开始向文明社会迈进。

青铜器是人类通过冶炼技术改变物体的物理化学性质获得的金属制品,它比陶器坚固耐用,可铸造成型。青铜器的使用大大提高了人类的生产效率和武士的战斗力,是人类继制陶革命之后又一次伟大的技术革命,标志着人类开始进入文明社会。中国的冶铜技术来自西方,但从甘肃齐家文化出土的青铜刀和青铜镜到中原地区出土的精美青铜器,可以看出青铜器冶炼和铸造技术在逐渐本土化的过程中,有了明显的进步和质的变化。

当然,文明萌芽还可以有其他的考古标志,譬如墓葬的大小规格和等级,殉葬品的数量和品位等,它们也可以作为社会复杂化程度的标志,但不如前面提到的都城、文字和青铜等三个标志,更直接、更具体、更科学,更好把握。

城市、文字和青铜器等文明萌芽的出现是文明化进程的重要标志,新石器晚期在西辽河地区、海岱地区、中原地区、甘青地区、长江下游地区、长江中游地区的文明化进程都开始加快,文明要素不断涌现,社会更加复杂化,这一切都暗示着文明社会即将来临。但是,在距今 4 000 年前后的龙山文化末期,中原地区的文明化进程,继续向前发展,并出现了以二里头遗址为代表的二里头文化,最终完成了文明化的进程,而周边地区如西辽河的小河沿文化、山东地区的岳石文化、甘青地区的辛店文化、长江中游地区的肖家屋脊文化、长江下游地区的马桥文化都是根本无法与二里头文化相比的。夏王朝横空出世,中原率先踏入文明社会的门槛。二里头遗址作为夏王朝的都邑,具有完整的宫殿建筑群、官营手工业作坊区、贵族墓葬区、祭祀区和道路系统等,凸显一座中国早期都城的魅力和气势。与此同时,中国其他地区的文明化进程突然止步不前,或者突然衰退,甚至消失。"满天星斗,众星捧月"的新石器文化格局在距今 4 000 年前后骤然结束,取而代之的是"百花凋谢,一花独放"的新局面。

(三)史前大洪水事件

为什么在距今 4 000 年前后会出现文化格局的转型和中原地区华夏文明的诞生?这是大家关心的问题。事实证明,社会的文明化进程和文明社会的出现,是一个十分复杂的问题,它涉及经济发展、社会进步、意识形态和气候变化、自然灾害等多方面的原因。环境考古学最关注的是气候变化和自然灾害,特别是洪水灾害对文明起源的影响。

在世界各国,都流传有关于史前大洪水的传说,我国也不例外,大禹治水的传说在民间流传千年,几乎家喻户晓。由于这场传说中的史前大洪水出现在夏王朝诞生的前夜,因此它与华夏文明起源的关系,备受人们的关注。虽然关于距今4 000年前后发生的这场史前大洪水,史书中多有记载,但这些文献皆为后人所著,不足为凭。因此,寻找大洪水事件的地质-考古学证据,就显得尤为重要。

著名的青海民和喇家遗址位于黄河上游的官亭盆地,遗址坐落在黄河二级阶地上。阶地之上覆盖有一层棕红色洪水堆积,喇家遗址的文化层位于黄土阶地和红黏土之间,考古发掘发现有房址、广场、祭坛和大量的陶器、玉刀等遗物,并发现有卜骨等,属于距今4 000年的齐家文化。

在喇家遗址的多个房址中发现有完整的人骨遗骸,它们成组分布,姿态怪异,似乎临死前曾遇到某种不祥之兆。据实地观察,人骨上下均为红色的淤积层,淤积层中还夹有灰白色的透镜状砂质条带,表明淤积层属于流水堆积,流水堆积覆盖在先民们居住的阶地面之上,表明它属于洪水泛滥堆积。当时泛滥的洪水淹没了阶地,携带的泥沙将居民掩埋在阶地面上的半地穴房址之中。房址中发现的正在喝水的儿童尸骨、倒扣陶碗中保留的未腐烂面条等现象,也说明当时这里发生了突发性的洪水灾害事件,并摧毁了喇家遗址。在遍布遗址的洪水堆积物之中,还发现局部地段夹杂有泥石流堆积,说明伴随大河的洪水泛滥,遗址附近的沟谷中同时出现了大规模的泥石流活动。除此之外,在洪水堆积层之下叠压的喇家遗址生活面上,还发现有大量的地裂缝、地面形变、喷砂等古地震现象,它们可能是喇家遗址最早的破坏者。这是一场地震在先、洪水泥石流随后的群发性自然灾害,它们一起摧毁了以农耕为主的喇家文化。洪水过后,覆盖在阶地上的厚层红色淤积层土质黏重,不适于农作物种植,根据随后的辛店文化出土的大量动物骨骼,说明辛店时期经济形态已经从以种植为主转为以畜牧业为主,其原因可能要归结于洪水带来的红黏土堆积,它覆盖了疏松的黄土质阶地堆积,土地结构的改变导致了土地利用方式和经济形态的变化,并最终导致了文化性质的改变。

距今4 000年前后发生在喇家遗址的洪水灾害事件,在地处黄河上游的甘青地区并非个例,在这一地区的黄河沿线,不少地方也可以见到类似的现象。如在黄河支流大通河的长宁遗址,我们见到有洪水形成的砂层覆盖在遗址所在的河流阶地上。在黄河的另一条支流洮河,裴文中先生当年就曾提到在齐家文化的房址中,见到有河流砂与文化层交替出现之现象,他还描述过房址中与喇家遗址相近的人类的不正常死亡现象。这些说明这次洪水事件在黄河上游具有普遍性。

黄河下游地区,包括整个华北平原,地势低平,沃野千里,为新石器时代的先民提供了良好的自然环境,造就了灿烂的大汶口和龙山文化。但到距今4 000年前后,发达的龙山文化突然衰退,众多遗址遭到严重破坏,地面上只留下了一个个孤丘,上面残留有龙山文化层,这些遗址被称为堌堆遗址。在山东尹家城堌堆遗址,我们发现组成堌堆的龙山文化层顶部($^{14}$C年代:1800 cal BC),其上覆盖有厚层的河流砂堆积,说明在龙山晚期,遗址曾一度被洪水淹没,造成龙山文化的严重破坏,而且洪水后退时又将遗址所在的古地面切割成孤立的堌堆,这些堌堆面积狭小,相互隔离,缺乏生命力,不利于社会经济的发展,造成了龙山文化的衰退。类似的堌堆遗址不仅在鲁西南可以普遍见到,在淮河中下游地区分布也十分广泛,如平粮台遗址、张王庄遗址等。

在长江中下游地区,也有距今4 000年古洪水事件的报道。其中湖南华容的七星墩遗址是长江中游的一处靠近长江的石家河-屈家岭时期的城址,在城址内部,靠近城墙内侧,在倒塌的房屋废墟堆上,覆盖有河流堆积,具水平层理,其中发现有平铺分布的陶片,似由流水搬运而来。在城址西北角,在由红烧土块构成的废墟堆积上,有黑色的淤泥层广泛分布,这些都可以视为洪水进入城址的证据。由此推测,在石家河-屈家岭末期,发生过上涨的河水漫进古城,造成古城被淹,房屋被冲毁的史前洪水灾难事件。

在黄河中游的中原地区,距今4 000年的龙山晚期,也发生过史前大洪水。但据目前所见,基本上都是上涨的洪水淹没遗址所在阶地的部分地段,对遗址本身的破坏较少。例如,在著名的二里头遗址,洪水堆积曾到达阶地面的部分地段,并淹没了阶地面上的龙山晚期灰坑,但没有将二里头遗址所在的阶地全部淹没。这说明龙山末期,中原地区的伊洛河虽然也曾发生过大洪水,但洪水只淹没了部分阶地。在河南博爱的西金城遗址,龙山末期的洪水泛滥也只是冲毁了部分城墙,大部分城址并没有遭到破坏。在河南新密的新砦遗址,洪水来临时河水暴涨,形成决口扇和分流河道,但它们仅仅分布在遗址所在台地的局部地段,对遗址本身破坏不大。

由此可见,不同地区史前洪水的破坏程度存在很大的差别:在黄河上游地区,地貌特征主要是山间盆地和深切峡谷相间,洪水暴发时峡谷狭窄,泄洪能力有限,造成洪水在山间盆地中汇集,河面上涨,并很快淹没河流两岸的阶地。洪水冲毁房屋,破坏田地,夺去人类的生命,给先民带来灭顶之灾。在黄河下游,地貌以地势平坦开阔为特征,洪水暴发时,河流冲出天然堤,形成巨大的洪流。洪流在一马平川的平原上肆虐泛滥,冲毁和淹没所有遇到的村落和土地,造成大范围的洪涝灾害,并把宽阔的冲积平原切割成一个个孤立的小丘。只有在中原地区,由于处在我国地貌二级阶梯和三级阶梯的过渡带,河流纵剖面坡降较大,河流切割较深,沿河不仅山前黄土台地广泛发育,而且河流阶地也十分宽阔。洪水暴发时河流泄洪能力强,洪水停留时间短,上涨的河水只能短时间淹没阶地或台地的部分地段,大部分的阶地或台地并没有被洪水淹没,给人类留下了较大的迂回空间。当洪水来临时,人们可以后退并重新选择栖息地。因此,相对而言,中原地区史前大洪水对先民的影响相对较小,对经济和文化的破坏有限。

(四)文明诞生与史前大洪水

发生在我国历史上第一个王朝——夏王朝前夕的这次洪水事件,势必对华夏文明的诞生具有重大影响。

华夏文明能在中原地区诞生,首先在于中原地区占有多方面的优势:中原地区得天独厚,地理环境优越,气候适宜,水资源丰富,土地肥沃,有利于该地区社会经济文化的全面发展;地理位置居中,使得中原文化可以与周边文化进行广泛的交流和融合,具有强大的生命力;中原地区经过数千年的持续发展,仰韶-龙山时期的农业经济已经达到五谷丰登、六畜兴旺的态势,经济发达、基础牢固;在生产实践中产生的唯物思想,使中原地区的先民崇拜自然,提倡天人合一,注重经济发展。因此,中原地区相对于其他地区而言,经济基础更牢固,社会更稳定,文化更先进,具有其他地区无可比拟的抗灾能力。

其次,华夏文明能在中原地区诞生的重要原因在于先民对史前大洪水的抗争,也就是"大禹治水"所体现的伟大精神。治水势必产生一定的社会经济效应,促进文明的诞生。例如应对灾难的集体行动,催生了杰出领导者,组建了相应的管理机构,这导致了权力中心——城市的出现;出于抗洪的需要,要修建水利工程,大力改进生产工具,这引发了金属工具的诞生;加强部落间的联系,协同抗洪,需要改进联络方式,促进了符号和文字的使用等。在大范围的史前大洪水灾害事件中,只有中原地区有能力、也有实力与洪水进行抗争。通过与洪水的抗争,变坏事为好事,使社会经济得以持续发展,领先其他地区跨入文明社会。有的学者提出,夏王朝就是在与洪水的抗争过程中诞生的。这一观点有一定的道理,值得进一步深入研究。

# 第三讲

# "点亮东方"
## ——从上山到河姆渡的社会进程

孙国平

浙江省文物考古研究所

## 前言

本讲的标题虽为比较宽泛的"点亮东方"四个字,但实际要讲的主要内容是长江下游地区从上山文化至河姆渡文化时期(新石器时代早中期,距今11 000—5 000年)的社会发展进程。本人老家离河姆渡不远,而且这30多年里主要在浙北地区从事相关考古工作,所以对河姆渡文化和包括上海在内的长江下游地区新石器时代考古材料有一定的了解和思考。

本讲内容包括四大块,第一大块是关于"东方"概念是怎么来的、怎么界定的。第二大块是"东方"的地理位置和自然环境。第三大块是本讲的核心内容,包括五个小版块:第一,东方文化早期的分布空间和聚落环境;第二,早期生业模式(经济手段)的演进;第三,从宏观到微观的角度介绍聚落形态和建筑技术;第四,重点介绍新石器早中期阶段浙江地区的一些遗址中,特别是上山、跨湖桥、河姆渡、田螺山等几个重要遗址考古发现的手工业制品,这些是考古发掘中常见的物质遗存;第五,通过当时的原始艺术品,来看背后的原始思维和精神艺术的发展过程。第四大块,概述一下个人所理解的东方文化形成的动因。

## 一、"东方"概念的由来和界定

"东方"概念通常所指的区域很大,但它不是严格意义上的地理学概念,可以从两个层面理解,一个是从地理空间的层面,另一个是从政治、经济、历史、文化这个层面。在地理学上,习惯于把整个地球分成东西半球,欧亚大陆在东半球,并主要以乌拉尔山脉为界分为欧洲和亚洲,从几千年前至今,欧亚大陆一直是人类古代文明的主要分布区。在史前时期,由西至东依次分布着两河流域的古巴比伦文化、印度南亚次大陆的古印度文化、中国黄河与长江流域的中华文化,当然还包括东南亚、日本、朝鲜等地的一些远古文化。

"东方"的地域和人文概念最早应是西方人(特指欧洲人)提出的,而从天文学的角度来讲,人类生活的地球在太阳系中旋转,可以说是不分东西的,仅有旋转的方向(从北极点上空看是逆时针)而已。然而从地理学的角度,在世界地图上可以看到东西的区别,这只是一个相对的概念。例如,复旦大学邯郸校区处于上海市市区的东北部,而相对于浙江来说,上海在浙江的北方(北面或北侧)。从整个地球上的人类文明史来讲,随着地理学和航海业的发展,西方人对世界的概念是不断拓展的。直到15、16世纪,东西方的概念才逐渐明确起来,对于当时的西方人来说,整个欧亚大陆的东部,特别是中国现在所在的范围,加上东南亚和印度,是东方的主要范围,所以,东方概念所指的地域非常大。再从人类在地球上起源、拓展和扩散的过程来看,经过古人类学家和考古学家几百年的研究,才逐渐明晰人类迁徙的基本路径。数百万年前人类从非洲起源,扩散到欧亚大陆以后,就分出了西方和东方两块人类文明的主要覆盖区,现代中国区域是东方这样一个大的概念下的主要范围。而上海所在地区又是中国东部的核心点,浙江又处在上海的南侧。经过近几十年的考古工作,对整个东方地区核心地块的新石器时代文化的演变过程有了较完整的资料,并由此可以了解和理解本区域在"东方文化"形成、发展过程中的精彩表现和历史的因果关系。

## 二、"东方"的地理环境与"东方文化"的时间框架

本讲所重点论及的"东方",在地理概念中指的是中国东部沿海地区。该地区位于欧亚大陆的东部边缘,也有"远东"和"华东"这样一些称呼。华东地区的核心区域主要指以上海为核心的长江下游地区,包括太湖流域、苏南地区、浙北地区等。本讲重点要涉及的区域是杭嘉湖地区、宁绍地区、舟山地区和金衢盆地,而我个人理解这些地区都包括在"东方"大的地理概念里面,是"东方"的一部分,或是"东方"的核心。这些区域从地貌上来讲有三点特殊性。第一点,从中国南北地貌格局来看,这里处在山地和平原的过渡地带,浙江以南都是连绵的江南丘陵山地,往北是杭嘉湖平原和环太湖平原,再往北是较开阔的长江三角洲平原,更往北是淮河和黄河下游的淮河平原、华北平原。所以浙江北部(包括上海西边)这一块处在地貌的过渡地带,这是影响史前文化面貌的一个比较重要的因素。第二点,从中国东西地貌格局来看,这里是"东方"最核心的区域,处在海洋和陆地的交界地带。第三点,从区位格局来看,这里是南北交汇地带,浙江、上海和苏南处在中国的南方地区,又处在南方地区的北部,所以这一区位特点决定了位于浙江、上海、苏南这个长江下游地区的史前文化具有过渡性特征和兼容性特征。

本讲将从历史文化层面上介绍该地区的核心区域,即长江下游地区的新石器时代早中期,距今1万多年到距今5 000多年前,特别是浙江北部地区以及上海、苏南地区的史前文化发展情况。另外,本讲之所以以"点亮东方"为主标题,介绍和解释长江下游地区新石器时代早中期的社会发展状况和历史进程,也可以说是对通常宣传中所说的"上下五千年中华文明史"中"上五千年"提法的一种注解。

现在地球上的人类文明,还可以通过夜景明亮程度来区分哪里是经济、文化发达的区域。从夜景上看,以上海为核心的长三角地区,明显是灯光最亮的地方,为什么会有这样的现状? 从我们考古人的角度来解释,可以追溯到距今1万年左右开始的东方史前文化的历史过程。有鉴于此,本讲通过对长江下游地区,主要是浙北地区新石器时代早中期的考古材料的梳理,拟回答以下三个问题:东方文化是什么时候开始比较明显地发展起来的? 东方文

化又是如何展现出这么一个早期的发展过程的？东方文化为什么能够发展起来？

## 三、东方文化的起源与发展——从上山到跨湖桥再到河姆渡

这一大块是本讲的主要内容，其中第一部分是文化分布的空间和聚落环境，第二部分是生业经济，第三部分是聚落形态，第四部分是手工业技术，最后是原始艺术遗存。年代框架主要是上山文化到河姆渡文化时期，从距今11 000年左右到距今5 000年左右。在此也需要提及一下古人类学和旧石器考古的研究成果，即中国境内最早的旧石器时代古人类遗存大概距今不到200万年，这是一个学术界和旧石器考古界公认的年代数据，代表性发现是距今180万年的云南元谋人。中国东部沿海地区的上海和浙江这一带最早的旧石器时代遗存发现于浙江西北部的长兴、安吉两县。中国境内旧石器文化或者说是古人类的演进、迁徙过程，大体上是从中国的西部往东部迁徙或者传播，比较具体的过程还有待于进一步的研究。

新石器时代早期阶段（距今11 000—8 000年），中国东部的新石器文化基本上可以分成四大区块，从南往北依次是珠江流域史前文化区、长江流域史前文化区、淮河和黄河流域史前文化区、辽河和东北地区史前文化区。不同的学者对于该阶段的年代上下限可能还有一些不同的看法。在长江下游地区，该阶段的考古学文化以浙江中部的上山文化为代表。

新石器时代中期阶段（距今8 000年—5 000多年），在中国长江流域发现了一些类似于河姆渡遗址的史前遗址，数量并不算多，但可以大致反映长江流域的文化和社会发展状况。在长江下游地区的浙江中北部和环太湖一带，该阶段的考古学文化有跨湖桥文化、河姆渡文化、马家浜文化、北阴阳营文化等。

（一）文化分布空间与聚落环境

浙江北部以杭嘉湖平原为主，其西侧有一小片山地丘陵区与皖南丘陵相连，这块地方经过最近十多年的旧石器时代考古工作，发现了一些旧石器文化的旷野型遗址，如安吉上马坎遗址、长兴七里亭遗址、合溪洞遗址、紫金山

遗址等,有的考古报告已经出版,有的还在编写中。由此可以确定的是,浙江境内发现了早在距今约100万年的旧石器时代遗存,中国东部沿海地区最早的史前文化遗址就在浙江西北部的安吉和长兴一带。东方文化最早的年代可上溯至距今100万年左右。

以下重点介绍浙江新石器时代早中期阶段的考古发现情况,说明从上山到河姆渡文化时期,考古材料所展现的社会方方面面的变化过程。

浙江的新石器时代考古从1936年开始,到现在经过了80多年的时间。浙江的地域不大,只有10万多平方千米,是全国30多个省区中范围较小的一个。但浙江考古人特别自豪的一点,就是在这么一个小范围里,发现了自新石器时代早期至晚期非常连续的史前文化遗存。早期以浙江中部的上山文化为代表,年代为距今11 000年到8 000年。中期以浙江中北部的跨湖桥文化、河姆渡文化,以及杭嘉湖地区的马家浜文化、崧泽文化为代表,距今8 000年到5 300年。晚期和末期以良渚文化、钱山漾文化、好川文化等为代表,距今5 300年到4 000年。下面按照这样的时间序列做具体介绍。

年代最早的上山文化覆盖的核心区域是浙江的金衢盆地。众所周知,现在义乌市的小商品市场就地处金衢盆地的中部,经济比较发达,看来这一带有深厚的历史积淀。跨湖桥文化比上山文化的年代晚一个阶段,其分布区域在大范围上是基本重合的,但也有一些不重合的地方。河姆渡文化的分布区大致包括现在的宁绍地区东部、台州地区北部和舟山地区,也是我个人从事考古工作最多的区域。浙江北部的杭嘉湖平原区是浙江史前文化的核心区,与上海的距离更加接近,苏南、上海和浙江的马家浜文化、崧泽文化都在同一个大的地理范围里面。下面着重介绍的是上山文化分布区和河姆渡文化区里的考古材料。

从2005年发现上山文化第一个遗址——浦江上山遗址以后,通过调查,已经发现了18处遗址,而正式经过考古发掘的遗址共有5处,如第二个是嵊州小黄山遗址,然后是龙游荷花山遗址、义乌桥头遗址、仙居下汤遗址,现在还在进行发掘的是桥头遗址,还有经过试掘的临海峙山头遗址、永康湖西遗址、青碓遗址、太婆山遗址,金华青阳山遗址等。上山文化是全国范围内新石器时代早期文化遗址发现最密集的一个考古学文化。上山文化的分布地域,主要是海拔数十米上下的金衢盆地区,周围有一些海拔几百米的低山丘陵,环绕着一些小的盆地,向东也扩展到浙东沿海丘陵,现在看起来海拔较低、气候温暖湿润的小盆地区域比较适合新石器时代早期阶段的人生存,年代可以早到距今约 12 000—10 000 年。所以,上山文化区是研究中国新石器时代早期文化的一个最重要的区域,也是研究中国稻作农业起源最重要的一个区域,更是东方文化起源阶段最主要的区域。

从中国南方地区湖南和江西的考古发现情况来看,新石器时代早期的考古学文化很可能早至距今 15 000 年前后,活动空间也是在盆地和盆地里低矮的丘陵上。上山文化就处于这样一个典型的环境中。上山遗址位于金衢盆地北侧的浦江小盆地,周围是海拔几百米的山地和丘陵,中间有浦阳江支流流过,海拔在 50 米左右。小盆地非常适合新石器时代早期的人开展采集、狩猎,以及原始农业活动。金衢盆地到现在也还是浙江的粮仓,现今这里的农田主要还是水稻田,还种植一些油菜和少量的麦子。

上山文化之后是以跨湖桥遗址为代表的跨湖桥文化,其聚落的分布环境有一些变化,从上山文化的盆地、丘陵地区,慢慢地转移到比较低矮的丘陵以及近河口海岸的丘陵坡麓、滩涂地区。这是一个小的变化,而到了更晚的河姆渡文化时期会有一个更大的变化。跨湖桥遗址在杭州市的东南方向,位于钱塘江边的两片小山丘环绕的小山谷的山麓坡地上,山谷海拔比较低,只有 5 米左右。最新发现的余姚井头山遗址离田螺山遗址、河姆渡遗址不远,井头山遗址的遗存年代和跨湖桥遗址差不多,在距今 8 000 年左右,当时古人类选择的环境跟上山时期相比,已经有了较大的变化,既选择一些丘陵和低矮的盆地中心区,也开始选择沿海地区海拔非常低的滩涂平原区。田螺山遗址处在山麓的滩涂平原区,井头山遗址也位于更早期的沿海丘陵坡麓的滩涂平原区。跨湖桥遗址和井头山遗址这个阶段,人们的活动空间已经比较大,分布到真正的沿海地区,与上山文化时期相比,这是一个比较明显的变化。田螺山遗址和井头山遗址的北面是四明山余脉,南侧山脚下的小盆地就是井头山遗址和田螺山遗址所处的小地貌环境。现今的井头山海拔 70 多米,其南坡下有一个现今地表不能看到的地下的小山包,位于地表大概 6 米以下,海拔 −5 米左右。井头山遗址所依托的这个地下小山包,在 8 000 年前是一个海边小岛或半岛,小岛边上当时存在一个靠近海岸的小村落。从出土遗存来看,这是一处真正依赖海产品作为主要生活资源的中国最早的沿海村落。这个遗址的发现非常特殊，2013年，遗址所在地准备要建厂房，建厂房之前要做地质钻孔，钻孔取样以后，一部分东西散落在地表，被一个放羊的老人捡到，他将一些贝壳、陶片、骨头带到我们正在发掘的田螺山遗址驻地。因为我一直关注河姆渡文化的来源问题，所以看到这些特殊的遗物以后非常敏感。原来我也发表过几篇文章，推测河姆渡文化的前身或者说来源，主体上还应该是在河姆渡文化本地。在这点上我们所里的其他几位同样专注于浙江史前文化研究的同事跟我的判断不一样，他们认为河姆渡文化的前身或来源应是浙江内地的上山文化和跨湖桥文化。现在井头山遗址的发现基本上证实了我的预测。

　　根据浙江已有的考古发现资料，河姆渡文化早期的核心区在宁波东部地区，更加具体地说，是以余姚东部的姚江下游河谷为核心分布区，这一带当时处在低海拔山麓（四明山脉北麓）坡地和滩涂平原的交接地带。原来在河姆渡遗址发掘之后的宣传当中有个不太确切的说法，河姆渡遗址位于宁绍平原。现在看起来，当时的大多数遗址并不处在真正的平原上，而在四明山山脉和沿海滩涂的交接地带，因为当时还没有形成真正的宁绍平原。经过发掘的河姆渡文化早期遗址仅有河姆渡、鲻山、田螺山、傅家山等少量几处遗址，这四个距今7 000—6 000年的早期遗址基本上都在山脚下的滩涂边，而不在姚江河谷平原上。所以，河姆渡文化遗址的分布跟环境变化是紧密相关的。田螺山遗址北靠海拔几十米到几百米的四明山余脉，并处在山前的小盆地中间的小山丘周围。这一依山傍水（海水和淡水）的优越遗址环境孕育了发达的史前文化。河姆渡文化所在的自然环境是中国新石器时代遗址当中环境多样性最具优势的地方。这里既有可以采集狩猎的山地丘陵，也有可以利用海产品的古海湾，还有小块的滩涂平原，大量的水体包括河流、湖泊、溪流，它的环境多样性是最好的，古代可能更好。各种各样的生活遗物在田螺山遗址和河姆渡遗址里保存得非常完整。河谷平原非常适合古代人和现代人生活，现在遗址的周围是海拔比较低的水稻田，古代在河姆渡文化时期很多也是农田。田螺山遗址离现在的海岸30千米～40千米，现在的海岸就是杭州湾，而当时的村落就在小海湾的边上，现在所在的区域看起来是平原，在那个时候是一个比较小的海湾。到了距今5 000年前后，宁绍平原才基本变成现在的样子。田螺山遗址和河姆渡遗址原来就是离海边比较近的村落，处于低海拔、地下水位高的埋藏环境,所谓的低海拔即现在的地表海拔,在2米上下,而田螺山遗址和河姆渡遗址文化层在海平面以下,长期浸泡于有一定盐分的弱碱性地下水里边,所以有机质遗物保存得非常好。

总体来看,从上山文化到河姆渡文化约5 000年的时间段中,史前文化所选择的环境经历了一个从海拔比较高的丘陵盆地到低海拔的山麓坡地和沿海滩涂平原的变化过程。

### (二)生业经济(模式、手段)

关于生业经济的提法比较多,生业模式、生产手段都是差不多的意思,现在经常提的就是生业模式。具体内容包括两大块,一个是从采集经济到农业经济,第二个就是从渔猎到家畜饲养的变化。根据上山文化到河姆渡文化的考古发现材料,可以大体看清楚生业模式在这几千年间的缓慢变化过程。

上山遗址的埋藏环境与河姆渡遗址相差很大,基本没有保留下来有机质遗物。这给我们判断新石器时代早期阶段的生业经济带来了较大限制,但还是保留了比较多的陶器和石器,可以让我们看到当时上山文化早期的生业手段,即以采集为主,但已经开始原始的稻作农业。大口盆是上山文化的典型陶器,还有磨制的石磨盘和石磨具。发掘中通过一些文化层泥土淘洗,收集了少量炭化米粒。浙江省文物考古研究所的植物考古专家郑云飞通过米粒的粒型变化以及植硅体数量统计和形态观察,认识到上山文化时期,浙江金衢盆地已经开始早期稻作栽培。加工工具有一些石磨盘、石磨具,还有人工挖掘的土坑,这些土坑可能跟采集和栽培食物的储藏或处理相关,而石磨盘跟早期粮食的加工相关。总体上看,采集经济在当时是主要的传统谋生手段,稻作经济应当已经开始了,但是在食物结构中占据的份额还比较小,真正的比例现在还没有一个确切的数据,这与很难获得稻作农业起源阶段的遗存有关。关于渔猎手段的重要性有多大,因为未能保存较多的动物骨骼遗存,所以也无法判定。

通过新石器时代早期阶段上山遗址中的少量水稻遗存的专门研究,基本上可以确定中国水稻栽培的起源应该在距今12 000—10 000年。这是目前在稻作研究领域里比较公认的时间,以上山文化为代表的长江下游地区是一个重要的稻作起源地。发明了农业以后,人类文明才可以真正地加速发展,也可以说，农业是推动人类文明发展的最大动力。这也是本讲要阐述的最主要的内容，即东方文化和东方文明如何能够在稻作农业的基础上，通过数千年的发展，有力地改变史前社会的方方面面，也就是要回答上山文化、跨湖桥文化、河姆渡文化为什么能够"点亮东方"？

嵊州小黄山遗址的发现情况与上山遗址比较相似，但是发现的时间稍微晚了一两年，所以没有命名为小黄山文化。小黄山遗址也有反映采集经济的石器，如一些带凹槽的石球。专家们对这些石器的真正用途有不同的理解，但是一定跟当时的经济手段（生业手段）相关，或与采集、渔猎、早期农业相关。

目前，通过考古发掘和后续研究，学术界一致认为上山文化的稻作农业遗存是长江下游地区稻作农业发端的最主要依据，从上山文化起源的稻作农业这一生产方式，也成为东方文化发展、壮大的最大动力和基础"能源"。距今10 000多年前稻作农业开始以后，从上山文化到跨湖桥文化，再到河姆渡文化，5 000年中农业逐步发展起来，它的重要性也一步一步显现出来。

跨湖桥文化出土有比河姆渡文化更早的骨耜，稻谷的粒型较上山文化也有了比较明显的变化。上山文化稻谷的粒型比较瘦长，接近于野生稻，到了跨湖桥文化时期，粒型变宽，经过人工的干预驯化和栽培种植，水稻的产量也逐步增加。距今8 000年前的井头山遗址的陶釜支脚中也发现夹杂有较多稻谷壳，也出土有反映当时采集经济的一些桃核，它们可能是野生的，也有可能经过一定的人工干预或培育。

更多的考古发掘出土遗存表明，河姆渡文化时期的稻作农业更加成熟发达。体现稻作农业生产力水平的一个主要标志就是生产工具，河姆渡遗址中就出土了170多件主要用水牛肩胛骨和盆骨做的一类特殊骨器——骨耜，也有少量用木材加工的同形器物——木耜。根据它们的独特形状，它们被公认为是当时稻田的主要翻土农具。通过使用仿制骨耜在农田里进行的多次实验，人们发现骨耜在农田中的翻土效率比较高，甚至跟现在的铁锹也有一定的可比性。

河姆渡遗址的发掘在20世纪70年代引起很大的轰动，一个很重要的因素就是发现了当时世界上最早的丰富的稻谷遗存，有部分完整的谷粒和稻株，稻叶也保存得非常好，可能与河姆渡农业发展水平比较高有关。河姆渡遗址出土的几件特殊陶器上有刻画稻穗和稻株纹样,这也是表明当时稻作农业重要性的一个旁证,意味着当时稻谷在人们的生活中占有非常重要的地位,制作者把稻谷在日常生活中的重要意义用一种朴素的情感表现在原始陶器上面。另外还发现一些收割稻子的骨质镰刀,加工稻谷的木杵等。河姆渡、田螺山这些遗址里发现与稻作农业相关的多种遗存,非常确凿地表明河姆渡文化时期稻作农业已经比较成熟。但是与采集和渔猎这两类遗存做比较,稻作农业在当时经济生活中所占的比例还没有达到最主要的地位,稻米在距今7 000—5 000年的河姆渡文化时期还没有真正成为主食。大体上说,采集、渔猎和稻作经济手段,在当时还不相上下。我们在田螺山遗址的考古工作中专门做了水稻田的发掘,发现在田螺山遗址的南侧和西侧分布大片水稻田,地层剖面中的第7层是距今6 000—5 500年(河姆渡文化晚期)的水稻田,第9、10层是距今6 000年前后(河姆渡文化中期)的海相沉积层,因为海水短时间上升淹没稻田,所以当时无法开展正常的稻作农业,第12层是距今7 000年左右(河姆渡文化早期)的稻田。从整个地层剖面上可以看到距今7 000多年的新石器时代到距今2 000年左右的汉唐时期的地层,这是田螺山遗址古稻田区中非常典型的剖面,生业经济和环境变化以及人类与环境的互动关系可以看得非常清楚。

  田螺山遗址西边的古稻田区中的局部田埂保存得非常好,距地表1米左右,稻田面上还出土一些小的碎陶片,从土壤里还能淘洗出稻谷碎片,在显微镜下观看,泥土淘洗后保存下来的小穗轴形态清楚,还有密度很大的水稻硅酸体。通过我们科技考古专家与英国伦敦大学植物考古专家的合作研究,在国际著名刊物《科学》2009年第3期上发表了一篇从小穗轴形态判断水稻驯化过程的文章,对于河姆渡文化时期的稻作农业状况和水平做出了科学分析。另外,从水稻田泥土里还淘洗出一些跟种植环境密切相关的杂草种子,从村落里面的文化层中还获取到大量的碳化米粒,可以看到田螺山时期的稻谷比较饱满,谷粒宽度越来越宽,应是驯化和改良以后的结果。从田螺山和河姆渡遗址里出土了大量当时采集的陆地植物遗存,大量的橡子、芡实、核桃仁、豆类、麻栎果和柿子核在田螺山遗址保存得非常好,储存和处理橡子的土坑数量也比较多。在上山遗址里基本看不到这样的遗存,而在田螺山遗址里面可以看到当时人生活的各种垃圾,如保存较好的葫芦皮,出土时皮的颜色还很鲜亮,还有茶树根等。日本东北大学植物考古学家铃木教授对茶树根做切片取样,最早提出可能是茶树根。我们进一步在他的基础上做了很多研究,特别是茶氨酸的含量检测,得到比较可靠的数据,表明距今6 000年前,中国南方地区特别是河姆渡文化区一带应已开始人工栽培茶树,而是不是直接用于喝茶,现在还没有一个结论。笔者专门到云南西双版纳去看现代野生大茶树的生长情况,也看了一些傣族村寨,村庄的边上也有种植茶树的,所以我们认为当时河姆渡遗址、田螺山遗址周围种茶树也是完全有可能的。而文献上记载中国的绿茶起源于距今3 000年前的西周时期,而田螺山遗址中茶树根的发现一下子把中国境内种植茶树的历史往前推进到距今6 000年左右。还有,田螺山遗址周围的水体非常发达,海湾、河湖、溪流、水塘众多,可以采集到大量的水生植物,例如菱角和芡实(俗称鸡头米),这两种水生植物果实在现今的苏南、浙北平原地区的水塘、河湖里栽种得仍很多。

总之,从上山文化时期到河姆渡文化时期,在经济手段中,稻作农业从起源到逐渐发展,收获的稻米在生活资源中逐渐占据越来越重要的地位,传统的采集经济变得次要或弱化。另一方面,河姆渡文化时期采集经济尽管不是那么重要,但还是不可或缺的经济手段之一,没有完全被取代。田螺山遗址发掘材料显示,稻作农业技术进步,高效农具逐渐普及,聚落外围农田面积增加、稻田田块平整开阔。在田螺山周围,通过钻探和发掘,发现了100亩左右的水稻田,郑云飞研究员推算当时的水稻亩产量可达到150斤左右,稻米的形态从比较纤细的接近野生稻的形态(长宽比较大,粒形显得较瘦长),逐渐被驯化变成较粗壮的形态(长宽比变小,粒形显得粗大)。

另外,从上山文化时期到河姆渡文化时期,生业经济也显示出从渔猎到家畜饲养的变化过程。上山遗址中基本没有保存有机质遗存,渔猎的情况不清楚。到了跨湖桥文化时期,从跨湖桥遗址里收集到比较多的动物骨骼,有水牛的骨骼、鹿的骨骼和猪骨头,经动物考古专家观察,它们形态上的野生性状还比较明显,另外也有较多的鱼骨。但跨湖桥遗址相对于河姆渡遗址和田螺山遗址,鱼骨的数量和种类还是比较少的。

2018年,在井头山遗址发掘前的钢结构基坑施工中,用60多厘米直径的钻机钻头下钻地层进行引孔打插钢板桩。在深6米～9米的文化层中,发现大量的贝壳和夹杂的动物碎骨头,以及一些陶片、骨器、木器、石器、桃核、狗粪块等遗物。它们也反映出渔猎、采集等传统经济成分对当时(距今 8 000 年左右)先民的生活还非常重要,农业经济的成分还很少。

在 20 世纪 70 年代发掘的河姆渡遗址,动物骨头也保存得非常多,对此已经有不少研究成果发表。遗址包含的动物种类有 61 种,其中,水牛的骨头出土比较多。有学者经过对水牛头骨的研究,认为水牛已经经过一定的人工驯养,但是骨骼上还保留着一点野生的特征,跟稻米的驯化过程比较相似。出土的猪骨头不太多,从一些猪下颚骨上残留的牙齿来看,也有一定的野生性状。少量陶器表面还刻画着猪的图案,吻部较长,背部长着长长的鬃毛,似乎也显示出一些野生性状。还有一件猪形陶塑,体形大致介于野生与现代家养猪之间。所以,河姆渡时期的猪应该是还保留着一定野生性状的半家养猪。这种养猪方式在几十年前河姆渡遗址所在的余姚一带还能看到。另外,出土的鱼类骨头非常多,包括海鱼和淡水鱼。而田螺山遗址出土的鹿骨非常多,还有牛骨、鸟骨和大量的龟甲,出土时有的几乎跟新鲜的一样。根据文化层中出土鱼骨的情况,河姆渡人和田螺山人有时还能够捕获几百斤重的海鱼,加上井头山遗址的发现,可以确定河姆渡、田螺山遗址和井头山遗址的古人是中国沿海地区非常善于利用海洋资源的最早先民。我们对田螺山遗址的大量鱼骨做了分类鉴定,能辨认的海鱼有金枪鱼、石斑鱼、鲨鱼、鲈鱼、鲵鱼等,淡水鱼主要是鲤鱼和鲫鱼,还有黑鱼、黄颡鱼、甲鱼等。田螺山人和河姆渡人利用的渔业资源量非常大,加上稻米的利用较多,河姆渡文化分布区可谓是中国最早的真正的鱼米之乡。

总之,从上山文化到跨湖桥文化再到河姆渡文化,生业经济的总体为采集、渔猎和稻作农业三大类,但在不同阶段三者的重要性和表现情况不太一样。采集经济从主要地位慢慢变得次要。稻作农业的重要性在上山文化中和跨湖桥文化中还不那么明显,但到了河姆渡文化时期,从河姆渡早期到晚期,稻米在河姆渡人的食物结构中有一个明显的上升趋势。渔猎经济一直比较重要,但是也有波动。渔猎作为传统的经济手段之一,上山文化时期因为遗存的有限性无法判断,到了跨湖桥、河姆渡时期,从保存下来丰富的动物遗骸来看,渔猎手段在当时还是非常重要的,跟稻作农业不相上下,而渔猎手段在上山文化时期之后,到跨湖桥、河姆渡文化时期,重要性没有明显的减弱。多位动物考古学者根据对狗、猪、水牛、鹿等主要动物的研究认为,这些动物在跨湖桥、河姆渡文化时期已经得到了一定程度的家养或者驯化,也可能出现耕作水稻田时用牛助力的情况,但这还不是一个公认的结论,需要进一步的研究。

(三)聚落形态与社会发展、建筑形态和建筑技术、建筑工具

新石器时代早期的建筑遗迹在考古中还非常少见,同样,上山文化时期从有关建筑遗迹中能获取的信息也很有限。上山遗址中发现过一些成排的、大小不一的柱坑,发掘者对于它们的建筑类型判断不一,有说干栏式的,也有说地面式的,所以实际情况并不是那么清楚。但比较确定的是,当时一定已出现可用于居住的简易房屋,并且多座房屋集中起来已构成定居的早期村落。

小黄山遗址的建筑遗迹处在地势比较高的自然黄土台上,有成排柱坑,整体很可能是地面式的长排房。其次,早期定居村落的房屋建筑的主要材料应是木材,更加具体的形状结构看不清楚。而跨湖桥文化时期的跨湖桥遗址中出土了少量木构件,因为跨湖桥遗址在发掘时只剩下遗址的边缘地带,所以没有发现真正跨湖桥时期的建筑遗迹,只能知道是木构建筑,建筑技术、形态都不太清楚。而从一段不太长的独木梯来看,跨湖桥文化的房屋有可能已是干栏式的了。

1973年河姆渡遗址发掘之后,学界对中国长江流域的史前建筑有了突破性的认识。河姆渡遗址保存着非常好的大片干栏式木构建筑遗迹。从遗迹的分布情况来看,是以村落为生活单元的长排房,干栏式建筑的形态特征非常清楚,是国内保存最好、年代最早的干栏式建筑。因此,中国南方地区传统的木构建筑的源头目前可以追溯到河姆渡文化时期。复原后的河姆渡时期干栏式建筑的长排房,每排长度20多米,进深10米,以西北-东南向排列为主。田螺山遗址里保存的建筑遗迹也非常好,局部比河姆渡遗址保存得更加清晰。田螺山遗址1 200平方米的发掘区揭示的聚落布局中,有以干栏式建筑的几栋长排房构成的居住区、木构寨墙以及架着一根独木桥的小河道环绕着村落。根据干栏式建筑的层位和木柱的分布情况可以判断出,在发掘区第6层下分布着三栋以上排列走向、大小、功能不一的长排房。其中,由20多根有规律性地整齐分布的大方木柱构成的长方形木构房屋,很可能是位于村落中心的、不用于日常居住的、具有一定礼仪功能的大房子,大概跟同一时期黄

河流域的姜寨遗址和半坡遗址的大房子在性质和功能上比较相似,可以说中国南方地区的礼仪建筑在河姆渡文化时期开始出现,它不适用于日常居住,而具有供氏族人员集会和娱乐等功能。而用于村民日常居住的长排房就在中心房屋的边上,更大的范围因没有发掘,对这个村落的整体布局的了解还十分有限。

从河姆渡文化的田螺山遗址发掘中,可以比较清楚地看到干栏式木构建筑的营建技术的发展进程,即从早期阶段第7、8层里排桩式的营建方式,到第二阶段的挖坑埋柱的方式,再到第三阶段的挖坑垫木板再立柱的方式,到最后挖坑填埋红烧土的立柱方式,四个发展阶段非常清楚。第6层下的平面上保存有距今6 500年前的柱网(同一建筑单元中有规律性地排列或设置的一些木柱子,它们构成一个木构建筑单元的承重骨架),比河姆渡遗址发现的排桩型干栏式建筑还要典型,而跟现在中国西南地区少数民族的干栏式建筑形态非常相似。根据对柱坑的解剖,距今6 000年前出现了垫板上面立柱的技术,田螺山遗址有一个柱坑底部垫了六层木板。遗址中出土有非常粗大的方体木柱子(有的边长达40厘米左右,原木直径很可能达1米左右),在6 500年前利用这么大的木柱子,房屋的体量也应该很大。此外,还出土有一个三级台阶的宽大独木梯、很多木桨以及通向外面水稻田的独木桥。村庄边上有木构埠头和独木舟。这样的村落布局与当今广西三江侗族马鞍寨的村寨格局几乎一模一样,所以,像马鞍寨这样的少数民族村寨可以说是研究和复原河姆渡文化聚落环境和聚落形态的活化石。田螺山遗址和河姆渡遗址也保存有不少带榫卯结构的木构件、用熟练技术砍劈的木桩、表面加工痕迹保存清楚的木桨,以及很多用于木材加工的石斧、石锛、石凿、裂解木材的石楔等石质木工工具。另外,还出土了不少用于安装石斧、石锛的"7"字形木柄。

总之,上山文化时期,单体木构建筑已出现,地面式与干栏式尚难以确定,木材加工尚无成套石器。跨湖桥文化时期,未发现清楚的木构建筑遗迹,已出现斧、锛、凿组合的石质加工工具。河姆渡文化时期,已出现典型的干栏式木构建筑,已出现单体组合建筑群落构成定居村落,组合石器加工技术已渐趋熟练,更加重要的是榫卯技术已开始较多地得到应用。这些建筑技术成就足以表明,河姆渡文化是中国传统木构建筑形式和技术的最重要的源头。

### (四) 其他手工业技术与制品

在上山文化遗址中,出于保存环境的原因,出土的人工制品只有陶器和石器两大类。陶器以夹炭红衣陶和夹细砂红衣陶为主要陶质,部分陶器表面点缀简单图案形、符号形白彩,器形以大口盆、卵腹圆底罐、圈足盘为典型器,泥条盘筑、拍打成型、器表磨光、涂刷红衣等制作工艺似乎比较成熟,已显示出色彩、造型、早期信仰等方面的原始艺术特征。石器器类较少,木头加工工具中只有简单打制加磨制的石斧和石锛。食物加工工具中以粗糙厚重、器形不规整的石磨盘加石磨球、石磨块较为常见。

在跨湖桥文化时期,彩陶艺术在上山文化晚期彩陶艺术起源的基础上,有了更多的发展,跨湖桥遗址中出土的彩陶数量较多,但之后在河姆渡文化中几乎消失;石器、骨器、木器因保存状况好,显示出与之后的河姆渡文化的同类器物有较大的相似性,其中,还出土了一件最早的木胎漆器——漆木弓。小黄山遗址里跨湖桥文化风格的陶器与上山文化相比变化较大,炊器中成熟的釜类器形正式出现,井头山遗址出土的陶片跟跨湖桥既有相似性,也有明显的不同。

河姆渡文化时期的典型陶器是陶釜,数量多,造型多变,是中国南方地区炊器文化的真正源头,并一直影响了漫长的历史时期,直至近现代,后来出现的"釜底抽薪"和"破釜沉舟"等成语中釜的原型应来源于河姆渡文化。河姆渡文化出土的一类特殊陶器——陶盉,很可能是最早的酒器和茶水器。田螺山遗址出土了河姆渡文化晚期的大量陶釜,与早期相比,器形有较大变化,对它们也做过残留物、容量等专门研究,研究结果显示,这可能与河姆渡文化从早到晚社会生产关系、生活习俗的变化相关。

长江下游地区的玉器最早出现在跨湖桥遗址,出土有少量的玉璜、玉珠,与中国东北地区的玉器差不多同时出现,所以长江下游地区的玉器可能是独立起源的,继而发展到河姆渡文化、马家浜文化、崧泽文化,并在良渚文化时期达到中国史前玉文化的高峰,形成一个完整清晰的发展脉络。田螺山遗址中也出土了一些早期玉器装饰品和加工玉器的钻孔工具。

上山遗址中没有发现木器,但在跨湖桥遗址中发现了中国迄今为止最早的独木舟,表明当时对外活动主要依靠水路交通。到了河姆渡文化时期,河姆渡遗址出土8件木桨,田螺山遗址更是出土了30多件木桨和几件独木舟模型器,更加明确地反映了当时的水陆交通非常发达。其中一件造型规整、工艺熟练的独木舟,尖头、方尾,非常符合后期造船技术的设计规范,如果离开地层,很难想象它是 7 000 年前的遗物。

上山文化遗址中不见任何纺织方面的实物材料,但在跨湖桥遗址中已出土一些典型的纺织工具,如骨针、骨梭形器、陶线轮等。到了河姆渡文化时期,纺织工具的数量和种类更多,出土有梭形器、骨针、纺轮、骨机刀、木机刀、绞纱棍等,其中各种造型的陶纺轮、石纺轮更多。根据专门研究,当时的河姆渡人用不同形态和重量的纺轮纺织不同的原料,应已出现麻、丝以及其他植物纤维等不同的纺织原料,推测河姆渡先民已有较为成熟的衣服穿着。

(五)原始艺术与意识形态

从上山、跨湖桥到河姆渡时期,原始艺术发展的脉络非常清晰。上山文化时期的陶器种类少、造型比较简单,已出现少量的彩陶。跨湖桥文化时期彩陶有一定的发展,装饰化图案和符号较多,逐渐表现出自然崇拜、太阳崇拜之类的原始信仰。

到了河姆渡文化时期,陶器的器形和装饰非常发达,经过早中晚三个阶段的变化,陶器在造型艺术、装饰艺术、色彩艺术方面都表现得非常好。田螺山遗址的龟形刻纹陶盉的表现手法比河姆渡遗址的猪纹方钵还要先进,腹部外表刻画像连环画一样的动物纹样,顶部做成龟背形并刻画草叶纹,这样把立体造型艺术和平面刻画艺术结合在一起的陶器,在造型、装饰手法和表现内容、题材方面都具有典型性。河姆渡时期的骨质雕刻品也比较多,最著名的是双鸟朝阳纹象牙雕刻蝶形器,它背后蕴含的原始精神内涵非常丰富。田螺山遗址出土的多件骨质发笄加工得特别精美。河姆渡遗址还出土有箍藤条黑漆木筒形器和朱漆木碗。田螺山遗址出土了 30 多件木筒形器,有的表面涂有黑漆,有的筒形器里边有木塞,从它们的造型和体量来看,木筒形器很可能是中国南方地区最早的打击乐器。还有一件单面雕刻大象图案的带榫头木板,可能是当时房屋内部墙面的一种挂饰。之所以在河姆渡文化时期出现大象这样的装饰题材,与当时人们的生活环境跟现在的西双版纳比较接近,当时还有比较多的大象有关。此外,还出土有刻画类似犀牛图案的木板。田螺山遗址出土有一件非常特殊的木器,正面略弧凸,背面略凹弧,有用于捆绑穿绳用的几个小孔,顶部有五个小孔,可能用于安插五根羽毛。暂名为双鸟木雕羽冠,可能是当时田螺山村落里首领人物的标志性装饰物件。此外,田螺山遗址还出土了30多件相似的蝶形木器,这些均应是当时举行集体娱乐活动、巫术活动或者祭祀活动中使用的道具,有的可能是权杖顶部的装饰,象征着一种权利,在古埃及的文物图案里面也有类似的东西。

总体来说,通过对上山文化、跨湖桥文化、河姆渡文化的研究,人们对长江下游地区的史前文化有了比较全面的了解,从经济手段,农业、手工业、采集、渔猎、饲养、建筑加工制造,到生活、居住、饮食和纺织,以及交通、审美、精神信仰等方方面面的内容,都有了比较清楚的了解和认识。下面再概括一下该地区物质文化方面主要体现的东方文化的独特性:1. 创造了不同于中国北方地区的、适应南方湿热环境的干栏式木构建筑形式,以及以榫卯技术为核心的木材加工技艺;2. 成熟的稻作农业与采集、渔猎经济共存,成为最早的"鱼米之乡";3. 水路交通和制作舟船、木桨;4. 发明水井;5. 发明漆,制作木胎漆器;6. 熟练应用木雕技术,圆雕、浮雕、透雕技法均已出现,长江下游地区的浙北区域可谓中国木雕艺术的发源地;7. 开创和引领长江下游地区玉文化;8. 开创南方彩陶工艺技术;9. 在精神文化方面,以鸟崇拜为核心的自然崇拜。真正的自然崇拜在河姆渡文化时期才比较明显地表现出来,并成为各个艺术门类的重要源头,从建筑到陶艺、雕塑、音乐、绘画,都可以从河姆渡文化里边找到相应的文物遗存。

所以说,史前东方文化原始艺术的孕育期是上山文化阶段,成长期是跨湖桥文化阶段,成熟期是河姆渡文化阶段,发展期是良渚文化阶段。还可以说,形成和发展于长江下游地区的上山文化、跨湖桥文化、河姆渡文化,加上北阴阳营文化、马家浜文化、崧泽文化、良渚文化等,一起构成了"点亮东方"的历史基础。

## 四、东方文化形成的动因

东方文化的形成动因首先是文化的生态环境,包括古地理、古气候,其次是与环境和生产力水平相适应的生产关系和生产体制。

关于东方文化的生态环境,有两点内容,第一点是经常有人提到的北纬

30度线，第二点是"文化区位"，即长江下游（三角洲）地区位于中国东部的地理十字交叉点。长江流域包括长江下游地区是中国雨热、水土条件最好的区域，足以支撑史前文化达到中国史前文化的一个高峰。若要进一步解读浙江史前文化区域之间的相互关系，可以把浙江中北部粗分为内地和沿海两个史前文化区，它们分别对应于浙中丘陵盆地、浙西丘陵山地区与浙东北沿海平原区和浙东沿海丘陵滩涂区。内地的史前文化区中的上山文化是其源头，之后是跨湖桥文化，而杭嘉湖平原地区的马家浜文化之前的史前遗存还不太清楚；在沿海的史前文化区，早期文化有下汤遗址和崎山头遗址，它们的面貌类似于上山文化，之后发展到井头山遗址所代表的文化遗存，再到河姆渡文化，它们之间是不是一个直接的继承关系，还有待于考古研究。

进一步明确一下史前时期东方文化独特性的地理环境原因，即浙江自然环境的二元地理结构（海陆二元、山地丘陵和平原滩涂二元、南北区位二元），很大程度上决定了浙江史前文化具有地理十字交叉点的"综合"特征，即具有南北文化的过渡性和兼容性、海陆文化的双重性以及丘陵山地型文化和平原型文化的双重性。浙江中北部地区的史前文化在新石器时代早期主要分布于浙江的内地，中晚期以杭州湾为界分为杭嘉湖平原区和宁绍平原区，这两个文化区是东方文化核心区中自成序列最完整的史前文化区。

受长江下游地区地域空间、自然条件有限性的制约，以稻作农业为社会发展基础建立起来的区域生产关系和社会组织，难以形成有效覆盖和稳定控制更大区域的政治中心和权力枢纽。以长江下游地区为核心形成的东方文化，到历史时期只能汇入到更加庞大的多元一体的文明发展大格局中，历史时期早期一度形成的吴、越文化区和出现的吴、越国区域政权，虽然在文化精彩程度上仍延续史前时期的优势，但它们存在的短暂性也是由之后旋涡式的中国历史发展大趋势所决定的。

现在以上海为龙头的长江下游地区，借改革开放的东风，全社会政治、经济、文化快速协调发展，展示出更加辉煌宏大的场面，这是有目共睹的。如果回过头来，从考古学的角度去解读 10 000 年来的历史发展脉络，东方文化核心区的主要源头是距今约 11 000 年到 5 000 多年前形成和发展于浙江中北部地区的史前文化，那一阶段各个方面的文明发展成就，均为我们当代的社会发展和美好生活打下了最深厚的基础。

## 第四讲

# 探索良渚文明之源
## ——从马家浜、崧泽到良渚

林留根

江苏省考古研究所

非常荣幸在这里跟大家讲这个题目。党的十八大以来,党中央一直在强调,我们要坚定道路自信、理论自信、制度自信、文化自信,它的本质是建立在5 000多年中华文明传承的文化自信之上,所以今天我们学考古、做历史研究的同学应该很自豪。党中央的新一届常委一上任,他们首先去看的就是"复兴之路"展览,为什么要看这个展览?就是要从中国历史当中,寻找中国未来的发展道路,所以在去年成立中国历史研究院的时候,习近平总书记强调历史研究是一切人文社会科学的基础,要从历史当中汲取智慧。最近习近平总书记在很多场合,特别是在亚洲文明的对话当中,强调人类文明的交流互鉴,文明因为相互的交流融合才有创新,才有精彩。

我们讲的文明不仅仅是当代文明,当代文明都是从古代文明发展来的,我们中华文明是世界历史上唯一没有中断的古老文明。现在说中华文明有5 000多年的历史,最近这两天,中国良渚申遗的团队已经到了巴库,良渚遗址可能成为世界文化遗产,实证中华文明有5 000多年。这就是考古学家对我们社会的贡献,送给我们中国人的一个最大礼物。花了80多年时间研究的良渚,最终成为世界文化遗产,成为中华文明的圣地,想到这一点,我们应该感到自豪。中华文明上下5 000年,实际上是一个不断融合、多元一体的发展过程。最近几年,国家文物局推出了"考古中国"重大课题,其中之一就是长江下游的区域文明模式研究。这是一个很大的课题,江苏、浙江、上海、安徽、江西的考古研究机构以及北大等高校都参与了课题研究。

长江下游可以分成好几个区域,从西北向东南依次是巢湖平原、江淮地区、宁镇丘陵地带、杭嘉湖平原和宁绍平原,在这些区域中有很多古代文化,前面孙国平先生详细介绍了从上山文化、跨湖桥文化到河姆渡文化这样一个文化发展的序列。

我今天讲的是探索良渚文明之源,主要内容分为四个部分,第一部分是良渚文化与良渚国家文明,第二部分是长江下游史前文化谱系与文化格局,第三部分是我要讲的重点,崧泽文化与长江下游文明化进程,第四部分是长江下游文明演进模式。下面我按四大部分给大家讲解。

## 一、王国崛起——良渚文化与良渚国家文明

现在已经公认良渚是一个国家文明,这是我们中国考古学界有史以来最大的一个科研成果,已经得到国际学术界的认可。从1936年施昕更先生发现良渚遗址至今,已经发掘了80多年,这是一个漫长的过程。1973年江苏吴县草鞋山遗址第一次发现了玉琮和玉璧,那时候我们还认为琮和璧是《周礼》所记载的西周的东西,不相信它是新石器时代的。到了20世纪80年代,浙江反山、瑶山遗址的发掘一下子改变了大家对良渚文化的认识。2007年发现良渚古城,2015年发现良渚古城外围水利工程以后,大家再也没有疑问了,良渚已经是一个实实在在屹立于东方的非常发达的文明。赵辉先生在2017年《中国文化遗产》的一篇文章中对良渚的国家形态做了一个很好的概括,良渚的社会生产已经发展到了非常发达的程度,社会的分工也很清楚,有明确的城乡差别以及强大的社会管理能力和动员能力,还有统一的宗教体系。

良渚古城有290多万平方米,加上外城要更大。文明的发展除了城市、文字这样一些标志之外,大型的水利工程也是文明发展的一个很重要的标志。良渚是国家这个观点在国际范围内得到广泛承认,实际上就是因为水利系统的发现。所以水利系统非常重要,它的规模很大,有高坝和低坝系统,非常科学,是一个完美的水利体系。良渚水坝跟古城的关系,充分反映了良渚社会的动员能力和高效的组织管理能力。最早发现岗公岭的时候,大家还以为它

是一个战国时期或者更晚一点的墓葬，但是发现了草包泥，刘斌先生就认为这个发现很重要，是新石器时代的遗物，可能是水坝一类的遗存，但是还不敢确定。后来陆续发现老虎岭这样一些在山头和山头之间连起来的水坝，非常壮观，用的是草包泥。这种草包泥在江南地区很常见，包括常州的寺墩遗址，都有这样的草包泥结构，一直到商周时期的土墩墓也是用这种草包泥。水坝被良渚晚期的遗迹打破，证明其年代不晚于良渚文化。良渚古城中除了30万平方米的莫角山遗址，外围有高等级的贵族墓葬，已经是一个阶级社会的产物。在良渚古城的外围，还有一些高等级人群居住的地方，例如美人地遗址，在一个长垄上面，河岸边全部是打得非常整齐的木板护壁。钟家港遗址发现了很多制作石器、玉器的遗存，在城里面居住的可能是一些等级比较高的手工业者，体现了良渚社会的分化和社会管理能力非常强。良渚也有很多暴力遗存，在江苏兴化蒋庄墓地可以看到。

## 二、孕育与传承——长江下游史前文化谱系与文化格局

良渚作为一个国家文明，从哪里来？文明的发展，不是一夜之间的事情，一定有一个过程。所以我们现在要追寻良渚文明到底是怎么发展来的，就要回到长江下游的史前文化谱系和文化格局里面去寻找答案。长江下游的考古学文化从上山文化到跨湖桥文化再到河姆渡文化，它们之间不一定是继承发展的关系，不是一个文化谱系，而是一个序列。河姆渡文化跟马家浜文化之间是什么关系？这些距今 7 000—6 000 年的文化之间到底是什么样的关系？到了良渚文化晚期，又出现钱山漾文化和广富林文化。在整个太湖流域，从马家浜文化到崧泽文化再到良渚文化的谱系大家是认可的，它们之间是继承发展的关系。崧泽文化继承了马家浜文化，良渚文化继承了崧泽文化，当然良渚文化一定也继承了河姆渡文化以及上山文化、跨湖桥文化的一些优秀因素，但是按照谱系来讲，最清楚的还是从马家浜文化到崧泽文化再到良渚文化这个谱系。

上山文化奠定了长江下游地区稻作农业 10 000 年的基础，我不准备跟大家详细讲述马家浜文化、崧泽文化和良渚文化是什么，在这里给大家介绍骆驼墩遗址和骆驼墩文化。经过十几年的考古工作，在太湖西部又发现了一种

新的考古学文化,原来我们把它叫作骆驼墩类型,并归为马家浜文化的一个类型,年代在距今7 300—6 000年。骆驼墩遗址位于宜溧山地,年代为距今7 000多年,发现很多墓葬,其中最重要的是瓮棺葬,里面埋葬的是小孩,出土的最有特征的器物就是平底釜。骆驼墩遗址所处的位置就在太湖西部宜兴溧阳一带,同时也发现了宜兴西溪遗址、江阴祁头山遗址等一些其他的遗址,由此我们把以平底釜为代表的遗存从马家浜文化中分离出来,单独给它一个名称叫骆驼墩文化。

为了证明骆驼墩文化,我们又发掘了其他的几个遗址,例如宜兴西溪遗址、溧阳秦堂山遗址,也位于宜溧山地的边缘地区。秦堂山遗址的面积有18万平方米,外围有一个环壕,遗址的中部是居住址,稍微偏远一点的是墓葬区,出土有錾手、腰沿等骆驼墩文化的遗物。发现了早期大型的地面式房址,柱洞很大,面积大概40多平方米。墓葬中随葬有骆驼墩文化的典型陶器,还有玉璜、石锛、石钺,随葬品不丰富。除骆驼墩遗址和秦堂山遗址之外,骆驼墩文化的典型遗址还有神墩遗址、祁头山遗址、西溪遗址、东滩头遗址、彭祖墩遗址、下湾遗址、东山村遗址。我们通过这些考古工作,搞清楚骆驼墩文化在长江下游的早期新石器时代文化格局中处于什么样的位置。我们认为骆驼墩文化位于太湖西部,是一种从山地向平原过渡的文化类型,以平底釜为代表。苏秉琦先生曾经说,长江下游地区当时住着马家浜文化和河姆渡文化两位兄弟,我现在给它加一个兄弟,还有一个骆驼墩文化,这三个兄弟最早开发了长江下游地区。2011年召开了"骆驼墩文化遗存与太湖西部史前文化学术研讨会",当时张忠培先生、赵辉先生都来了,大家都赞成骆驼墩文化的命名,赵宾福先生最近也在《东南文化》发表了一篇文章,对骆驼墩文化进行详细的分析和研究。

长江下游的文化谱系实际上并不复杂,但是还有很多工作要做。特别是马家浜文化的来源是什么?骆驼墩文化的来源是什么?因为它们最早的年代是距今7 200多年,还没到8 000年。最近通过一些考古工作,我们在淮河流域发现了一些更早的文化,包括原来讲的青莲岗文化,以及这几年发现的顺山集文化、侯家寨文化,跟长江下游的考古学文化关系非常密切。马家浜文化的源头,可能还要再向北去找。在距今7 000到6 000年,长江下游有马家浜文化、骆驼墩文化和河姆渡文化三驾马车并驾齐驱。在马家浜文化晚期,快要进入崧泽文化阶段的时候,长江下游的文化发展进程显著加快,许多遗址里面出现了玉器,例如溧阳神墩遗址、金坛三星村遗址出土了很多玉器,跟北阴阳营遗址的东西基本上是一样的。

## 三、变革与分化——崧泽文化与长江下游文明化进程

马家浜文化为崧泽文化的产生奠定了基础。前面孙国平先生讲,在河姆渡文化遗址发现有稻田,在江苏苏州草鞋山遗址也发现了马家浜文化的稻田,在苏州同里遗址同样发现了崧泽文化的稻田。秦堂山遗址出土有很多崧泽文化的器物,常州新岗遗址发掘有将近100座墓葬,出土的尖底大口缸跟东山村遗址的大口缸非常像,这类东西应该归为陶礼器,另外还有很长的石锛。实际上到崧泽文化晚期的时候,出现了一种崭新的文明因素,跟北方地区、江淮地区考古学文化之间加强了相互交流,在长江下游地区形成崧泽文化圈。浙江省文物考古研究所的仲召兵先生的硕士论文就是《长江下游地区崧泽文化圈的形成》。崧泽文化圈不仅包括崧泽文化的核心分布区,还包括江淮地区的龙虬庄文化、宁镇地区的北阴阳营文化、皖江地区的凌家滩文化,以及宁绍平原的一些遗址,遗址的分布已经非常密集。

北阴阳营遗址距今6 500—5 700年,出土许多玉器和石器,与三星村遗址、凌家滩文化非常相似。大量玉器被作为随葬品是崧泽文化圈的一个很重要的特点,崧泽文化时期的艺术也达到一个很高的水平。北阴阳营文化和凌家滩文化都可以归入大的崧泽文化圈里面去,凌家滩文化在整个崧泽文化圈里是最耀眼的,面积达到160万平方米,大型墓葬分布在祭坛上面,以随葬玉器作为一个很重要的特点。玉器中有玉人、龟板,也出现了玉龙,对后来的中国文化产生很大的影响。凌家滩文化为什么能够发展,因为它跟北阴阳营文化之间是相通的,都是以玉器和石器的制作作为一个很重要的产业,作为经济消费和文化交流的主要用品,由此其社会分工和组织管理就更加细化。另外,玉器已经成为思想观念的载体,使凌家滩遗址成为一个特大型的聚落中心。凌家滩遗址的年代在距今5 300年,有的专家说有可能定得偏晚了一点,但也是距今5 500年到5 400年。

2008—2009年发掘的张家港东山村遗址,早期的大墓可以追溯到距今

5 800年,将崧泽文化圈的发展水平向前提了一大步。东山村遗址靠近长江边上,附近还有徐家湾、南楼、钱底巷等其他遗址。东山村遗址最重要的发现就是出现了区域内部的聚落分化,分为三个区,Ⅰ区都是小墓,Ⅱ区是居住址,Ⅲ区是大墓。小墓比较小,相对来说随葬品不多,墓坑也不大,年代从崧泽早期到晚期。大墓一共有10座,相互之间没有叠压打破关系,延续了两三百年的时间,当时对墓地可能存在着一种管理。这是第一次在这么早的时间段里发现单独分区埋葬的大墓,与小墓完全分开,形成贵族墓地。东山村M90的随葬品非常多,规格很高,严文明先生给M90的墓主人定名为崧泽王,这是目前为止,典型崧泽文化中发现的规格最高的墓葬。墓主人头部随葬有砺石、石英砂、石锥等制玉工具,可能与控制玉器资源有关。遗址中还出土有大口缸,跟常州新岗遗址的非常像。崧泽文化每个大墓边上都有一个大口缸,一直延续到良渚时期。东山村遗址有的大墓随葬两个大口缸,一般都是有一个摆在角落上。大口缸的功能还需要做科技检测,跟盐或酒有关系,还是跟其他的祭祀活动有关系,这个不太清楚。大口缸的底部是尖的,站不起来,要在地上挖个坑才能把它放进去。在东山村遗址中用玉器随葬比较普遍,而且很多玉器已经是软玉,和良渚时期的软玉是一样的。东江村遗址的居住区中发现了几座房子,上面覆盖有红烧土,面积都很大,有主体房址和附属房址,都是连在一起。F1平面为长条形,面积有80多平方米。

东山村遗址的发掘证明中国早在距今5 800年前就开始了社会分化。文明从哪里起源?从社会分化开始,社会分化要在考古学上找到证据,东山村遗址提供了非常好的聚落和墓葬材料。大墓拥有很多随葬品,体现出社会财富远远高于普通小墓,形成非常大的区别。我们当时发掘墓葬的时候,努力寻找棺椁,但情况不是很理想。最近发掘常州青城墩遗址时,发现棺椁很清楚。我们推测东山村遗址的这些大墓都是棺椁齐备的,但是我们现在还没有办法把它发掘出来,有点遗憾,只有M98发掘出了棺椁。这个时候已经有初级的礼器,比如大型的石钺、长条形的石锛、大口缸,这种礼仪形成了一种制度,一种初级的礼制。崧泽文化发展到一定阶段的时候,出现了社会分层,石钺代表王权和军权,其出现的时间也提早到了距今5 800年。根据墓葬的分期,在崧泽文化早期已经出现了社会分层。东山村遗址刚发现的时候,学术界对年代是否那么早还有疑问,因为大家都以凌家滩遗址作为一个参照,凌家滩遗址距今5 300年。现在东山村遗址早期、中期、晚期大墓的测年数据均在距今5 900—5 700年的范围内,这个年代是没有问题的。

在发掘东山村遗址的过程中,我总觉得按照墓葬排列的规律,中间出现了一个大空挡,这里应该有墓葬,所以让发掘者使劲地刮地面,寻找墓圹的痕迹。后来下了一场大雨,早晨我到工地就看到地面上显示出颜色较深的一个方框,墓坑当时还有1米多深,因为其他的崧泽墓葬就是60厘米深,所以我们开始没有发现,这个墓葬就是M101。M101处在整个墓地的正中间,而且年代是最早的,可以达到距今5 900年,到了马家浜文化晚期。墓主人是一位女性,墓葬中最重要的发现是出土了一整套玉器。原来我们在对玉璜进行分期的时候,往往把弧形的当作早期,桥形的当作是晚期,M101的发现证明实际上是一组成套的东西,是同时代的,并不是类型学上早晚的差别。M101的墓主人可能是崧泽王的母亲,出土的陶豆是马家浜时期的风格,证明东山村遗址见证了中国最早的社会分化。无论是$^{14}$C测定年代,还是考古类型学的比较,东山村遗址距今5 800年是没有任何疑问的。

东山村遗址反映了社会进化的模式,我们可以把它跟河南灵宝西坡遗址进行比较。西坡遗址的墓葬很大,墓坑很深,没有随葬什么奢侈品。东山村遗址里面也没有出现奢侈品,或者是一些特别的玉器和其他器物,一般是一些装饰品,随葬品比较实用。西坡遗址的大墓除了一些灶之外,往往还出土玉钺。这就是务实的王权,它跟后来的良渚文化、红山文化完全不一样。李伯谦先生当时有一篇文章写中国古代文明演进的两种模式,对红山文化、良渚文化和仰韶文化进行比较。在东山村遗址里面,也出土有仰韶文化的尖底瓶。崧泽文化圈实际上是文化的大融合,相互交流,影响非常深远。凌家滩文化里面出了很多红山文化的玉器,北方黄河中游地区的尖底瓶跑到东山村遗址里面来,东山村遗址出土的簋跟西坡遗址的很像,都见证了文化的交流。

张忠培先生很早就敏锐地意识到东山村遗址中出现的文明因素,那时候良渚水坝还没有发现,我们请他给东山村遗址题字,他斟酌了半天,欣然题写了六个字——"良渚文明之源"。事实上,当时的学术界还没有完全认可良渚文化已经进入文明,至多只是踏入了文明的门槛。但张先生高屋建瓴,目光如炬,觉得良渚是一个国家已经没有任何问题了,良渚就是一个国家文明。他已经在思考良渚文明到底是哪里来的?这一问题事关中国文明的起源模式,才是先生最关心的问题。他到东山村遗址去过好几次,最后去的那次给我们题写了这个具有历史意义的题字。张先生认为良渚文明的源头应该到崧泽文化里面去找。

2012年,我们在东山村遗址召开了"中国文明起源与形成学术研讨会"。崧泽文化构筑了良渚文化文明的起源,最重要的是它的社会分化。考古是可遇不可求的,当我们脑子里带着问题,遇到现象的时候,就能发现问题,解决问题。当脑子里没有问题的时候,发现好的材料、好的墓地,也可能无视。2017年宜兴市建人民医院,发现了宜兴下湾遗址。这个遗址很重要,分成几个区域,原始地貌是一个斜向的U型山岗,中间是一片遗址,水从北边的山上流过来汇入太湖。遗址的年代是从骆驼墩到崧泽时期,主要是崧泽时期的遗址。分为A区、B区、C区三个发掘区,A区主要是山下的平地,地层很深,土壤中包含的信息也非常丰富。B区在山岗上,一共分布了13个大土墩,土墩的底盘很大,但是由于长年的水土流失,高度已经比较矮了。在13个土墩里一共清理了280座墓葬,包括汉墓、宋墓。晚期的墓葬是次生的,土墩真正形成的年代在崧泽文化时期,一共清理了160座崧泽文化的墓葬。崧泽时期的人住在山两边的平地上,在山岗上面埋了13个土墩,呈连续排列的形状。D1(1号墩)中崧泽文化墓葬一共有35座,分层排列。D12也是同样的情况,土墩上面还有封土。土墩的形成过程是先平整地下的一层土,然后在上面堆土埋墓,跟商周时期土墩墓的做法完全一致。墓葬中出土了一些崧泽时期的器物,M12随葬有玉钺以及与红山文化相似的双联璧,一般把崧泽文化时期随葬玉钺的墓葬定为贵族墓葬。联想到我们在句容发掘的周代土墩墓,墓葬的排列是向心结构的,年代早到距今3 000—2 500年。下湾遗址墓葬的向心结构不是特别明显,但是他们埋在一个墩子里面,是什么关系?是不是一个家庭的人?在考古学中寻找私有制的证据很难,社会分化跟私有制有关,没有私有制就没有社会分化,下湾遗址见证了私有制的起源。

总结一下崧泽文化被良渚文化继承的文明要素。崧泽文化圈形成以后,良渚文化全面地继承了崧泽文化的稻作农业、环壕聚落、高台墓地、礼仪制度、装饰用玉、棺椁制度以及信仰。私有制导致平民和贵族分化,大墓和小墓出现,瑶山、反山贵族的专有墓地跟东山村遗址非常像。在崧泽时期可能只有凌家滩遗址,后来在良渚时期形成了统一的宗教信仰。随葬玉器被良渚文化全面继承发展，变成了一套完整的礼制。精神方面比如天圆地方的概念、时间的概念也被良渚文化继承，凌家滩文化龟板上面的刻画图案跟南河浜遗址、汇观山遗址以及瑶山祭坛体现的对时间的观察是很相似的，包括科学技术在内的一些知识都被良渚文化继承。崧泽文化的异形玉器比较多，有表示崇拜的意思。钺是军事权力的象征，凌家滩遗址和东山村遗址都出土有玉钺，更早的是金坛三星村遗址的石钺。这些东西都被吸收到良渚文化里面，所以说良渚文化全面继承了崧泽文化最优秀的文明成果，在这个基础上再发展升华。

## 四、长江下游文明演进模式

良渚是一个国家文明，不仅仅是一个考古成果的确证，应该成为一种考古理论，反过来指导我们怎么来研究中国长江下游地区的史前考古学文化。要在这种大的框架下思考问题，所以提出长江下游文明演进的模式是什么样的，这也是考古中国的一个课题。我思考了两个问题，一个是良渚文明当中，中央和地方的关系，第二个是长江下游文明跟黄河下游文明之间的关系。一个是良渚国家内部的运行模式，一个是良渚国家外部的关系。

### （一）中央与地方——良渚文明运行模式

良渚国家是怎样管控社会的？是一个领土国家还是城邦国家？各个地方发现的良渚的神徽、玉琮是统一的，宗教信仰和意识形态高度一致。良渚国家的中央在今天的余杭，跟地方政权之间是什么样的关系？良渚是不是还有其他的中心？在研究良渚文化聚落的时候，周围的草鞋山遗址、福泉山遗址、赵陵山遗址都作为中心聚落，并且与其他的一级聚落、二级聚落、三级聚落一起划分成几个中心聚落群。

在这里给大家介绍寺墩遗址，它是不是良渚文明的另外一个中心？最近这几年在寺墩遗址周围做了一些工作，首先提出寺墩遗址群的概念，就是以寺墩遗址为核心，包括北边的高城墩遗址、象墩遗址、青城墩遗址、邱承墩遗址，在这样的范围内，有很多的遗址构成了一个很大的遗址群。寺墩遗址是一个大土墩，面积非常大，原来划的范围是 90 万平方米，现在调查的时候，把它作为一个寺墩遗址群,面积大概在 7 平方千米多一些。最近在遗址里发现了建筑,是石头建造的大型房址,但是被庙破坏了,不是很清楚。寺墩遗址 M3 出土了 33 件玉琮,是目前为止良渚文化出土玉琮最多的墓葬。经过鉴定,墓主人只有 20 岁,是一位男性,随葬了 33 件玉琮,还有大量的玉璧,玉璧和玉琮都经过火烧,所以说寺墩遗址的规格还是很高的。另外,通过我们最近的调查,寺墩遗址并不只有良渚文化晚期的遗存,它在崧泽文化时期就存在,延续到良渚早期、中期、晚期,是一个连续发展的过程。寺墩遗址外围的环境跟良渚也很像,外面是一个 C 型盆地,有一圈低山环绕,盆地旁边有一些沼泽地,这个环境除了旁边没有特别高的山之外,跟良渚古城外围环境非常相似。调查发现寺墩遗址群里有将近 80 多个土墩,还没有发掘,大部分土墩应该是崧泽、良渚时期的。对河道水系也进行了勘探,整个范围比较大,将近 8 平方千米。寺墩遗址也出土了一些玉器的废料、残片。

在寺墩遗址的外围,我们又发掘了青城墩遗址,这是非常重要的一个遗址点,包含有两个土墩,上面原来有房址,因为修公路被破坏了一半。我们现在采用土墩墓的发掘方法对土墩进行发掘,一层一层像剥洋葱一样,从而知道这个遗址到底是怎么形成的。土墩上普遍存在崧泽文化时期的白膏泥面,保存有夯窝,上面是良渚时期的大土台,这个土台有 70 多米宽,80 米长。良渚时期在土台上面造房子,崧泽时期埋墓葬,也建有房子,土墩保存着崧泽和良渚两个时期的遗存。在土墩里发现草包泥。在 11 座崧泽时期的墓葬里出土有玉龙,还发现了良渚时期出玉琮的墓葬。现在遗址的外围发现了两圈壕沟,一个壕沟圈里的范围是 4 万多平方米,还有一个壕沟圈里的范围是 25 万平方米。我们对壕沟做了解剖,判断其形成于崧泽、良渚时期,里面淤积沉淀的都是这一时期的遗物。崧泽文化的墓群都有棺椁,出土了一些软玉玉器,特别是玉龙,被认为是"江南第一龙"。青城墩遗址的年代在崧泽晚期到良渚早期,把崧泽文化与良渚文化的关系拉得更近了。良渚文化在高土台上埋墓葬的习俗是从崧泽文化中继承来的,我们找到了良渚文化居住和埋藏方式的直接源头。旁边有象墩遗址,以前挖过一个探沟,我们今年也要继续做工作。还有一个汉墩遗址,可以看到夯筑起来的土墩。这些都是寺墩遗址外围的遗址。一个古河道里面出土了很多东西,发掘出来的树叶还是黄色的,还有大陶鼎、带凹槽的鼎足,是良渚文化其他遗址中所没有的,与长江以北的蒋庄等其他遗址相似。

寺墩遗址群包含这么多的遗址,这么大的规模,还有好多工作没做,它是不是良渚之外的另一个政治中心?还是从属于良渚这个政治实体的?换句话说,这个寺墩遗址群和良渚遗址群,它们所代表的两个政体,是不是 5 000 多年前中国东南地区类似于后来的吴和越的两个政体?吴和越是在 3 000 年前重演了 5 000 多年前的历史。

### (二)良渚文化与大汶口文化

我们要研究文明模式,一个是它内部分化产生的机制,还有一个就是作为这么大的一个文明体,跟黄河下游文明之间是什么关系?碰撞融合才能导致文明的产生,中华文明形成模式到底是什么样的?我们江苏还是很有条件开展这方面的研究的,因为江苏地跨长江、黄河和淮河流域。

蒋庄遗址位于苏北地区,旁边有一条泰东河,在西汉的时候水路运输非常发达,现在河上面还来往着大量的船只,我们就在这个河边发掘。我推想在良渚时期,这条河也是这样流淌,是当时很重要的通道,沟通长江与大海。我们在蒋庄遗址发掘了 280 多座墓葬,都是整体套取,我们可以跟复旦大学科技考古研究院袁老师的团队合作,做人骨的 DNA 研究。蒋庄遗址的墓葬非常密集,大墓的关系也比较复杂,葬具非常清楚,最主要的是独木棺,可以辨认出木板的痕迹。最大的一个独木棺长 2.3 米左右。良渚文化墓葬的人骨发现的比较少,比如反山、瑶山遗址除了玉器之外,见不到埋葬方式是什么。蒋庄墓地中最主要的埋葬方式是二次葬和火化葬这两种,在其他墓里面一般见不到这个现象。二次葬中有拾骨二次葬和火化二次葬,拾骨二次葬是把骨头捡在一起简单地埋葬,火化二次葬比较普遍,烧成骨灰以后按照人的形状埋下来,并且有的还随葬玉器。随葬玉礼器的墓葬相对来说有一个独立的区域,在墓地的南部,大墓和小墓没有全部分开,但是相对独立,墓葬的密集程度低一点。

M36 出土的玉璧上有刻纹,这是第一例考古发现的材料,原来都是一些传世品。我认为这个刻纹是一个祭坛,表示时间,中间有观察日晷的线,说明玉璧放在祭台上,光线从玉璧这个孔里面穿过来。经过鉴定,墓主人是一个中年女性。根据以往的刻画图像,这件刻纹还差一只鸟,可能是观测日晷的杆，上面的鸟代表的可能是太阳，汇观山和瑶山祭坛都有这方面的研究。还有其他的墓葬里面随葬有玉璧和玉琮，比如M45是二次葬，墓坑非常小，墓主人是一个成年男性。遗址里面出土大量的鹿角和猪骨，我们发现了一个罐子，一边刻画的是一头猪，一边是一头鹿，艺术是生活的写照，说明猪和鹿在这个地方是最多的。遗址里还出土有良渚时期的比较完整的葫芦。

蒋庄遗址的发现填补了长江以北地区良渚考古的空白，以前认为长江以北不是良渚文化的分布区域。遗址中二百八十几座墓葬保存得非常好，可以研究良渚人和社会组织结构这样一些问题。如果把余杭作为良渚的都城，蒋庄遗址实际上是良渚国家的边缘区域，相当于边疆。二次葬中随葬有玉璧、玉琮，代表的是一种身份，反映了良渚文化金字塔式的社会结构，蒋庄遗址的兴衰跟良渚文明也是同步的。我认为大部分的二次葬跟战争有关系，死亡的都是青壮年，老年人和小孩的死亡率跟大汶口文化梁王城遗址基本一样，但是中年人的死亡率特别高。二次葬和火化葬在早期的时候很少，到了晚期特别多，良渚文明高度发达了以后，对外战争可能也多了，需要这些人在外面戍边，又要种地又要打仗，保卫良渚的国家文明。所以良渚并不是没有暴力，有暴力，也有战争。通过对墓葬的分析，除了看到玉琮、玉璧这样的玉器之外，还看到它的社会基础。与同一时期大汶口文化晚期的梁王城遗址比较，蒋庄遗址青壮年的死亡率达到36%，可能是打仗死亡的。在遗址中，我们既发现了很多墓主人没有头骨，还发现有M158棺外随葬有六个头骨的现象，这些头骨都被砍过，这可能就是战争所致。M158墓主人享受了最大的一个独木棺，我想他可能就是蒋庄的一个英雄，权力很大，人头骨很完整，我们将来要跟复旦大学科技考古研究院合作复原这个人。M66的大口缸里清理出来两个人头，这件大口缸是目前为止良渚文化中最大的。蒋庄遗址的墓葬里用很多人头来随葬，另外还有很多墓葬中的人骨没有手掌，没有脑袋，没有肩膀，这样的一些现象可能就是战争所致，是血与火中的文明。蒋庄遗址中有英雄，有牺牲，有战争，有战俘，晚期的大汶口文化与良渚文化这两个强大的文明之间一定是有冲突的。

在这之前，我们只认识到良渚文化的发达，对黄河下游的情况还没有完全的了解。最近山东章丘焦家遗址的发掘，让我们知道大汶口文化也达到了高度发达的阶段，两个强大文明之间的缓冲地带就在江淮地区。江苏淮安金湖遗址、阜宁陆庄遗址都出土了玉琮、玉璧,这不是文化因素,而是良渚文化的风俗传到了那个地方,一直到海边的南通海安青墩遗址,再向西到蚌埠,到淮河的中游地区定远山根许遗址,实际上是良渚在长江以北的淮河流域摆了一条防线。另外,我们最近也发现了更大的遗址,面积有100万平方米,发现了大汶口文化的鼎足和良渚文化的玉器,两大文化之间发生碰撞,现在还没来得及去发掘。在这之前发掘过花厅遗址,但是很多问题还没有解决。黄河下游的尧王城遗址是大汶口文化晚期到龙山文化早期的大城址,面积为400万平方米,城墙底部也埋有石头。另外,尧王城遗址龙山文化早期的墓里也随葬玉琮,套在死者手腕上,早期的玉琮很多是套在死者手腕上的。尧王城的内城墙底下铺有石头,跟良渚古城的建造方式相似,良渚的建造在先,是不是良渚的人去指导了大汶口文化的人建造尧王城的内城还有待于研究。良渚文化和大汶口文化这两个文明之间到底是什么样的关系?是不是我们现在所讲的文明互鉴、共生共赢在5 000年前就已经是文明的常态?还是发生了一些碰撞?所以说这个就是我们要研究的古代的文明模式。焦家遗址发现的大的中心聚落,现场非常壮观,所以我讲大汶口和良渚这两大文明之间一定是有冲突的。文明一定是在血与火当中诞生的,除了它自身内部的管控之外,它的对外关系也是非常重要的,周边的文化实际上就是它的生存环境,就是它的人文环境,就是影响文明发生发展繁荣兴衰的重要因素。

  我的讲课就到这里,谢谢大家。

## 第五讲

# 良渚玉器与良渚文明

方向明

浙江省文物考古研究所

  非常荣幸与同学们一起，用一个半小时到两个小时的时间来分享我们的研究。本来讲良渚，最合适的是我们刘斌所长，但是他现在在去往阿塞拜疆的路上，去参加良渚申报世界文化遗产的大会，如果大家有兴趣的话，也可以在网上关注这次评审的结果。袁老师本来的意思是要我专门讲良渚的，但是我上午听了林留根所长的讲课，发现他讲得已经很全面了，他从骆驼墩开始讲，讲到崧泽，最后讲良渚，几乎都讲到了。我今天主要分成两部分讲，一部分介绍良渚的基本情况，另外一部分主要围绕玉器与良渚玉文明的模式做一些讨论。

  因为我担任后方直播的嘉宾，需要回答媒体关于良渚申遗的问题，这两天恶补了良渚申遗的一些相关内容。现在我们向联合国教科文组织提交的突出良渚文化的普遍价值主要有两条：一条是见证，把良渚作为中华文明5 000年的见证；另外一条是典范，因为良渚文明有别于世界上其他地区的早期文明。良渚创造的文明与其他区域的文明相比，有自己的特点：它是一个重玉、用玉的文明，它还是一个稻作文明等，这些我在后面都会讲到。

  良渚玉器的主要特征有两个：它创造了一整套反映当时权力与信仰的成组玉礼器；它通过一整套反映权力与信仰的成组玉礼器，来维持或者说来运营一个庞大社会的发展。我们先来看良渚文化的时间，良渚文化的绝对年代是距今5 300—4 300年，分布区域主要以环太湖地区为主，可能当时的范围还会更大一些，跨过长江到达江苏北部地区，如江苏兴化蒋庄遗址。不过，我觉得蒋庄遗址尽管出土了玉琮和玉璧，但是陶器的风格、面貌与太湖流域良渚文化相比有所不同。包括钱塘江以南的所谓宁绍地区、舟山群岛上，也出土了很多良渚文化因素的遗物，但是与太湖流域的良渚文化相比，还是不一样。所以讲良渚文化的主要分布范围，还是在太湖平原。

我们平常说马家浜、崧泽、良渚这样的文化谱系和序列，但是良渚文化在开始的时候，好像并不完全是从崧泽文化发展而来的，至少从现在的种种证据来看，我认为从治玉工艺或者说玉文明的角度来看，良渚文化可能与长江北岸的凌家滩遗址，以及宁镇地区的北阴阳营文化有很大的联系，现在已经有很多研究者甚至认为，良渚人的祖先，或者真正的精英可能来自凌家滩文化。另外，河姆渡文化也是一个很强势的文化，河姆渡文化的艺术风格肯定对良渚文化产生过巨大的影响，只不过我们现在还不太清楚细节。

通过多年的努力，我们对良渚遗址群的整体格局有了一个初步认识，包括良渚古城里面的格局、古城外围的两个低坝和高坝的大水库等。现在我们的视野有两层开拓：一层开拓是从原来3000万平方米~4000万平方米的良渚遗址群，拓展到水利系统所能够包容的100平方千米；另一层开拓是扩大到1000平方千米的一个大的C型盆地当中。我们说良渚文化从公元前3300年持续至前2300年，并不是说在这个年代框架里整个遗址群都是一成不变的，还是有一些变化。

良渚遗址群内已经有超过250个测年数据可供分析，目前，我认为良渚遗址群的年代可以分为五个阶段：第一阶段为公元前3300—前3100年，古城布局尚未形成，良渚文化刚拉开序幕，刚开始发展；第二阶段为公元前3100—前2850年，莫角山和水利系统完成营建，反山王陵属于这一阶段；第三阶段为公元前2850—前2300年，外城完成营建，城墙至少在此阶段已营建使用；上述关于第三阶段结束的年代是当前一些学者的认识，我个人觉得还能够分出一个第四阶段，第四阶段为公元前2600—前2300年，以莫角山为中心、以古城墙为界的基本布局继续沿用；第五阶段为公元前2300—前2000年，约相当于钱山漾文化时期。

考虑到第五阶段钱山漾时期良渚遗址群已经发生了大的嬗变，这里，我主要说前四个阶段：第一阶段之前的良渚遗址群里有马家浜文化的遗存，但是之后，崧泽文化早中期的遗存非常少。差不多距今5300年前后，先有一拨人到了遗址群,现在已经知道的是包括瑶山、大熊山南麓的官井头、荀山的庙前,以及自始至终贯穿良渚文化的瓶窑吴家埠遗址等,这个阶段也就是良渚文化刚开始的阶段。良渚文化一开始,就有一帮精英们先到了这个盆地,开创或者说是创建了一整套成组的玉礼器系统。当时没有良渚古城,也还没有水坝。但是到了第二阶段,差不多距今5 100年到距今4 900年或4 800年,人们便开始营建良渚古城,建筑水坝。水坝的测年数据大多集中在距今4 900年前后,反山王陵可能就是这一阶段的某个王族墓葬。第二阶段,良渚古城的基本格局已经形成了。第三阶段,人们营建古城的内城和外城,而且不断使用,一直使用到晚期的晚段,即到距今4 300年为止。

良渚古城很复杂。从考古学上来讲,古城包括三个部分:一个是城址,以良渚古城为主;一个是水利系统,就是高坝和低坝;还有一个是郊区聚落,包括以前发掘的庙前、官井头及其他相关区域,差不多100平方千米。现在,良渚申遗主要有三处,一处是良渚古城,一处是瑶山祭坛,还有一处是水坝,这样加起来是11 414公顷。我们说的水利系统,总共有11道水坝,围起来的面积有10余平方千米,库容量差不多是西湖的三倍,蓄满水之后,可以往山谷里推进大概1.5千米,对于输送资源相当方便。

古城的核心是莫角山遗址,主要有三个大土台。我们对大莫角山了解得清楚一些,上面有房址。乌龟山因为早先取土,被破坏掉了。我们现在看到的复原是假的,那些土是后来重新堆出来的。莫角山的西北角有著名的反山王陵,总共有11座墓葬,其中9座属于良渚文化早期,依据对底下的草包泥的$^{14}C$年代测定,距今5 000—4 900年前后。也就是说在第二阶段的时候,人们营建了反山王陵,同时也营建了以莫角山为核心的良渚都城,还开始营建水坝,反山王陵埋葬的可能是当时修建都城或者水坝的主要领导者。反山和瑶山两地都有多个高等级的大墓。两地有一个共同特点,即两个12号墓都是最核心的墓葬,只不过瑶山的12号墓被盗了,在两个墓地当中,还有一些身份比较显赫的人物,不可能只有一个人担任过王。

我讲了良渚文化开始阶段的精英可能是从外面来的,到了这里之后,突然营造了大的都城,工程量非常大。我们会有一些问题,当时的良渚文明如何维系社会正常运转?如何增加凝聚力?除了高度发达的稻作农业作为支撑,以及高度分化的手工业作为物质保障之外,最根本的原因恐怕还是玉器,一切衡量标准都是玉器。接下来我们来说说：良渚玉器是怎么发展起来的？为什么要发展玉器？为什么要造神？神到底是什么？怎么样通过用玉来体现礼仪和等级？良渚文化分布区里面的区域中心和良渚古城是什么样的关系？最后，我们讨论良渚文化为什么会衰落？它对中华文明有什么深远的影响？

## 一、前奏

我们先来说前奏。良渚玉文明并不是突然从天上掉下来的，之前当然有很多酝酿，可以追溯到距今 6 000—5 000 年前，不光是凌家滩遗址，还包括北方的红山文化以及当地的崧泽文化。

生产力发达之后，社会分化会加剧，自然而然会做一些大型工程建设，自然会进行权力扩张，这时就需要造神。造神可以维系社会正常的运转，增加社会凝聚力。这就是距今五六千年那个阶段，包括红山文化、凌家滩遗址、崧泽文化时期的一个大背景。长江下游地区有着高度发达的湿地稻作农业，我们不知道当时到底达到什么样的水准，浙江省文物考古研究所从事植物考古的郑云飞博士对茅山遗址大体有一个判断，当时总共有 80 亩地，每亩的产量估算为 140 千克。其实，早在崧泽文化晚期，这里就存在这样的经济实力了。

红山文化时期已经形成了一整套反映当时观念思想，或者说一整套反映原始宗教信仰、宇宙观的物品，这个时期生产力高度发达，社会形成了一套成体系的观念信仰。这套观念信仰往往通过玉器来反映，凌家滩文化就十分明显，还包括崧泽文化。南河浜遗址尽管在墓葬的规模上比不过东山村遗址，但是出土遗物的个性比东山村更加鲜明。东山村遗址出土的很多遗物都带有凌家滩遗址的风格，南河浜遗址出土的遗物却不一样，除了玉钺、玉璜之外，还有形状奇怪的陶器，比如有两只像鳖的东西，长了六条腿，背上还长了瘤子，肯定不是人的食物，应该是神物，出土的时候它们两个抱在一起，一个大的有尾巴，一个小的没尾巴，雌性特征鲜明。

这个时间段里还有一个重要的现象，大规模的交流、交汇、交融成为当时的主流。比如，玉龙和玉环是当时南北方交流的一个重要物证。东北地区的兴隆洼文化距离河姆渡遗址差不多有 1 500 千米～2 000 千米，玦等就传了过来,红山文化的玉龙和玉环又从东北传到了太湖地区,把红山文化的玉龙与崧泽文化和良渚文化早期的玉龙相比,崧泽文化和良渚文化的仅是小一些而已,做得小,与玉料有关,与审美有关,也与固定思维有关。

## 二、为何选择玉文明的道路

第二个问题就要讨论为什么会选择玉文明的道路?当时高度发达的生产力已经能够提供很大的物质保障,有了物质保障之后,可能会有一些其他的想法。当时人群的移动可能有两条路:一条路可能是沿着长江,由安徽含山的凌家滩到江苏张家港的东山村,再到太湖地区;第二条路可能通过宁镇,沿着宜溧山地跟天目山中间的通道,也可以称为浙江的西苕溪通道,到达太湖地区。2014年我负责发掘安吉的安乐遗址,发现了很多崧泽文化时期的墓葬,但是良渚文化的墓葬几乎没有,然后就直接被商周地层叠压了。在浙江西北部的安吉、长兴,甚至湖州地区都有类似的现象。在太湖平原,尤其是湖州嘉兴平原,崧泽文化晚期之后遗址的数量呈爆发式增长,当时存在过人群的大规模移动,一拨人是跨过长江,浩浩荡荡往东南、往良渚去了。

这一帮精英到达良渚后,就开始大规模地营建工程。我们统计过,都城和水库总共需要的土石方总量是1000万立方米,还不包括木材,木材的使用量也是相当大的。郑云飞博士通过研究,发现当时使用的木材是阔叶林和针叶林,松树的数量很多。当时的原始植被应当是常绿阔叶林,常绿阔叶林植被减少,肯定是周边原始森林植被受到很大的破坏。建造宫殿要用木材,人死了也要用独木棺,独木棺的直径一般在80厘米~100厘米。良渚古城的人自己要用,没有原始森林的嘉兴地区和上海地区的良渚人也要用。这些木材可能都来自良渚古城周边区域。当时营建消耗的人力和物力都是极其巨大的,建造水坝的消耗更大。水坝有防洪、调水、运输、灌溉等功能,我觉得当时的水坝跟运输和调节水位关系最为密切。

良渚城内的池中寺是个大粮仓,估算可以储藏80万斤稻米。浙江省文物考古研究所王宁远研究员推算,古城内的人口约为2万人,茅山遗址的稻田大致是83亩,大家又推算,按照每亩140千克的产量计算,要维持2万人的生活,需要2000个~3000个像茅山这样的遗址来支撑。因为古城里面是不种水稻的,古城里的居民不是农民。至今,在100平方千米里面确定的遗址才270处,这270处遗址没有一处是水田遗址,也有可能水田还在遗址边上,现在还没有发现。整个良渚文化分布区的遗址才1 000处,所以现在能够发现的或者留存下来的遗址数量,跟推算的遗址数量的差距非常大。

池中寺这个粮仓建在水边,可以防老鼠,也可以防火灾。我们跟日本的考古学家一起开展合作,判断池中寺等粮仓的良渚古城稻谷可能来自不同的地方。

在这种情况下,造神就是必须的。要造这么大的工程,要有这么多的地方主动地或者被动地把粮食送到这里来,古城里的人不参加农业劳动,只是做玉器,或者说做其他手工业,周围的人却要听从你的指挥,最佳的手段就是造神。

## 三、宇宙模型(琮)和太阳神(像)

《越绝书》里不但提到当时"以玉作兵",还提到"夫玉,亦神物也",即玉器也是神。关于玉器,我认同牟永抗先生的看法,新石器时代的玉器有三个属性:第一个是矿物属性,即以透闪石软玉为主体;第二个是社会属性,要反映宗教、礼仪或代表身份等级和地位;第三个是工艺属性,我们讲玉不琢不成器,要通过解玉砂的介质才能制成玉器。

谈良渚玉器,至少要符合四个特点:第一个特点是有一个代表,就是玉琮。第二个特点与琮自始至终有关,或者说主宰了良渚玉器,又或者说主宰了良渚社会,那就是神像。第三个特点是玉器不是单个的,有一套复杂的表现身份等级和地位的玉器,比如做的玉头饰,以及其他种类多样的成组玉器等。第四个特点是怎么用玉,这很复杂,有高低之别、男女之别、中心区域跟区域中心的空间之别、早晚阶段的时间之别等。

先重点说琮。上周日,我去湖南省博物馆讲琮王,讲完之后,博物馆志愿者们就问我:方老师你光讲琮王,讲了一个半小时,我们对着观众不可能讲这么长时间,你能不能用三五分钟,或者更短的时间来解释琮王。我说可以用一句话来概括:琮是反映当时良渚社会宇宙观的一个模型。在良渚博物院展厅做改陈的时候,我也跟设计师们说,我们不要把琮单纯地看作可能戴在手上,放在身侧,或者是埋葬死者时枕在头底下的物件。我们要像看一座房子或特殊建筑那样去看琮,它由不同层次、不同结构、不同元素组成。所有的良渚玉琮都上面大,下面小,中间都有个孔。我们可以把琮解析成上面跟下面有不同尺寸的外廓,通过中间的贯孔把上面、下面和周壁连接起来的玉器。中国人讲有形与无形往往是相对的,中间有个孔并不就意味着真的是空,有时候空的反而是实的,实的可能反而是空的。琮通过四个角以及四个直槽支撑起来,这不就是一个复杂的立体模型、一个特别的建筑吗?如果把玉琮摊开来,还会由很多方位所组成。

琮不仅仅是一件可以搁在桌子上的静静的模型而已,它还是动态的,可以多角度地观看,可以从上往下看,也可以从下往上看,还可以从不同的角、从不同的直槽进行观看。琮的外壁尽管有四个角,但图像都是重复的,是一种二方连续,所以可以旋转着看。我们把琮的外廓再进行解析,所有的琮除了上大下小之外,它的四个外壁是圆弧的,不是方方正正的。大家经常说琮好像是内圆外方,其实它是不方的,是有四个角的弧凸。到了后来,琮传到了黄河中上游,到齐家文化的时候,才出现一大堆方方正正的琮,那个地方的古人显然歪曲了琮的本意,或者说不想知道琮的本意了。

安徽含山凌家滩遗址出土的玉版图案与琮的结构相似,都有上下两个层次,中间还有一个柱子,一个能旋转的孔。这些与曾流行于世界各地的早期民族的萨满观念非常接近,萨满把宇宙分成三界,即上界、中界、下界,下界有四个方向,中间是一棵世界树,所有的精灵都通过世界树上下活动。

### 四、造神和神的由来

把良渚完整的神像拆开,神像可分两种形式:一种是独立的神兽像,一种是合起来的神人兽面像。我们先说可以独立的神兽像,到底有什么含义在里面?首先,在造型元素中有玉龙的元素。玉龙是崧泽文化晚期的时候从1 500千米~2 000千米之外的红山文化传播到长江下游地区的,是单向传播。目前发现的数量似乎不超过20件,以良渚遗址群出土数量最为丰富,其他分布包括江苏的常熟、常州、昆山,浙北地区的桐乡、海宁等,数量不多,但是分布范围很分散很广,说明当时大家都知道。

玉龙有一个发展的过程，从圆雕的龙发展成一个正面加两个侧面，最后仅剩下龙脑袋的一个装饰。在这个装饰中，我们可以清晰地看到一对耳朵发生了变化，眼睛、鼻子基本上照旧。龙首纹原来是一种立体雕，因为它被雕在璜、圆牌的正面和两个侧面，在发展过程中，转向平面化。瑶山4号墓这件刻纹玉璜从结构和元素看，与龙首纹有密切的关系。圆雕龙、龙首纹经历了从圆雕到半圆雕再到平面化的发展脉络，在这个脉络中，有过几件耳朵出现在眼睛后部的神兽造型，也就是神兽大眼曾被称为眼睑的部位，但这个过程时间很短。

神兽像除了有龙的因素之外，还有两种姿势，一种姿势的下肢是并拢的，还有一种姿势是撑的，后者图像标本极少。东山村94号墓这件镂空陶豆上的图形与撑着的良渚神兽像非常接近，但又很像猪，神兽像中可能还有猪的因素。不要奇怪，在新石器时代中，对于猪的崇拜比比皆是。

当然反映内涵最主要的还是眼睛，眼睛就是一切，有神人的小眼睛和神兽的大眼睛之分，比较复杂。我们可以从玉琮上简化纹样的形态上看到眼睛的具体结构，有圆、弧边、三角，与早于良渚文化的崧泽文化陶器上的圆和弧边三角组合纹式一模一样，三角的三条边也都是内凹弧的。

神兽像造型上的眼睛代表主要内涵，其中的圆应该是光明的太阳。

神人上面介字形的大羽冠象征什么？我们的前辈们认为介字形的冠跟东巴文表现天的原始文字一样，象征天。

为了协助安徽大学的吴卫红教授研究凌家滩玉龟，我也对乌龟做过观察，特地去菜场买了一只，如果给龟做一个横切面，它的造型与良渚神像造型上的大羽冠顶非常接近，也有一个尖突脊。龟在古代中国完全是神物，从河南舞阳贾湖遗址就开始赋予龟的原始宗教和信仰的含义，红山文化的玉龟也是非常精准地把乌龟背脊的突起和两侧雕刻出来，与介字形冠极为接近。所以，我们说良渚文化神像的大羽冠代表了天的意思，其来源很可能跟乌龟相关。

良渚人造神很复杂，神像里面有多种元素，神像的性质也有多种含义。但是归根到底，它首先是一个神，它的大眼睛可能跟太阳崇拜有关，我们可以称之为太阳神。那些关键性的元素是我们了解神像的重要钥匙，人造神的由来，一定有一套故事。

### 五、成组玉礼器与用玉礼制

反山 12 号墓出土的器物包括了复杂组合的头饰、玉钺权杖、豪华权杖、各类形式权杖、玉琮、高级的嵌玉漆器等。之前,牟永抗和吴汝祚两位先生提出玉器时代,将成组玉礼器分为三类:第一类是钺,第二类是一些专用器,第三类是一些与特殊礼仪有关的服饰。他们认为玉钺的出现是礼制出现的标志,这句话非常重要。

最近我们的表述有一些变化,对成组玉礼器的分类应该更加复杂一些。除了传统的琮、璧、钺之外,还包括墓主佩戴的复杂头饰。头饰同样彰显身份、等级和地位。良渚文化所创造的玉礼器系统以及君权神授也被后世的中华文明吸收和发展,这是我们对于良渚文化成组玉礼器认识上的进步。原来我们将良渚文化的成组玉礼器分为三类,现在可以分得更简略一些:一个是琮,一个是玉钺,一个是复杂的标识身份等级和地位的头饰。关于玉璧,反山墓地发掘后,王明达先生认为玉璧可能象征财富,有一定的道理。玉璧的材质跟其他玉器的材质有所不同,它的色彩比较斑杂,其实就是杂质多,含铁量高,玉料不太好,尽管都是透闪石或者阳起石,玉璧可能偏阳起石多一点。闻广先生有一个公式,如果含铁量高,就可能是阳起石软玉,如果含铁量低,就可能是透闪石软玉,说明当时对于玉璧的使用没有太多的规矩。其他的头饰,比方说锥形器,头上可能戴 9 根,多的戴 11 根,等级差一点就戴 7 根、戴 5 根、戴 3 根,穷人就 1 根都没有。但是玉璧,除了反山 12 号墓,因为年代早,当时还没有出现典型的玉璧之外,其他几个墓葬最多的出 54 件,也有出 40 多件的,并不是出 54 件等级就一定比出 40 多件的高。当然,玉璧的具体含义除了可能代表财富之外,还有观念上的含义。

以反山为例,总共 11 座墓葬,其中早期土台埋设了 9 座,12 号墓是核心。以 12 号墓为核心的反山墓地范围比较明确,差不多就这个样子。其实当时良渚文化高等级墓地的墓葬数量本身就不多,福泉山也就 10 多座到 20 座,10 多座墓葬的墓地最多,代表了当时的王或者王族这一个大家庭。墓主的配置除了琮、璧、钺之外,头饰也很重要。头饰以瑶山 10 号墓和反山 23 号墓为例,一个是男性,一个是女性。瑶山 10 号墓的锥形器稍微多一点,头上插 11 根,然后是戴三叉形器，戴冠状器，额顶上可能还放了一件大孔的环璧。关于额顶放大孔环璧，辽宁牛河梁第2地点1号冢1号墓是一个启发，那座墓的人头骨还在，环璧就紧紧地贴在额部。良渚大墓中这种现象很多，除了反山、瑶山，东山村也有。反山23号墓的主人被认为是女性，因为出土了璜，就不出三叉形器了，也不出成组锥形器。头部有一件琮，有可能也是头顶着的。我对反山墓地的玉器做过一些研究，画了一张示意图，出土玉璧最多的有40件～50件，14号墓的稍微少一点，12号墓玉璧只有2件，但是他拿着玉钺，拿着豪华权杖。戴成组锥形器数量多的，还有玉钺，而且玉钺上下有端饰的，等级就特别高。根据头上戴的锥形器数量，结合琮、结合玉钺是不是有瑁有镦，可以把反山墓葬分成三个等级：第一等级有12号、20号、14号、16号几座墓，但12号墓遥遥领先；第二等级有17号、15号墓；第三等级是18号墓，我们在做高等级墓地分级的时候可以作为参考。

　　根据出土玉器的组合来判断墓主人的性别，有一定的依据。崧泽文化的青浦崧泽墓地中，在骨架保存比较好的情况下，至少80%～90%出璜的墓主都是女性。在良渚高等级墓葬中，加上出璜的墓葬往往不出玉钺或者石钺，而且出璜的墓葬不出三叉形器，我们把出璜和纺轮的墓葬与出玉钺、石钺、玉琮的墓葬区别开来，这些可能与性别相关。当然，所谓高等级女性墓中，尚不能确定死者是哪位王的夫人，甚至她是否也当过王。把成组半圆形器的冠饰视作"王冠"也可以，反山23号墓的等级不低，可能也担任过王。瑶山11号墓是北列墓葬中等级最高的女性墓，出土随葬品等级不亚于南列，是一位等级很高的女性墓葬。

　　反山墓地中还有一些奇怪的物品（玉器），只在一座墓或者两座墓才有，其他墓里没有，这或许反映了它们之间有一定的关系，或者说只有一座墓出土的，反映了这位墓主人的特别的身份和分管领域。比方说，12号墓、16号墓、17号墓出土有柄形器，其他墓中没有发现，16号、17号这两座墓正好位于最高等级的12号墓的边上，说明它们之间有关系。良渚社会的高等级层次很复杂，有专门管理粮食的、管理水利设计的、从事手工艺设计和管理的，管理者不可能是普通人，他们死了之后要么跟王埋在一起，要么有他们自己的墓地。

　　反山12号墓里埋藏的随葬品数量不是特别多，但是都很高级。良渚博物院新改陈,对14号墓进行了复原,基本上恢复了埋葬时的原样,棺椁也根据当时出土的情况进行了复原。

除反山之外,在良渚古城的西南角有一处叫文家山墓地,有10余座墓葬,它的等级跟反山差距很大,最高等级的1号墓也出土了玉璧和冠状器,但是锥形器只有3件,与反山最低等级的墓葬相符,当然反山最低等级的18号墓放了1件玉琮。在良渚古城和周边地区,可以根据出土成组锥形器的数量,来讨论死者的身份和等级。

古城南部卞家山清理了60多座墓,可以分成几组,每一组墓葬当中,出土成组锥形器最多的数量仅3件,所以在当时普通等级的墓地中,最高等级的墓就相当于王陵中的最低等级的墓,甚至还要再低一些。

## 六、"中央"和"地方"?

如果以良渚为中心的话,从中心看周边,依据出土物可以分成几个圈。成组锥形器作为冠饰,过了余杭临平就极少见了,嘉兴地区和上海的数量也很少。还有称为过滤器的陶器,仅在1 000平方千米的范围内才有,过了嘉兴就没有了。从20世纪70年代发掘到现在,在嘉兴地区挖了很多从崧泽文化到良渚文化的墓地,均未发现过滤器。三叉形器嘉兴地区还有,到了上海就没有了,所以良渚文化时,嘉兴跟上海还是有区别的。冠状器在上海福泉山那些良渚文化高等级的墓葬有发现,但并不是每座墓都有。福泉山吴家场墓地还用成组猪獠牙冠饰,而不用冠状器和三叉形器,跟核心区良渚古城反山、瑶山这些良渚文化的等级比较高的墓葬形成明显区别,在风俗上还是有所选择。良渚文化的分布范围内,最受认同的是琮、璧、钺,都有发现。所以说,在整个太湖流域良渚文化分布范围内,单纯以玉器为主的角度出发,也可以明显的看出几个圈。

再来说说长江边上的江阴高城墩遗址。高城墩遗址的格局跟反山非常接近。反山的东边没有发掘,高城墩的东边发掘了,发现了大量红烧土堆积,还埋了几个大口缸,应该是一组建筑遗存。我觉得高城墩与反山的结构非常一致,两者之间有密切联系。

另外,作为区域中心的青浦福泉山有值得关注的自身特色,有一种大孔的璧环，良渚核心区古城在良渚文化早期之后几乎不用了，但是在福泉山继续使用。良渚古城的所有大墓中都出土成组锥形器，福泉山只有 74 号墓出土，其他墓都没有。所以说福泉山与良渚古城有着密切关系，但是又保持了自己的特点，有自己的地域风格。核心区与区域中心之间的关系是我们今后研究的一个重点。在嘉兴地区良渚高等级墓中，发现很多把成组猪獠牙作为头饰的例子，但是在良渚遗址群里几乎见不到，他们不喜欢把猪牙戴在头上。所以，我比较认同赵辉老师的观点，良渚文化可能有一点接近地域国家的样子，不能说完全等同于国家。

我们从一群精英突然来到盆地说起，谈了他们进行大型工程建设并且造神，讨论了神是怎么回事，他们又如何通过成组玉礼器来维系整个社会的运转，怎么用玉器来标识拥有玉器者的身份、等级和地位，这些仅供大家参考。最后，我以良渚报告里的一段话作为结语：在固定不变的小范围中兜圈子是不会有新的意义的。我今天讲的是良渚，但是光讲良渚是不够的，我们的眼光和视野可能还要扩展得更大一点，谢谢！

## 第六讲

# 良渚之后的文化格局
## ——广富林文化与马桥文化

陈 杰

上海博物馆

本讲关注的是良渚文化之后一段时期的考古学文化,这一阶段不像良渚文化时期那么灿烂辉煌,但它却是一个非常关键的时期,目前对于这一阶段的考古学研究还不完善,对这一阶段的研究将是今后一段时间值得考古学者关注的问题。

20世纪90年代以前,一般认为长江下游地区从新石器时代到早期青铜时代的文化谱系是马家浜文化-崧泽文化-良渚文化-马桥文化,它基本涵盖了从距今6000年到距今3000年间的文化进程。随着研究的深入,学者们逐渐发现这一文化谱系存在一些缺环。比如,当时大多数学者认为良渚文化结束时间在距今4000年左右,但是栾丰实、张忠培、赵辉诸先生先后提出良渚文化的结束时间应该在距今4500年左右,大致与山东地区大汶口文化的结束时间同步。这些观点对长江下游地区考古学研究产生了很大冲击。如果良渚文化结束的时间在距今4500年,那么到马桥文化还有500多年的时间空白,这段时间发生了什么事情?是哪些人在这里生活?这群人所代表的文化特征是什么?世纪之交,一系列考古新发现证明,良渚文化和马桥文化之间确实存在一支新的文化,它就是广富林文化。

广富林文化和马桥文化丰富了我们对于良渚文化之后长江下游地区文化谱系的认识,它们基本代表了从新石器时代末期到早期青铜时代的文化进程。本讲我没有按照考古学年代早晚来介绍,而是从研究史的角度,从马桥文化开始讲起。马桥文化最早由蒋赞初先生于 1978 年提出,而广富林文化是新命名的考古学文化。关于这两个考古学文化的研究虽然已经取得了一些共识,但是尚有许多疑问。因此,在此我不仅要向大家介绍已经获得的关于广富林文化和马桥文化基本认识,也要与大家讨论一下存在的问题。

## 一、马桥文化及基本特征

### （一）从马桥遗址到马桥文化命名

20 世纪 50 年代,江苏、浙江的一些遗址里面已经陆续发现了现在称为马桥文化的遗存,以浙江湖州钱山漾遗址为例,发掘者已经注意到遗址上文化层和下文化层出土遗物最明显的一个差别就是印纹陶的出现,这是判断遗存早晚关系的重要标志。但是,关于这一类印纹陶遗存的性质,当时的学者们并没有清晰的认识,有的学者直接把它纳入湖熟文化的范围内。湖熟文化是以南京湖熟镇发现的一些遗存为代表的一个文化类型,这一观点实际上是把太湖地区和宁镇地区的考古学文化等同视之。

马桥文化的辨识和深化研究与上海闵行马桥遗址的发掘密切相关。马桥遗址于 1960 年、1966 年进行了第一、二次发掘,总发掘面积约 2 000 平方米。马桥遗址是上海地区第一个经过正规考古培训的考古人员发掘的遗址,也是第一次进行大规模发掘的遗址,所以其考古发掘,对上海的考古工作有重要历史意义。20 世纪 60 年代马桥遗址发掘积累了丰富的考古资料,发掘报告将马桥遗址堆积分为五层:第五层为良渚文化地层;第三层是相当于春秋战国时期的印纹陶文化遗存;第四层出土了大量的夹砂红陶,还包括一些泥质的灰陶、黑陶,这些器物的表面还经常会拍一些仿青铜器的纹饰。发掘者认为以马桥四层为代表的这类遗存跟河南偃师二里头、郑州二里岗的商代早中期文化有密切联系。

马桥遗址发掘资料公布之后,引起了学者们的高度关注。1978 年夏天,在江西庐山召开的"南方印纹陶学术讨论会"上,蒋赞初先生在讨论长江下游地区几何印纹陶问题时,第一次提出了马桥文化的考古学文化命名,明确地指出了马桥文化就是以上海闵行马桥遗址第四层为代表的一种以印纹陶为主的青铜时代文化。早期马桥遗址的发掘者黄宣佩先生等也先后发表多篇论文阐释对于"马桥文化类型"的认识。此后,更多学者参与到了马桥文化的相关研究中,宋建先生是其中代表性学者。宋建先生在20世纪八九十年代发表了多篇文章,推动了马桥文化的相关研究,他还在20世纪90年代主持了对马桥遗址的再次发掘,其主编的《马桥:1993—1997年发掘报告》除了详细介绍发掘收获外,还发表了一系列专题研究成果,这本发掘报告是马桥文化研究必不可少的基础材料。

2018年,为了纪念马桥文化命名40周年出版了两本书:一本是《马桥文化探微》,分为资料篇和研究篇两部分,资料篇收集了江浙沪等地马桥文化相关遗址的基本考古材料,研究篇汇集了历年来马桥文化相关研究的文章。另一本是《追寻马桥文化》,它是一本有关马桥文化的考古科普书籍。如果想进一步了解马桥文化,这两本书可以作为参考。

(二)马桥文化的基本特征

目前,认识一个考古学文化,器物组合特征依然是一种重要手段。特定的人群由于文化认同、审美意识、工艺技术的差异,其生产和使用的物品会形成一些特定的风格,这些遗物就成为我们判断一个考古学文化最基本的特征。马桥文化的陶器与崧泽文化和良渚文化有很大区别,其制作方法、造型特点、装饰风格等都具有鲜明的特色。比如整个陶系以夹砂或者泥质的红陶为主,在陶器表面经常会拍印很多绳纹、席纹、叶脉纹等纹饰,在部分遗址里面还曾发现了拍印用的陶拍、陶垫。马桥文化的陶器器形也非常有特点,炊器有表面拍印绳纹的舌形足鼎、夹砂红陶绳纹陶甗等。泥质红陶罐是常见的盛器,器形多样,有的陶罐烧造温度非常高,罐的口沿常会发现有用指甲或者尖锐工具刻画的符号。此外,还有豆、盆等盛食器,有些器表会拍印云雷纹等纹饰。觚、鬶、鸭形壶等可能跟酒器相关的器皿,其表面有的也会拍印云雷纹等纹饰。

马桥文化中比较重要的发现,一个是印纹硬陶和原始瓷的烧造。印纹硬陶的胎质比一般泥质或夹砂陶器细腻、坚硬,烧成温度也比一般陶器高,在1000℃左右。烧造温度的提高对陶器的生产是一项关键的技术,因为提高温度的同时还需要考虑胎土的选择,在烧造的过程中还要适当地控制温度,对烧造技术也提出了非常高的要求。马桥文化陶工通过对胎土的选择和窑温的控制突破了烧造技术的难题,为原始瓷的发明做好了技术的准备。宋建先生与相关研究人员合作对马桥遗址的出土物进行了陶瓷理化分析研究,包括烧成温度、胎釉研究等,结果证明了马桥文化时期已经开始烧造原始瓷,这是一个非常重要的技术成就。近年来,浙江考古学者在东苕溪流域发现了许多与原始瓷烧造相关的窑址。这些窑址中发现的产品,有一部分也可以在遗址中发现,包括浙江湖州钱山漾遗址、江苏苏州绰墩遗址等。这些考古发现为研究原始瓷的生产和流通提供了关键性的材料。

另外一个重要发现是上面提到的,在一些陶罐的口沿部位常常会发现很多刻画的符号,有的学者直接把它称为陶文。是否可以直接作为文字看待,我觉得还值得商榷,因为我们看到在文字比较成熟的时期,很多陶工依然会继续使用一些符号作为辨别产品的记号。因此,如何判读刻画符号的性质,它是与文字直接相关,还是作为一个符号来认识,需要制订一些标准,进行具体的释读,而不是仅仅依靠形似来判断。但是,我们也不能否认部分刻画符号可能与早期文字有着密切的联系,它们可能是寻找汉字起源的重要线索。

### (三)马桥文化的聚落和墓葬

聚落可以分为大聚落和小聚落,大聚落是聚落在空间分布上的特征,它既可以是一个地区聚落群组分布特征,也可以是单一遗址的聚落布局特征。小聚落的概念可以具体到某个聚落群的单体形态,例如房址的特征等。长江下游地区考古实践中对房屋遗迹的判断非常困难,属于地面式建筑还是属于干栏式建筑多依靠发掘者的经验判断。目前发现的马桥文化房址主要有两类形式,一类是如马桥遗址所发现的遗存,推测与干栏式建筑相关;另一类如昆山遗址发现的房址,发掘者认为是地面式建筑。

与丰富的良渚文化墓葬相比,马桥文化发现的墓葬非常少。马桥遗址仅发现过四座马桥文化墓葬,葬式也是各式各样的,不太统一,有屈肢葬、仰身直肢葬,很少有随葬品。考古发现的局限性对我们研究当时的社会结构和丧葬习俗造成了非常大的困难。

## (四)马桥文化的分布

根据统计,马桥文化遗址有 90 个左右,遗址点可能还要更多,但是由于相关的考古工作还不充分,有些遗址的文化属性尚需要进一步的认定。马桥文化主要分布于环太湖地区,西至宜溧山地,北依长江。太湖西部、北部发现马桥文化遗存重要遗址有江苏溧阳神墩遗址、江阴佘城遗址等,从出土遗物来看,它们既与太湖东部和南部的马桥文化遗存有共同之处,也包含宁镇地区同时期遗存的文化因素,体现出一定的复杂性。马桥文化的分布还扩展到钱塘江的南岸地区,宋建先生称之为马桥文化塔山类型,它以浙江象山塔山遗址为代表。

## (五)马桥文化的文化因素分析

从马桥文化的一些基本特征来看,它与良渚文化不同。它的来源是怎么样的?有很多学者进行了一些研究。比如,宋建先生根据文化因素分析,认为马桥文化的组成以南方印纹陶传统为主,同时融合了本地传统因素、中原地区的夏商文化和山东半岛的岳石文化等多种文化因素。他认为马桥文化的红褐陶系陶器,与浙南闽北地区的肩头弄文化遗存有密切联系,主要器形有陶罐、陶盆等;马桥文化发现了少量的青铜器,可能是受到了中原文化的影响;马桥文化的陶簋、蘑菇形捉手的器盖与岳石文化同类器非常相似。近年来,以焦天龙先生为代表的学者对这一观点提出了挑战,他认为,马桥文化不是发源于浙西南和闽北地区的移民文化。

有关马桥文化与中原文化关系的问题,学者们的观点也在更新发展中。以往的观点倾向于认为,马桥文化中一些类似的文化因素是中原地区文化影响南方环太湖地区的结果。近年来,新的研究表明,南方地区的很多文化因素也影响了中原地区的文化发展。比如觚,在太湖地区觚的使用时间非常长,从崧泽文化开始使用,良渚时期在漆木器上大量使用,基本造型特点跟马桥文化的觚非常相似。再如鸭形壶,它在中原地区的二里头文化中发现得非常少,而在马桥文化中大量发现。从时间流传和数量多寡来看,这两类器形应该是马桥文化区影响了中原的二里头文化区。另外从陶器的装饰上来看,马桥文化陶器上的云雷纹装饰,以往多认为是受到青铜器影响而产生的装饰艺术。宋建先生指出,在太湖地区这种云雷纹的装饰产生很早,在距今 6 000 年左右的江苏金坛三星村遗址出土了一件陶豆,外部的纹饰就是云雷纹。这类纹饰在良渚文化的陶器上也有发现,上海青浦寺前村遗址曾经出土的一件双鼻壶的上腹部也装饰了带弧形的云雷纹。马桥文化与中原地区文化中云雷纹的装饰风格如何产生、发展并且相互影响,这是值得深思的问题。

## 二、广富林文化及基本特征

### (一) 广富林遗址的发现与广富林文化

广富林文化是以上海广富林遗址而命名的考古学文化。早在 20 世纪 60 年代广富林遗址试掘中,就出土了后来称为广富林文化的遗物。但是,囿于当时的认知水平,发掘者把它当作了良渚文化的遗物。1999 年以后,广富林遗址再次发掘时,发现了更多不同于以往长江下游新石器文化传统的遗物。当时确认比较有代表性的器形有夹砂灰陶鼎、夹砂灰陶鬶流口残片等。鼎为垂腹,圆底,器身下接侧装的三角足。根据鬶口残片可以复原出大致器形。发掘领队宋建先生通过比较研究发现,这些遗物与河南、山东交界处的王油坊类型的遗存非常相似,而且特征非常显著,在《广富林遗存的发现与思考》一文中将之命名为广富林遗存,认为这是长江三角洲地区新石器时代晚期一类新的文化遗存。

一般认为,考古学文化是在考古发现中可供人们观察的属于同一时代,分布于共同地区,并有共同特征的一群遗存。因此,一个考古学文化的命名有一定标准,它必须有待条件成熟后,才能为世人接受。1999 年以后,随着广富林遗址和江苏、浙江等地考古工作的深入开展,考古学者对于广富林遗存的文化面貌、分布范围和相对年代有了更加清晰的认识。2006 年,在"环太湖地区新石器时代末期文化暨广富林遗存学术研讨会"上,正式提出了"广富林文化"的考古学文化命名。

通过历年的发掘,广富林文化的内涵也不断地充实。广富林遗址是认识广富林文化最重要的一个典型遗址。2008 年以后,广富林遗址一直在进行大规模的抢救性发掘,发掘面积约 6 万平方米,它是上海地区目前发掘面积最大的遗址,也留下了繁重的发掘资料整理和编撰工作。2014 年,为了能够让更多的研究者及时了解广富林遗址的研究情况,上海博物馆主编了《广富林——考古发掘与学术研究论集》,内容包括广富林遗址的历年发掘简报和研究文章。浙江湖州钱山漾遗址也是研究广富林文化重要的遗址,该遗址的发掘报告《钱山漾——第三、四次发掘报告》已经出版。发掘报告中将整个遗址分为三期,所谓的钱山漾二期遗存就是广富林文化遗存。

### (二) 广富林文化的基本特征

广富林文化的陶器的特点非常突出,陶鼎以侧装三角足为主,折沿,垂腹,器底常常拍印有交错绳纹,鼎足的足尖常发现按有捺窝,在鼎足和器身的交接处,特别是内壁上也发现了安装鼎足时留下的捺窝,这种制作工艺在崧泽、良渚文化系统里面没有发现过,也没有在马桥文化里面发现过。夹砂陶釜是另一种炊器,表面常常拍印有篮纹装饰。泥质灰陶罐一般为圆肩、凹底,肩部常常拍印方格纹,泥质红陶罐则拍印篮纹或者绳纹等。广富林文化中还发现了一些烧造温度比较高的陶罐,有圈足的,还有凹圆底的。广富林文化的陶豆也比较特殊,豆柄处比较发达。广富林文化的陶鬶类型丰富,有的是典型的中原地区或者山东龙山文化的风格,有的明显带有南方风格,如印纹陶鬶,表面经常有拍印的方格纹、叶脉纹等,在鋬手上还有刻画的纹饰。另外有一些盛储器,比如大型的陶瓮,肩部刻画平行纹或者交错的平行纹等,夹砂陶器盖可能与瓮是一套组合用器。

广富林文化还发现少量石器、玉器等。石器有石犁、半月形石刀、石镞等。石犁从崧泽文化到马桥文化一直在沿用,研究者对于石犁的功用还存在不同的认识,有的认为是犁耕用具,有的认为不是。不论其功用如何,在 1 000 多年的长时段中反复被使用,它应该反映了一种生产生活方式的延续。半月形石刀跟收割方式有关,应该是一种类似手铚的收割稻穗的器物。广富林文化的石刀,背部钻孔的位置都偏向一侧,不在背部正中,它可能跟使用时用左右手持有关,以后还可以再做一些细微的观察和研究。广富林文化的玉器质地较良渚文化差,装饰风格也与良渚文化不同,有的还是素面的,其所反映的两者文化之间的差异,值得大家思考。

### （三）广富林文化的聚落和墓葬

广富林遗址中发现的广富林文化房址不是特别多，基本上分为两类，一类是干栏式建筑，由一些柱洞组成基本单元；另一类是地面式建筑，有方形和圆形两种。方形的地面式建筑以 F12 保存最为完整，它是大致呈长方形的双间排房，西北-东南走向。F12 东西长约 13 米，南北宽约 4 米，面积约 52 平方米。在房址中发现一道隔墙，把房址分为两间。除了房屋的主体部分，F12 还有室外活动面、散水、陶片堆等附属遗迹。若把附属遗迹算在内，F12 的面积在 200 平方米以上。

广富林遗址的发掘面积很大，但是发现的广富林文化墓葬非常少。遗址目前发现崧泽文化、良渚文化的墓葬将近 500 座，与之相比，广富林文化的墓葬只有 11 座。为什么数量这么少？是与埋葬习俗有关吗？这个还需要再讨论。与崧泽-良渚文化时期墓葬相比，广富林文化墓葬分布散乱，已经发现的 11 座墓葬中，只有 2008 年发现了相对集中的 6 座墓葬，其余 5 座墓葬相互之间没有联系。广富林文化墓葬的葬式和头向不一，葬式有仰身直肢葬、侧身屈肢葬等，墓主的头向有东北、西南和东南等不同方向。墓葬的随葬品少，11 座墓葬中仅有 3 座发现少量的随葬品。与埋葬集中、布局严谨、葬式较为统一的崧泽-良渚文化墓葬相比，广富林文化墓葬显示出分布分散、葬式不一的特征，反映当时墓地安排的随意性，可能折射了其社会凝聚力不强的特点。

### （四）广富林文化的分布范围

目前确认有广富林文化遗存的遗址还比较少，就已知遗址而言，广富林文化的分布范围大致以太湖为中心，最西到了江苏宜兴骆驼墩遗址，位置已经靠近宁镇山脉地区，南边到了钱塘江南岸的宁绍平原地区，小东门遗址、尖山湾遗址也都发现了跟广富林文化类似的遗存。

### （五）广富林文化的文化因素分析

广富林文化的遗物具有鲜明的特征，不同于以往分布于该地区的所有其他文化，如崧泽文化、良渚文化、马桥文化等。由于在当地缺乏可资比较的材料，所以探索其文化来源问题十分重要。

宋建先生最早指出,广富林文化可能跟豫东鲁西南地区的王油坊类型有着密切的关系。为了寻找更多的证据,他还带领考古团队一起到河南观摩当地出土的遗物,深化了认识。对此,本地考古学者也存在不同认识,他们一般认为广富林文化遗物与王油坊类型差异较大。实际上,文化在传播过程中,随着时间的流逝、地域的变化,文化因素可能会发生一些变异。但总体而言,广富林文化所体现的北方风格还是十分显著的。广富林文化的鼎以侧装三角足为主,足尖和足根部保留了捺窝的工艺痕迹,这种特点在北方龙山文化早期就可以看到。广富林文化陶瓮的肩部有附加堆纹的装饰,以及刻画装饰,在王油坊类型里面都能发现类似的遗存,造型上也非常相似。夹砂陶罐跟王油坊类型的出土物也有一定的相似性。此外可做器形比较的器物还有泥质陶豆、器盖、陶鬶、陶盆等,在此不再一一介绍。广富林文化的石镞也从良渚文化以前的以柳叶形镞为主,转变为以三棱形镞为主。

除了王油坊类型的文化因素外,中原地区其他文化类型也对广富林文化形成有重要影响。比如,夹砂刻槽盆、平底陶鬶、带流的陶盉、半月形石刀等与中原地区同类器十分相似。

通过比较研究,我们还发现广富林文化也存在部分南方文化因素。高领罐的装饰风格、造型特点跟浙南闽北的好川遗址、昙石山遗址的非常相似。广富林文化发现大量的硬陶陶鬶,装饰风格统一,圆口、捏流、圈足,附有宽錾,器身拍印纹纹饰,这一类器物最远可以在广东石峡遗址发现同类器。石峡遗址发掘报告将之归为石峡三期,认为是商时期遗物。根据广富林遗址的发现,石峡三期需要再进行仔细研究,部分遗存的年代不排除接近新石器时代末期的可能。

广富林文化地处环太湖地区,因此也保留了一部分本地的文化传统。根据广富林遗址和钱山漾遗址的发掘,在典型良渚文化和广富林文化之间还有一段文化遗存,我称之为"钱山漾阶段"遗存。广富林文化与之相比,保留了若干因素。比如,钱山漾阶段陶鼎以垂腹的大鱼鳍形鼎为特点,广富林文化陶鼎垂腹的特征与之相似;广富林文化早期侧装三角足上有竖向刻画纹,到晚期越来越少,可能也反映了早期因素逐渐消失的过程。广富林文化发现有三角形石犁,这类器形始见于崧泽文化晚期,良渚文化大量出现,广富林文化器形与之相似,只是体积更大,它代表了长江下游地区特有生产方式的延续。

假如把广富林文化视作受到外来文化影响所产生的一个新的文化群体,那么在快速的文化变迁过程中,这个群体依然保留了石犁所代表的传统生产方式。这一现象反映了生产方式与生态环境的密切关系,在此基础上的深入研究将是一个非常有意思的话题。

良渚文化是发现玉琮最多的、器形发展最清晰的考古学文化,玉琮显然代表了长江下游地区本土的文化因素。广富林文化玉琮应该是在当地文化传统影响下的产物,代表了对当地原有文化的继承和发展。

总之,广富林文化的来源非常丰富,以王油坊类型为主的中原文化对它的形成和发展起到一个主导作用,因此其文化面貌体现出明显的北方风格。此外,本地的传统文化和南方的印纹陶文化因素,也对广富林文化的发展起到了非常重要的作用。

### 三、良渚之后的若干问题

#### (一) 文化谱系问题没有解决

通过以上介绍可以知道,良渚文化之后,广富林文化、马桥文化基本代表了长江下游从新石器时代末期向早期青铜时代转变的过程,马桥文化和广富林文化的文化特征也逐渐凸显。实际上,随着研究的逐步深入,关于良渚文化之后的考古学文化还有许多问题没有解决,而文化谱系问题则是整个研究的基础。

以马桥文化和广富林文化的绝对年代问题为例。以往认为马桥文化的绝对年代在距今 3 900—3 200 年之间。根据文物的比较研究,一般认为马桥文化早期大致相当于二里头文化二期,根据更新的夏商周断代工程的年代学结果,二里头二期在公元前 1700—前 1500 年,因此,马桥文化最早也就是距今 3 700 年左右。这一点也可以通过对马桥文化已有测年数据的重新整理得到印证。关于广富林文化的绝对年代,考古学者曾对广富林遗址 1999 年度发掘的两个样品进行了 $^{14}C$ 年代测年,经树轮校正后为距今 4 260±170 年和 4 270±170 年。后来,广富林遗址和钱山漾遗址又公布了 10 多个样品的测年数据,经过树轮校正的绝对年代区间大致在距今 4 200—3 900 年。如果以上数据基本成立的话,可以发现在马桥文化和广富林文化之间依然存在一个时间间隔。这是由于测年技术所导致的问题吗?实际上,从文化面貌而言,广富林文化与马桥文化之间也存在一定的差异,那么是不是还有一些过渡阶段的遗存我们尚没有发现或辨识出来呢?这些都是非常重要的问题,需要大家一起去探寻。

我们再看看广富林文化、良渚文化、钱山漾阶段三者之间的关系。广富林遗址地层证据表明,在广富林文化层和良渚文化层之间,还有一个钱山漾阶段遗存,钱山漾遗址发掘中也发现了钱山漾阶段遗存与广富林文化之间的确定的相对年代关系。从遗物组合上看,钱山漾阶段遗存以大鱼鳍形鼎为主要炊器,其他主要器形还有夹砂陶深腹罐、泥质红陶或白陶的细颈鬶、泥质黑陶的豆、印纹陶小罐等。对于钱山漾阶段遗存,研究者还有不同的看法,栾丰实先生把钱山漾阶段纳入广富林文化中,整体命名为广富林文化;而有的学者认为钱山漾阶段是良渚文化的延续;也有学者直接将之命名为钱山漾文化。如何界定钱山漾阶段的性质,它到底是良渚文化的延续,还是良渚文化的变异,从此进入了一个新的文化历程?在文化属性没有确定的情况下,暂时将之称为钱山漾阶段遗存,可以为我们保留一些后续研究的空间。

## (二)良渚之后文化变革的动因

良渚文化之后文化变革的动因到底是什么?从良渚文化到广富林文化,从广富林文化到马桥文化,在文化面貌上都发生了巨大变化,这种变化反映在器物的组合特征、聚落特征、墓葬特征上。从大的聚落布局来讲,遗址数量发生了非常明显的变化,相对于良渚文化的遗址数量,广富林文化和马桥文化的数量很少。什么原因造成了遗址数量的减少?如果不是考古工作不均衡所导致的,那么这种现象可能反映了当时的人口规模和社会整体情况。

袁靖先生对于马桥遗址的动物考古学研究,为我们认识马桥遗址的历史变迁过程提供了重要的线索。根据研究,马桥遗址马桥文化遗存的动物组合中,鹿科动物占主要地位,跟以往的良渚文化相比有很大的变化。同样的情况也反映在广富林遗址动物考古学研究中,该遗址的广富林文化遗存中的动物骨骼,大部分也是鹿科动物。可以看到从良渚文化、广富林文化到马桥文化这个阶段,整个生活行为都已经发生了一个巨大变化,背后的动因是什么？

再谈谈社会形态的问题。目前关于良渚文化逐步形成了一种共识，学者们大多认为它代表了东亚地区最早的国家形态。那么之后的广富林文化和马桥文化又是什么样的状态呢？这个问题在20世纪90年代已经有学者给予关注，俞伟超先生就曾指出："……岳石、马桥、湖熟诸文化，不是龙山、良渚文化继续向上发展所演变来的，而是因为生活、生产环境发生了巨大的变化，族群人口大为减少，文化处于低落时期的遗存，处于文化低落时期的地区，便接受了许多相邻地区文化的影响。大概也正是因为这些原因，岳石、马桥诸文化好像是当地新出现的一种比从前落后的新文化。"

2018年，在浙江召开的南方地区先秦考古会议上，我曾经发表演讲，认为马桥文化的社会发展水平要超出现在所认知的水平。首先是社会生产方面，在马桥文化里面有大量原始瓷的生产，发现原始瓷的遗址不是特别多，而且遗址里面发现的原始瓷数量也不是特别多。如果把原始瓷作为一个高技术的象征，它是一个高等级的产品，那么谁在享用它们？这是值得深思的一个问题。在马桥文化里面也曾经发现过一些青铜工具等小件青铜器，在江浙地区还发现了一些相当于马桥时期或时间略晚的青铜钺等礼器，如果把青铜器作为礼制的象征，或者高等级物品的象征，那么是谁在享用这些器物？经过考古学者的努力，已经发现了跟马桥文化相关的中心聚落，包括杭州的小古城、湖州的下菰城等，具有早期城址的结构。这一系列线索都提出了一个疑问，以往我们对于马桥文化的认识大多基于对马桥遗址的认识，然而作为一般性聚落的马桥遗址，能够代表当时的社会发展水平吗？

对于广富林文化的社会研究也是如此。广富林遗址的发掘材料十分丰富，其中也曾经出土过广富林文化时期比较重要的器物，其中具有代表性的器物就是玉琮。目前发现的广富林文化的玉琮，完整的有三个，还有两个残缺的。但是非常遗憾，这些都不是从墓葬或重要的遗迹里面出土的，所以我们对它的共存关系、使用状况都不了解。从器物形态上来讲，广富林文化琮延续了良渚文化琮的基本特点，器物的边角经过打磨，显示出射的特征，广富林文化琮或为素面，或有简单纹饰，有纹饰者也仅刻画有简单的线条，以表示出良渚文化玉琮上的纹饰分区和分节特征。从琮的形态而言，反映了广富林文化与良渚文化某些方面的继承关系，但是纹饰体系的变化，又说明其蕴含的宗教观念可能与良渚文化发生了很大的变化。目前,我们对于这种变化背后的信仰体系还不了解。

以上提出了一些问题,许多还是粗浅的认识,希望能引起更多学者的关注,共同思考,共同探索,一起去解决考古的未解之谜。

## 第七讲

# 史前葬仪中的观念：
# 以大汶口与良渚大墓的比较为例

张 弛

北京大学中国考古学研究中心

    墓葬的出现说明了人类对自我认识的改变，年代最早的是旧石器时代 10 万年前尼安德特人的墓葬。当代考古学研究将认知考古学列为其中一门分支学科，来研究人类如何认知宇宙、自然、人类社会和人本身，其中对墓葬的研究是一个重要的方面。在中国考古学中，年代最早的墓葬被认为是距今 20 000 多年前山顶洞人遗址发现的人骨，但并不完整，仅有部分头骨与肢骨，尽管人骨旁铺撒有红色赤铁矿粉末，但尚不能确定是否一种故意的埋葬仪式，因而能否被认定为墓葬仍有一定争议。到了距今 10 000 年前后，在被视作新石器时代开始的东湖林遗址，已经发现有多座竖穴土坑墓，确定无疑有墓葬存在。

    从新石器时代至今，人类处理死者尸体的方式一般都是埋在墓里，具有较强的目的性与主观性——为了减少后人扰动而深埋地下，使得遗迹、遗物保存相对较好，而且墓葬一般还有随葬品。因此，墓葬考古成为考古研究中重要的门类与研究视角。中国新石器时代自距今 10 000 年前后开始，结束于距今 4 000 年前后，在将近 6 000 年的时间中，墓葬的数量如恒河沙数，很难以一条线索进行讲述，本讲不打算讲授墓葬的形制及出土物等内容，而以大汶口和良渚大墓的比较为例，着重探讨如何从史前的墓葬的葬仪来研究当时人的思想观念与社会权力。

# 第七讲 史前葬仪中的观念：以大汶口与良渚大墓的比较为例

## 一、解题

### （一）墓葬、葬仪与观念

研究史前社会在考古学中也有专门的分支学科，叫社会考古学。研究古代社会，需要研究人的社会组织、社会关系、社会观念和社会权力。与历史时期考古学不同的是，史前考古缺少文字记载，全凭出土遗存进行研究。社会考古学无论在国外还是国内，都有两个最主要的研究方式，一是人类居址研究，即探讨活人如何在居住空间中生活，称为聚落考古或聚落形态考古；二是墓葬研究，即关注古人如何处理逝者，称为墓葬考古或葬仪考古。无论是聚落考古还是墓葬考古，都可以研究社会组织、社会关系、社会观念和社会权力，但墓葬考古研究又与聚落考古有所不同。因为居住与埋葬的观念并不相同，所以人与人之间如何居住一处，是一种社会组织形式；人与人如何被埋葬在一起，则又是另外一种形式。墓葬研究的角度众多，如讨论随葬品和墓主身份、根据墓葬排序了解社会组织等，目的都是根据墓葬反映的信息，从不同视角了解古代社会。

不同学派对于墓葬与社会关系的理解并不相同。20世纪60年代的新考古学派（或称过程主义考古学派）创始人路易斯·宾福德（Lewis Binford）主张"直接反映论"，认为随葬品等墓葬信息可以直接反映墓主人的身份。而20世纪80年代后的后过程主义考古学派则主张"仪式论"，认为墓葬是在特定观念下埋葬仪式的过程中形成的，墓葬信息并不能够直接反映墓主身份。中国的考古学派尽管没有像这样的细致分类，但在不同的实践和文献中也可以看出两种观点的区别。如20世纪50年代始，仰韶文化半坡遗址的一个单人墓中发掘出一具孩童尸体，并随葬了上千颗珠子等遗物。对此最早的研究认为，这些信息指示墓主人应当是一位小女孩，自身并不会创造财富，但继承了丰厚的财产，因此当时必定是母系社会无疑。这一观点充分体现了"直接反映论"。但问题在于，小孩的性别是无法得知的，性别鉴定需要根据青春期后发育的骨骼性别特征才能判断，所以并不能肯定这具小孩尸体是小女孩，更何况即便是女孩，也不能直接与母系社会挂钩。能够体现"仪式论"的是汪宁生先生在 20 世纪 80 年代发表的文章中的观点,认为仰韶合葬墓不是家族墓地,而是在一定时间内集合全村或周围的人举行仪式,把骨头放到一起再重新埋葬。

可见,利用"直接反映论"的思路进行分析,无疑能够反映一些内容,但同时也需要注意,墓葬是仪式的结果,埋葬的过程中会经历很多仪式,甚至之后每年还有祭祀活动,墓葬是整个仪式过程中的一个环节。作为仪式的观念而言,不同时期的墓葬体现了各不相同的想法,而同一时期不同区域、不同群体对于墓葬的想法也不尽相同。研究者无法了解史前墓葬曾经历的前后过程,仅能从留存下来的墓坑局部进行研究,尽管如此,也应该先从"仪式论"出发,然后再考虑"直接反映论"。

### (二)"大墓"与复杂社会

何谓"大墓"?大墓和小墓是相对的概念,任何时期都有大墓和小墓。从距今 10 000 年到距今 4 000 年,中国经历了新石器早期、中期、晚期以及铜石并用时代(或分为早期、中期、晚期和末期),因此在给"大墓"下定义之前,需要了解不同时期的社会概况。

就社会变化来看,新石器时代可简单分为两部分,一是早中期,二是晚末期。

新石器时代早中期(公元前 8000—前 3500 年)是氏族-部落社会。这里举一个例子——内蒙古东南部林西县的白音长汗遗址。该遗址属于距今 7 000 多年的兴隆洼文化,发现了两处相邻的有环壕的聚落,两个聚落周围挖了一圈不宽的壕沟,各自形成一个小社会,每个环壕里有四排房址,共 25 座~30 座。每个聚落拥有各自的墓地,分别在两面的山坡上。一个环壕聚落是这一时期最基本的社会单位,通常围住 25 座左右的房址,房址为半地穴房,根据活动和睡卧区域的面积推测及实例证实,一座房子大概可以住 3 人~5 人。若以每座房子住 4 人计,则一个聚落的人口为 100 人左右。因此,新石器早中期最基本的社会组织可统称为百人上下的社会。借用民族学上的概念,这样的社会可以称作"氏族"。民族学研究通常认为氏族内部不通婚,那就必须和其他氏族产生关系,不存在单独的氏族。两个及两个以上的氏族居住在一起,则可称为"部落"。白音长汗遗址就是两个氏族居住在一起的"氏族-部落社会"。

另一个例子为陕西临潼姜寨遗址。根据严文明先生的研究,该遗址一期具有5群房屋代表的5个氏族,按房屋数量和可居住人口计算,每个氏族有100人～120人,总人数为500人～600人上下。人们居住在环壕中,环壕及寨门还设置了哨所,是一个自我封闭、规模较大的部落。姜寨遗址的墓地经过发掘,出土随葬品相差无几,看不到社会的分化,因此氏族-部落社会又被称为"平等社会"。

到了新石器时代晚末期(公元前3500—前1800年),社会在氏族-部落社会的基础上,又出现了酋邦和城邦国家,偏早阶段的社会通常称为"酋邦",偏晚阶段的社会一般称作"城邦国家"。"酋邦"和"城邦国家"这样的概念,不仅仅是为了从规模上与前一阶段的"氏族-部落"加以区分,而且还意味着社会产生了分化。酋邦、城邦国家与氏族-部落社会的区别在于区域间、区域内部和单个聚落内部都发生了分化。区域间的分化指不同区域的复杂程度不同,如在黄河中下游、长江中下游和西辽河地区这几个新石器时代的核心区域中,都有像陕晋豫邻境地区(关中东部、晋南和豫西)那样的、在一定时期(仰韶文化中期)聚集大量人口的区域,也有相比之下人口较少的区域;区域内部的分化指的是大聚落和小聚落的规模拉开了差距,如陕晋豫邻境地区内就有大到上百万平方米的大聚落和一般几万平方米小聚落的区别,良渚文化的诸遗址群间也有这样的差别;单个聚落内部的分化指同一聚落不同人群的不平等现象开始出现,如有人可以住大房子,有人住小房子,有人埋葬在大墓中,有人埋在小墓里。

一个例子是河南灵宝西坡遗址,从环壕的围绕范围可知这个聚落的面积为40万平方米,从空间尺度可以看出,西坡遗址比过去的氏族-部落社会规模更大。此外,与环壕能够一脚跨过的白音长汗遗址不同,西坡遗址的环壕开口宽19.2米,从口部向下,沟壁呈约30度的缓坡,至沟宽度约13米处向下呈约75度的陡坡,底部宽约9米、沟深约5.2米,防卫性能很突出。环壕内大型房屋有的占地面积达500平方米。在壕沟南面发现了一片大型墓葬的墓地,最大的墓葬长5米、宽3米,墓中有椁室与器物坑,坑内放置了成对的随葬器物与象征权力的武器——钺。

可以对比的另一个例子是陕西高陵杨官寨遗址,这个聚落环壕围住的面积为24.5万平方米。聚落环壕外的东北发现有一般等级人群的墓地,墓地本身占地约9万平方米,探明墓葬的数量达2000座,已经发掘182座,每一个墓葬仅可容身,即埋葬时按照人的尺寸挖出墓穴,或掏出一个偏洞,将死者塞至洞里后再回填。大部分墓葬没有发现遗物,仅个别墓葬随葬了夹砂罐、彩陶壶、陶杯、石璧、骨珠等一两件器物,部分死者佩戴骨簪、陶环、石环。

由此可见,当时这些区域内有大大小小的聚落,大聚落开始出现了大墓墓地和小墓墓地的分化,因此这一时期的社会被称为复杂社会、不平等社会或分层社会。这样的社会分化的情况,开始出现于新石器时代晚期的偏早阶段,即仰韶文化中期、红山文化晚期、大汶口文化早期、崧泽文化时期,在新石器时代文化发展的核心区(长江中下游、黄河中下游和西辽河流域)都可以观察到。到新石器时代晚期后一阶段,也就是庙底沟二期、大汶口文化中晚期、良渚文化和屈家岭-石家河文化时期,有些地方甚至达到了城邦国家(或城市国家)的规模,如长江下游的良渚遗址群占地3000万平方米～4000万平方米,长江中游的石家河遗址约有800万平方米,应该就是这样的水平。

本讲涉及的大汶口文化和良渚文化大墓,就是在这最后一个时期。所谓"大墓"是指这两个文化中目前发现的最大规模的墓葬,这样的墓葬保存了当时社会最高等级社会群体的思想观念和社会权力观念。通过分析这两个文化大墓中的葬仪来探讨不同区域、不同时期、不同规模的社会中,其社会组织、社会权力或管理策略的观念是否有所不同,同时也作为史前墓葬研究中埋葬仪式研究方法的一个案例,与在座同学共同探讨。

## 二、良渚、大汶口聚落与社会

大汶口遗址位于黄河下游海岱地区,良渚文化分布于环太湖地区。大汶口文化中晚期与良渚文化基本同时(约公元前3000—前2300年),两个文化都已发现有社会分化乃至等级化的线索,出现了大型聚落以及大型聚落中的高等级墓葬。大汶口文化与良渚文化的大墓目前已经有不少发现,前者如花厅遗址、大汶口遗址,后者如良渚遗址群里的反山、瑶山和汇观山等。此外,我们还将比较两者的前身,即大汶口早期和崧泽文化(公元前3500—前3000年)的大墓,进一步探讨葬仪观念的变化情况。

良渚遗址也称良渚遗址群,是迄今为止发现的中国新石器时代单个聚落面积最大的遗址。良渚遗址在 3 000 万平方米～4 000 万平方米的范围内集中了 300 个～400 个遗址点,当然每一遗址点的内涵不尽相同,具有不同的文化堆积,如墓葬、居址等。这里可以同殷墟的占地面积来比较一下,盘庚刚迁至殷时,殷墟的面积为 2 000 万平方米,到了晚期武丁时期扩大至 3 000 多万平方米,和良渚遗址群的面积差不多。尽管不能将两者的实际土地利用面积与人口数量相等同,但也可以看出良渚遗址群规模之大。

良渚位于杭州西北面约 20 千米处,处于一个 800 平方千米的 C 形盆地中,这里河流众多,原来应有大片沼泽,每年夏天北面山上都会暴发洪水。为了改变这一自然条件使这一区域适于居住,良渚这个社会群体在准备修建的居住点的北部山上和山脚下修筑了 11 条水坝,其年代为距今 5 000—4 900 年。水坝分为高低两重,修筑在山体间最窄、省料的位置,水坝之上分别形成了低坝库区和高坝库区,最长的一条低坝可达 10 千米,且是双层的。水坝修建完成后形成了 100 平方千米的受益范围,能够覆盖整个遗址群,两个水库可以调节洪水、灌溉或行船运送物资。良渚古城中心位置的大型高台式"宫殿基址"——莫角山与水坝修筑的年代相差无几,有研究者认为古城本身修建的年代可能稍晚,但它们之间有规划上的同时性。良渚古城围住的面积为 300 万平方米,与被认为是夏代晚期都城的二里头遗址占地规模相当。城外围绕有一圈高地,合围面积 800 万平方米,与被认为是新石器时代第二大聚落的湖北天门石家河遗址群面积相近。良渚古城的中心为人工建造的长方形土台,称为莫角山,东西长 630 米,南北宽 450 米,高 9 米～15 米,总面积达 30 万平方米,莫角山上又有乌龟山、小莫角山和大莫角山等建筑台基,上面发现有众多大型建筑基址。这些工程的土方量估算下来约有 1 005 万立方米,如果由 1 万人利用农闲时间来建造的话,需要几十年的时间,如果全年都用于这样的工程的话,则必须有数倍以上的人口才能支持,可见良渚在当时是一个大型的社会群体。

良渚这个社会群体应当聚集了一批有学识、有各方面能力的人,经过选址、规划、工程设计、组织用工用料等很多步骤建造起来一个大型的聚落。这样大规模的社会群体前所未见,但也不是完全凭空而来。良渚文化的前身为崧泽文化,已经就有比较大规模的聚落,并且也已经开始利用湿地挖壕、堆土台、营建聚落。崧泽文化时期目前发现最大的遗址为安徽含山凌家滩,该遗址的勘探和发掘,发现有两重环壕聚落,环壕宽40米,残存面积达110万~140万平方米,遗址南侧的裕溪河应当冲毁了遗址的一半,复原起来面积应当更大。其中内壕西北有专门的出口通往贵族墓地,这片区域为地势较高的岗地,共发掘有40余座大墓,其中规模最大的M23,随葬玉石器就有300余件,墓葬填土中还发现了一头约八九十千克的玉猪,具有眼睛、耳朵及獠牙等面部特征,应是在下葬完毕、回填土时放置的,具有明显的仪式意义。

相较而言,目前大汶口文化大型聚落的情况并不很清楚。发掘信息相对充分的是大汶口文化中晚期阶段的山东章丘焦家遗址。该遗址占地面积约100万平方米,中心有一处环壕,合围面积不到20万平方米,环壕中发现了成片房址、小墓区与大墓区,由此可一窥大汶口文化的聚落形态。焦家大墓有棺有椁,还有的棺为双层,不同的棺椁空间放置了众多陶器、玉器等,其中有成对壶、杯配套的"酒器",且陶器有红陶、黑陶、白陶、彩陶等,颜色丰富,颇具特色。大汶口文化中期的花厅遗址面积已知有50万平方米,发现有两个墓葬区,其中南墓区墓葬规模较小,北墓区墓葬规模较大,发现有目前所知大汶口文化最大体量的墓葬。大汶口遗址的年代可从大汶口早期持续至中晚期阶段,目前已知遗址面积有80万平方米,发现有大汶口文化早期、中期和晚期的大型墓葬。

大汶口和良渚两个文化大型墓葬都有棺椁,在墓穴中进行了有仪式意义的空间分隔,使我们能够在不同葬仪空间中比较仪式内容的异同。所谓棺椁,通常都为木质,虽然有时都称为葬具,但是有区别的。椁是在墓室中搭建出来的空间,无法移动;棺即棺材,是盛殓尸体的带盖盒子,从墓室外抬进墓室中的椁内。新石器早中期的小墓就已经发现有椁室,由石头建成,有的发掘报告称之为石棺墓,是不恰当的,应当称为石椁墓。新石器时代晚期以后,大墓中的椁多以木头搭建,更为复杂的墓葬有两层椁或两重棺,还有的椁室如西坡所见,是土建二层台式,但有木头盖。大汶口和良渚的棺椁应当都是木头的。

墓葬中有棺有椁,意味着埋葬的过程是分步骤的。首先需要在墓室中修建椁室,装殓好的逝者(包括穿戴礼服首饰、持权杖等礼仪器具)放入棺材(棺内或再随葬器物),再将棺材抬进椁室,此后还会在棺椁之间放置随葬物品,盖上椁盖后也还会摆放其他随葬物品。正因为有棺和椁,研究者可以从墓葬中区分出不同的仪式空间,研究不同空间内分别放置了何种随葬物,以及墓主人进行了何种穿戴装饰,这些仪式的完整过程是小墓无法得知的。

## 三、大汶口文化大墓的葬仪

大汶口遗址中晚期墓地位于遗址最高处,发掘清理出来的133座墓葬延续时间很长,从大汶口文化中期开始一直到几乎晚期的最晚阶段。从发掘区墓葬的分布情况看,还有分区下葬的现象,大墓旁边有同时期的中小型墓葬。

其中体量最大的墓葬 M10 的葬仪空间最为清楚。这座墓长 4.2 米、宽 3.2 米,有棺有椁。墓葬中随葬了玉、石、骨、象牙、陶等材质的器物,此外还发现有猪骨。这些器物除了在墓室中位置摆放不一,在垂直高度上也有高低差异,但通过对棺椁不同空间中器物的分析,可以从中了解到下葬的仪式过程。

M10 的墓主人为一名 50 多岁的女性,身上有厚 2 厘米的黑灰,应为衣着或覆盖物,头上佩戴象牙梳,额上有一串石片串饰,颈部佩戴石管串饰,胸前还有一串绿松石片串饰,右臂佩玉环,手握獐牙,右股骨处有一玉钺,右膝旁出一骨雕筒(应与钺配套),左肩处还有一小石钺。这种仪容显然属于盛装装殓,彰显身份。上述有些器物如钺,应该是墓主装殓好放入棺材后才放置的,墓主头部上方的 11 件陶器也应当属于这一类,这些陶器分别为三件小鼎、一件壶,以及杯、鬶、盉各两件。将棺抬进椁室后,棺与椁之间放置各自成对的三类器物,包括一对漆器(可能为盒)、一对象牙雕筒,以及两侧各一对带盖单把黑陶杯与彩陶壶。

壶一般盛装液体,杯则是饮用液体的器具,壶与杯配套组合在焦家遗址等地的墓葬中也十分常见,是大汶口时期一种饮用饮料的方式,M10 棺椁之间两侧各一套壶与杯就是这种饮具。放置于墓主头上方的也应当是一套饮具,但使用方式有所不同,其中壶与杯的用法相同,但鼎和鬶都可以加热液体,盉为长流器物,用于盛装并向外倾倒液体。这些器物的使用步骤可能是,某种饮料经鼎或鬶加热后,盛装于盉中,盉应当是在桌上用的(如果当时的宴饮使用桌子的话),供人倾倒至杯中饮用,显然这套用具也是饮具,但用于宴饮。中国新石器时代有不少墓葬的随葬器物是成对的,例如河南邓州八里岗遗址仰韶中期多人合葬墓 M14,随葬陶器 10 件,成一排放置于人骨西端头上方,有大口缸、壶、瓶、钵(杯)及杯罐各一对,有研究者认为陶缸是制酒器具,壶、瓶则是水器(酒具),杯是饮器,这套饮具放于合葬墓中,应当具有可供多人饮用的象征意义,可见成对器物是可以供多人聚饮的象征用具。

  M10 在放置完棺与椁之间的随葬品后,被盖上椁盖,再于椁外继续摆放器物。椁外依然有数件成对壶和杯,但更多的是豆、鼎、罐以及猪头和猪下颌骨。这些器物以食器较多见,鼎用于烹煮,罐则主要用来盛放粮食,豆中还存有猪头和猪下颌骨。随葬猪下颌骨这一现象最早出现在新石器时代的淮河流域,在长江中下游和黄河中下游地区亦有发现,有的大汶口文化晚期墓葬中曾出土数十件猪下颌。我们曾对随葬猪下颌骨的河南邓州八里岗遗址的合葬墓 M13 做过一些研究(M13 属于仰韶中晚期之交,相当于大汶口文化早期),这座墓葬是约 120 人的合葬墓,椁外位置发现有 140 件猪下颌,墓葬同时期的聚落规模不大,人口数量估计仅有约 200 人,在墓葬下葬的同时宰杀 140 头猪的可能性不大,对其中十几件猪下颌测年后发现,年代相差达 400 年,也就是说,这些猪下颌是成年累月积攒起来。由于猪的下颌骨是猪骨中体积较小、每头仅有一块且耐储存的部位,所以每一件猪下颌骨很可能代表着一头可提供肉食的猪。因此,M10 中象征着肉食的猪头、猪下颌与鼎、豆、罐等器物放在一起,很可能代表着"饮食"中"食"的象征,而且是可以提供给多人食用的象征。

  最后,在 M10 椁顶之上更高的部位,墓穴的四个角落分别放置了一模一样的白陶瓮,这是填土过程中的最后一项步骤,虽然用意何在无法得知,但这显然可以再次证明,墓室内的器物不是随便放置的,在不同的下葬空间中应当放置有不同含义的器物。

  这样,我们大致可以看到,M10 的葬仪内容是:棺内和棺椁之间最靠近墓主人的位置主要随葬饮具,既有杯和壶配套这种个人化的饮用方式,同时又有成对的、有加热、盛装、倾倒和饮用等多道程序、具有聚众宴饮特征的成套饮具。椁外随葬的器物则代表了"食"的内容,尤其是更强调肉食,同样也有供众人食用的象征。

  年代与良渚文化完全相同的江苏新沂花厅遗址,在发掘南区清理了墓葬

23座,都是小型墓葬,与南区相隔600米的北区清理62座。北区又分成南北两片,之间40米的空间没有墓葬。北区南边一片20余座墓葬都为中小型墓,北边一片虽也有中小型墓,但还有10座大墓成排分布在这里。其中体量最大的墓葬长达5米、宽约3米,墓内有双重椁或一棺一椁,酒器和食器的种类与大汶口遗址墓葬大致相同。花厅大墓中发现的玉器接近良渚风格,椁外还有殉人、殉狗和殉猪,因此,有研究者推测墓主人可能来自良渚,征服了大汶口文化地区的人群后,将他们杀死殉葬,但这一观点还缺乏明确的依据。

## 四、良渚文化大墓的葬仪

反山、瑶山和汇观山墓地出有良渚文化迄今发现的"最大"的墓葬,一般被认为是"良渚王"的墓葬。所谓"良渚王"当然就是在说良渚社群是一个王国,王的世系以继承的方式延续,同时也就意味着良渚遗址群今后不可能再发现比瑶山和反山更大的墓葬和墓地。不过,有研究者经过分期断代后认为,瑶山和反山的年代、反山和汇观山的年代有交错,如果确实如此的话,同时存在有两个以上"王"的墓地就难以解释了。

判断大墓的墓主人是否为"良渚王"的第一条线索固然要看墓葬规模。瑶山、反山和汇观山墓地有一个共同的特点,就是坐落在所谓的"祭坛"之上。这种祭坛如瑶山所见,是以一圈红土、一圈黄土和一圈灰土环绕堆筑的台基,外圈再以石头修砌而成,反山、汇观山也一样,都是特意修建的墓地。埋葬在这三处墓地中的墓葬现在看来都是良渚遗址群中体量最大、随葬器物最多、品质也最好的。第二条线索还要看墓地在整个聚落中的空间位置。年代较早的瑶山位置较远,位于良渚古城北面的天目山山脚下,汇观山也在良渚古城之外。而反山墓地位于良渚古城中莫角山西北角的高地,莫角山当然是良渚古城内最高档次居住区。葬于西北高地的墓葬的特殊性在中国各个时期都有例子,如凌家滩大墓位于内环壕西北角、殷墟王陵坐落在西北岗,而俗语"生在苏杭,死葬北邙"中的邙山也地处西北。从这些迹象来看,尽管反山墓地面积不大,但仅凭营建位置推断,反山很有可能是良渚遗址群中最重要的墓地。不过近年来在莫角山西侧姜家山,也就是反山以南的地方,还有其他规模比较小的墓地,这样就对我们评估古城以内墓地的等级带来了新的问题。

年代最早的瑶山墓地规划也最整齐。这里完整揭露了南北两排共12座墓葬,北排5座、南排7座。体量最大的M9长4米、宽2米左右、残深1.3米;稍小一些的M10、M11、M7等墓口长3米多,宽在1.5米~1.7米之间。这批墓葬多数残留有木棺的痕迹,有些还存在有木椁的迹象。这批墓葬都随葬了大量玉饰件和少量陶器。根据玉饰的种类可以明显看出北排且只有北排墓葬出玉璜和玉牌,南排且只有南排出玉三叉形器、琮和钺,因此尽管墓主人尸骨已经腐朽,但从其穿戴可以区分性别,北排墓主都是女性,南排都是男性。

瑶山墓葬随葬器物是很有规律的。北排女性随葬品中的大量玉器其实都是饰件,头上佩戴额饰(串珠和璜),头发插有用于束发的梳子,胸前挂有串饰、玉牌和玉璜,手腕戴有镯子。这些女性穿戴的饰件与大汶口M10女主人的情况几乎一样。南排男性头上也有束发的梳子,这一点是男女一致的,不同之处在于男性头上方还有玉锥形器和三叉形器。研究者认为,男性头上原本应戴有帽子,有机质腐朽后,只有帽子上的三叉形器和锥形器等插件保留了下来,男性一般还手持钺,腕佩镯,上身佩戴串饰,且随葬有琮。不过,这些玉器和玉饰件很难看成随葬品,因为这些其实是跟墓主人随身穿戴的"礼服"一样的东西,墓葬中真正可以称为随葬品的只有那几件陶器,这些陶器的种类和放置位置也都有规律,一是都放置在各个墓葬墓主人脚下,二是只有一套,即鼎、豆、罐、缸各一件,个别的还有漆杯或漆盘,这套器物显然是日常成套的饮食用具。

反山墓地有九座墓葬,也分南北两排,北排有M18、M20、M22、M23四座,南排有M15、M16、M12、M17、M14五座。其中规模最大的M20和M23长度有4米,宽近2米,残深1米多。M12则是随葬品最多的,这座墓长3.1米,宽1.65米,深1.1米,有棺有椁,但椁外并不放置器物,棺与椁之间几乎没有缝隙,也不放置任何东西,所有的随葬品都发现于棺内,共600余件,大多数为玉器,包括冠饰、胸前饰、腕饰和缝制在衣物上的饰品,可见墓主人装殓之奢华,应当为"礼服"那样的装扮。此外墓主人的身上还出有权杖和玉钺,也应为仪仗器具。反山男性墓一般还随葬比较多的玉琮和玉璧,这两类东西在良渚文化中的具体含义已有众多解读,但尚无定论。反山墓葬真正的随葬品与瑶山完全一样,也是放置在墓主脚下的一套陶器,鼎、豆、罐、缸,不过 M12 这个位置还多出了两件嵌玉漆器,一为杯,另一为盘,杯和盘当然也是饮食器具。

## 五、大汶口与良渚大墓葬仪中的观念

大汶口遗址大墓是 1959 年发掘的,随后就引起了热烈的讨论,有研究者甚至据此认为大汶口文化已经是奴隶社会。同样,20 世纪 80 年代良渚遗址群中反山和瑶山墓地的发掘,也引发了中国文明起源研究的热潮。但时至今日回过头来看,当初的讨论其实都是发现少、议论多。本讲对大汶口和良渚大墓的比较其实也是一样,我们虽然可以大致判断大汶口 M10、花厅北区、反山、瑶山都是各自聚落中"最大"的墓地和墓葬,但最终也不敢就此断言以后不会发现更大的墓葬。而且,仅就良渚遗址群与大汶口聚落的规模来看,它们显然也不是一个档次的,社会的结构和复杂化程度应该是不一样的。显然,我们这里对大汶口与良渚大墓进行比较,是要心中有数、留有余地的。

仅就单个大墓的葬仪来看,大汶口与良渚大墓有巨大的差异。虽然良渚大墓和大汶口大墓都有棺椁,但良渚大墓棺椁紧贴,并未设计放置随葬品的空间,几乎所有随葬品都放置在棺内,而大汶口大墓则在棺椁之间和椁外留有很大的空间,有利用棺内、棺椁之间和椁外等多重空间展示葬仪中多重仪式的内容。因此,虽然良渚遗址群比大汶口和花厅规模要大很多,但瑶山和反山大墓的墓穴的体量要比大汶口和花厅小。虽然表面看来,瑶山、反山大墓和大汶口、花厅的墓都出大量的玉石、象牙器,但这些器物基本都是死者随身穿戴、手执的饰件和仪仗用具,瑶山、反山墓主更显华贵,且还有琮和璧这类含义不明的玉器,但这些物品很可能也就是墓主生前在仪式场合下同样穿戴的"礼服"和手执的"仪仗",也可以说不是"随葬品"。瑶山、反山大墓中真正的随葬品其实只有一套,就是放在墓主脚下的几件饮食用具。而大汶口、花厅大墓则在棺内、棺椁之间以及椁外都放置了大量饮食用具乃至肉食(或肉食的象征物),其中成套、成对的饮具更靠近墓主,食器和肉食一般放在椁外。从单个墓穴的空间仪式角度来看,良渚大墓的葬仪更为个人化,而大汶口大墓则是社会化的,表现了两者社会权力观念的不同。

从墓地整体的角度比较,瑶山、反山、汇观山都有特意营建的茔地,而大汶口和花厅则不是。良渚大墓墓地中墓葬的数量少,特别是瑶山,还严格区分男女墓主的墓位,这种预先设计、具有规律的埋葬方式,与历史时期如山西曲沃西周晋侯墓地中,晋侯及其夫人两两并列的埋葬制度十分相似,同样指示了瑶山墓地中很可能并不包括墓主所在族群中的全部人员,下葬在墓地中的,很可能只是在整个权力结构中有直接继承关系的部分人员,此外,还指示了男女两性在权力结构中有同等的重要性,说明社会结构等级更为分明,社会权力具有"族联盟"的特征。而大汶口大墓墓地并没有体现出强烈的等级化特征,墓葬数量比较多,墓葬之间体量以及随葬品数量的差别也比较大。

我们还可以进一步来做对比,看一看大汶口文化中晚期的前身——大汶口早期大墓和良渚文化的前身——崧泽文化大墓的情况。

大汶口遗址上也有大汶口文化早期大墓的墓地,其中最大的 M2005 和 M2007 长度都在 3.5 米以上。M2005 墓穴内空间被分割成棺内、棺椁之间和椁外三个部分,棺内的墓主除头戴束发器、手握獐牙外,还手执钺或杖,身边还有弓矢;棺椁之间有三组器物,一是左上角的一组高柄杯和觚形杯,外加一只鼎,显然这是一组饮器;二是稍靠下的一组盖鼎、豆、壶、三足钵、三足碗等陶器,是一组食器;三是右侧单独的一件壶。椁外放置的器物均为三足盆和豆,多盛有肉食,分放成四组。可见,墓葬不同空间中的随葬品都是以体现宴饮的器具为主,这是大汶口文化早期至中晚期一直都有的葬仪特点。

崧泽文化的张家港东山村遗址占地面积 20 万平方米～30 万平方米,有分开的大墓墓地和小墓墓地。大墓的体量与大汶口早期大墓相近,略大于良渚墓葬,大墓发现有棺或椁的痕迹。其中 M91 棺内墓主戴手镯,手持钺,棺外器物有三组,一组在墓主右侧与墓壁之间,自上而下依次有盖鼎一件,罐两对,盖罐、觚形杯、盖鬶各一对,罐两对,这一组器物大都成对,其中单件的盖鼎一侧有羊角把,另一侧则略低,明显是加热液体并便于倾倒的器具,因此墓主右侧显然是一套成对的饮具;一组沿墓穴左上部排列,计有罐两件、甑一件、盖鼎一件、豆三件,是一套食器;墓穴左下角有盖鼎和缸各一件以及兽骨若干,是盛食器一类。这样的葬仪显然是与大汶口文化一样的,而与良渚遗址群中的瑶山、反山和汇观山有很大不同。

比较大汶口文化早期和崧泽文化时期的大墓可以看出，无论大汶口早期还是崧泽文化，大墓的葬仪都与大汶口中晚期的一脉相承，一直没有变化，都有突出宴饮的社会化的特点。反山、瑶山、汇观山等位于良渚遗址群中的大型墓葬并没有延续崧泽文化大墓的葬仪传统，而是采用了一种创新的埋葬仪式，代表了社会权力从观念到形式的一种转变。这进一步说明，至少在良渚遗址群，从良渚早期开始，很可能就创建了一种新型的社会形态。

# 第八讲

# 新石器时代的人类骨骼考古

朱 泓

吉林大学考古学院

我们现在所说的人骨研究,传统上称之为体质人类学,研究的内容是非常多样化的,目前各国出版的体质人类学教科书的研究内容主要包括哺乳动物、灵长类、人类的形态学、生理学、生态学和行为学,灵长类动物化石,古人类化石及石器文化,古病理学,进化机制,遗传学,现代人的生物变异,人种分类,血型学,皮纹学,人体测量学,人类的生长发育和生理适应以及应用人类学等。它既研究古代的人类又研究现代的人类,同时还要研究与古代人、现代人相关的灵长类动物,研究范围显然已超出我们考古学中研究古人骨的范围。过去我们都称之为体质人类学,其实它是一个大的交叉学科,不光有考古学的内容在里面,还包括其他学科,甚至连现代基础医学中的人体形态学、人体解剖学、病理学、生理学等内容也都包括进去了,显得有些杂乱无章。除了体质人类学,该领域的研究还可称为人类骨骼考古学,这是为什么呢?因为在中国考古学下属的专业委员会里面,就有研究古人骨的专业委员会,最后就定名为人类骨骼考古专业委员会。我们既然把它称为人类骨骼考古学,那么其主要的研究范畴就必然是考古学的内容,这就和我们实际上是在考古学中对地下出土的古人骨开展多学科综合性研究的目的比较吻合了。人类骨骼考古学和我们前面所说的体质人类学或者叫生物人类学之间还是有区别的,在这里需要说明一下,我们现在更倾向于称之为人类骨骼考古学。此外,我们现在所从事的古人骨研究,除了前面提到的体质人类学和人类骨骼考古学两个概念以外,还有一个就是生物考古学。生物考古学这个概念刚提出来的时候主要指的是研究人类的骨骼和牙齿等生物遗存,是采用各种手段来研究人类社会历史的一个分支学科,这是它当时的一个定义。后来广义的生物考古学还包括动物考古和植物考古,这个学科要研究的范畴比我们前面提到的人类骨骼考古学更宽一些,包括考古学中要研究的动物遗存和植物遗存。但是从这个生物考古学中的狭义部分来看,主要是人类生物遗存,这和人类骨骼考古学就比较一致了。

古人骨研究在新石器时代考古中主要有六个方面的作用:第一方面,通过对古人骨的研究,判断墓葬、灰坑或者房址里面出土的人骨所代表的个体及其性别、年龄;第二方面,通过人骨遗存进行人种成分的分析,分析该人群属于白种人、黄种人还是黑种人,或者某一人种中的小的类型;第三方面是古人口学的研究,通过人骨遗存性别年龄的分析,来分析性别年龄结构及人口寿命;第四方面是古病理学的研究,包括人体骨骼中能够反映出来的生前患有的疾病、所遭受的创伤及发育畸形等,以及功能压力、生物力学上的一些痕迹;第五方面就是通过骨骼中的微量元素和稳定同位素进行分析;第六方面,通过分子考古学的方法来研究古代人的 DNA。

下面就重点讲两方面的内容,新石器时代人类学类型的研究及古人口学的研究,古病理学因为专业性太强,而且不是所有的遗址都有详细的研究报告,所以这里就不做重点讲述了。

## 一、新石器时代居民人类学类型的研究

谈到新石器时代居民的人类学类型的研究,有这么几个概念,先跟大家介绍一下。第一个就是关于人种这个概念,目前在我们的学术界,有学者在讨论中经常对于人种这个概念提出了一些不同的意见。有一些学者提出人种这个概念似乎已经不是一个科学的概念。这种说法也不能说一点道理也没有。在今天的各种人类迁徙非常集中的地区,比如在美国,世界各大人种的居民都汇集到那里去,而且经过几百年的通婚和融合,那么人种和人种之间的界限自然就不是十分清楚。因此要分析现代美国的这样一个人群的人种结构,肯定会有一些非常难以辨别的个体。不是说辨别不出来,美国黑人和美国白人混杂不算严重,任何一个人都可以区分出来,但是如果我们分析

他的 DNA 可以发现,很多人已经发生了融合,经历了相当一段时间的混杂。但如果我们到非洲的刚果,分析当地居民的 DNA 的话,肯定相对来说要单纯得多。因此人种这个概念,它现在应该还是一个科学上的概念,不是伪科学。如果说泛泛地讲人种这概念就已经是伪科学了,这也不符合现在科学研究的结果,所以在不同地区、不同的时代,情况是不一样的。比如说美洲的人种混杂是从 15 世纪、16 世纪哥伦布发现新大陆才开始的,在哥伦布发现新大陆之前,美洲的土著印第安人应该还是比较单纯的。我后面要举很多具体的例子来说明这一点。

那么我们教科书中所提到的人种这个概念,在进行人种地理分布的范围描述的时候,通常也都是依据公元 1600 年以前的状态,也就是哥伦布发现新大陆之前的状态的。在那之前,相对来说各个地区古代的人种的基本特征还是比较多地保留在本地。当哥伦布发现新大陆以后,世界上大规模的移民逐渐兴盛,原来人种地理分布的情况就被打乱,出现了更复杂的情况。

第二个要说明的是,人种这个概念和生物学中的物种是两个不同的概念,人种不是物种,全世界所有不同的人种,包括黑人、白人、黄种人,都统一于同一个物种,不同的人种顶多也就相当于是动物界中的亚种,而不是"种"。

那么从 18 世纪一直到今天,有不少学者对人种分类的问题进行了研究,也得出了很多不同的意见。用最粗线条的划分方法,可把全世界的人类分成 3 种、4 种,最多的能划分成 50 种、60 种,有非常多的划分方法。目前使用得比较多的是两种划分法,一个是三分法,一个是四分法。

按照三分法是把地球上的现生人类划分为三个大的人种,就是蒙古人种、欧罗巴人种、澳大利亚-尼格罗人种(或者叫黑种人、赤道人种)。而四分法只是把第三种澳大利亚-尼格罗人种一分为二,分成了澳大利亚人种和尼格罗人种两个不同的群体,把大洋洲的黑人称作棕种,或者澳大利亚人,把非洲的黑人称作黑人或者尼格罗人。目前在学术研究中通常使用的是四分法,因为有很多学者认为四分法更贴近于人种的发生过程。三分法是在普通老百姓中,完全是按照肤色来命名的白种人、黑种人、黄种人,从科学研究上来看,不是很严谨。

四个大的人种最主要的区别是颅面部的体质特征。从颅面形态学角度来看,除去那些与纬度、气候、环境相关的差异以外,我认为苏丹的黑人和北欧的白人的体质特征是非常相似的,蒙古人和大洋洲土著在体质特征上也比较相似。通常,我们划分体质特征主要是靠头型和面型。黑人和白种人的共同特点是眼睛都很大,颧骨都不突出。他们的区别是皮肤的颜色,非洲人的皮肤颜色要深一些,北欧的白种人要浅一些,这是在历史形成过程中,由纬度不同所造成。越是靠近赤道,日照时间越丰沛,皮肤中的黑色素的含量就要高一些,反之也是这样。还有鼻子的形状不一样,白人的鼻子又高又窄,黑人的又低又宽,这是由于空气吸入通道的需求不一样。生活在北欧地区的白种人在寒冷的冬天,空气进入他们的肺之前,要通过一个狭窄而细长的呼吸道,呼吸道的黏膜里面有丰富的血管,血管里流的热血能够使这些冷空气加温,所以这个通道越窄越长,加温效果就越好。而在赤道附近,人们在运动过程中产生的热量要通过呼吸,将一部分热量排出体外。比如夏天的时候,家里养的小狗经常会产生很急促的呼吸,加快呼吸把体内的热量排出去。生活在赤道附近的人类仅仅靠皮肤来排热,到夏天最热的时候已经不行了,也要靠呼吸,那么他的鼻子要宽阔一些、矮一些,让他的呼吸道短一些,尽快把体内的热量排出去。

东亚地区的黄种人和大洋洲土著的颧骨都非常突出。他们的区别是肤色,也和纬度有关系。一个居住在赤道附近,一个在北纬40度附近,差别很大。我们想想两个离得很远的人群,如果在某一个特征上非常相似,而这个相似之处又和环境没有关系,那么就一定和遗传有关系。我不太支持非洲起源论,不是所有的现代人都是从一个地方出来的,东方的人类有东方的一个祖先,西方的人类有西方人的祖先。但这不是说第一次走出非洲,即从猿到人的演化。第一次都是从非洲出来的,我说的是现代人的起源,东方和西方是有区别的。当然这肯定是一个有争议的问题。

下面我就讲袁老师交给我的最主要的任务,讲新石器时代人群的人类学类型问题。考古学给我们提供的古代人类遗骸,对了解中国古代不同时期、不同地域的古代居民,他们的起源、发展、历史形成过程,是一件非常重要的事情。

目前我们已经获得的新石器时代和青铜时代的古人骨材料还是比较丰富的。在这为什么我要把青铜时代也加上,因为有的地方新石器时代的材料不多,所以我们以新石器时代为主,往下面延伸一点,把商周时期的有一些材料给加进去,可能更有利于大家的理解。我们可以大体上根据先秦时期的古人类的这些材料,把先秦时期的古代居民分成七个不同的人类学类型,即古中原类型、古华北类型、古西伯利亚类型、古蒙古高原类型、古东北类型、古西北类型和古华南类型。这七个类型相互之间在体质特征上都存在着一些明显的区别。尽管在大的人种类型上都属于蒙古人种,都是黄种人,但是他们在具体的局部体质特征是有区别的。下面简单地阐述这七个类型分布的大体范围、所属的考古学文化及主要人类学特征。

(一) 古中原类型

广泛分布在黄河中下游地区,仰韶文化、大汶口文化、庙底沟二期,山东龙山文化等都是属于古中原类型。

进入到青铜时代,情况稍微有点复杂,比如说夏商周,根据现在关于夏文化的一些材料,夏人很可能属于古中原类型,不过现在材料比较少,还有待于更多的材料来证明。周人的材料基本上属于古中原类型。但是商人的材料,尤其是殷墟商人的材料,就有所区别,殷墟中小墓的绝大多数的个体都属于古中原类型,但是有几座中型墓葬,也就是在中小墓里面属于级别比较高的一些墓葬,出土的人骨并不是古中原类型,而是古东北类型。难道商人的贵族是古东北类型吗?我们现在还缺少更多的证据。新石器时代的古中原类型往南可以达到长江中下游地区。比如淅川下王岗、圩墩都属于古中原类型,当然这都是个别的遗址,不是很普遍。

古中原类型的主要颅面特征和今天的河南人、陕西人、山东人是不一样的,看起来更像现在的广东人、香港人、福建人,首先是眉弓比较突出,眼窝要向里凹一些,面部的立体感比较强,眼睛比较大,面部比较低矮,嘴唇比较厚,嘴还有点往前突,鼻子也比较宽阔一些,鼻根较低一些。这些特征都更像现在的南方人,而不像现在的北方人。古中原类型和现在的南方汉族比较相似。

古中原类型有一部分可能是迁到别的地方去了,但是绝大多数还是留在本地。比如我们仰韶文化的居民、龙山文化的居民,绝大多数肯定还是留在本地,最后成为北方汉人最早的祖先核心的一部分。但是后来体貌特征为什么会发生改变?就是现在北方汉人这种体貌特征是什么时候开始出现的?

因为新石器时代肯定不是,是古中原类型,像广东人,我们发现青铜时代也不是,也还是像广东人,甚至到汉代的时候,中原地区汉墓里面出土的人骨仍然像广东人那个样子,即像先秦时期本地的古中原类型。唐代的时候开始出现了一些变化,但和今天的北方汉人还有区别。一直到宋代,宋墓里出土人骨的颅面部形态才和今天的北方汉人非常接近了。根据历史文献的记载,从春秋战国时期开始,就不断地有外来的人口向中原地区流动。北方一发生战乱,就会有北民南迁的浪潮,像五胡乱华,形成大规模的北民南迁的浪潮,甚至根据文献的记载,发生过多次乔置郡县,整个郡、整个县都迁到南方去,连县名、郡名都不变。在这种大量的北方汉人南迁的过程中,同时中原地区又涌入了大量的北方戎、狄、胡等族群的人口,和留在北方的汉人发生通婚和融合。在这种多次的民族融合的基础上,到宋代的时候,今天的北方汉人的体貌特征就开始出现了。那么南迁的那些汉人迁到南方去,成为什么人呢?根据我们的研究,南迁的汉人迁到南方以后,导致南方土著人群分布状况的变更,打乱了原有的格局。出现的情况是什么样?一种是南迁的汉人去了以后聚族而居,那就是客家人,修建具有防御功能的土楼,聚族而居,这种有可能相对保持了它原有的血统。还有一种是少量的南迁汉人去了以后,和当地的古越人发生融合,即使还保留了一部分汉人的习俗,它的民族学的特征还保留着,也已经发生了比较大规模的混血,体质特征发生了一些改变。第三种是很少的南迁的汉人进入了古越人的汪洋大海,他们被融入南方的那些古越人的人群里面去,就形成了今天的各个南方的少数民族,里面也注入了北民南迁的汉人的血统。最后一种是一部分南方的少数民族被驱离本地,迁到山上去。今天南方有一些少数民族住在山上,比如佤族。除了迁到山上去以外,还有一个去向,就是离开这个地方,漂洋过海。北方的汉人南下以后,当地人往南走,进入中南半岛,到菲律宾、印度尼西亚,甚至到大洋洲的那些群岛上去。

## (二)古华北类型

中心分布区域是在内蒙古长城地带,主要就是内蒙古的中南部,一直到山西的北部和河北的北部这一带的长城沿线。当然这个类型还有一个辐射区域,一直辐射到东北的南部,到达下辽河流域和西辽河流域,都有古华北类型的居民,但辐射到辽河流域的时间比较晚一些,已经进入青铜时代。比如在下辽河流域的高台山文化,是和夏家店下层文化同一时期的文化,属于古华北类型。还有西辽河流域的夏家店上层文化,也属于古华北类型。古华北类型的中心分布区域有庙子沟文化、朱开沟文化,后者已经是青铜时代了。到东周时期的毛庆沟、饮牛沟这些都属于这个类型,包括河北宣化的白庙墓地也属于这个类型。

古华北类型居民的基本颅面特征为"高颅狭面",其颧骨比较突出,但是是瓜子脸,长脸尖下巴颏,脸比较平,现在的东北人、朝鲜族很多脸型都属于这种类型。夏家店上层文化和夏家店下层文化是两个不同的来源,夏家店下层文化是古东北类型的人创造的,夏家店上层文化则是古华北类型的人创造的。

### (三)古西伯利亚类型

最主要的分布区是南西伯利亚地区和外贝加尔地区,它最早起源就在贝加尔湖周围,然后分布到外贝加尔,还有南西伯利亚这一带。他们的体质特征和现代北亚人种里边的贝加尔类型非常相似。头骨又宽又低,脸非常宽,颧骨也非常突出,是典型的"低颅阔面",像我国境内的鄂温克人和鄂伦春人。鄂伦春和鄂温克这两个民族很可能是古西伯利亚类型的后代。

### (四)古蒙古高原类型

主要的分布区域就在蒙古高原和它的周边地区,但是它的年代跨度非常大,外延也可以一直到宁夏、甘肃、东北这些地区,最典型的现代人代表就是蒙古人。和古蒙古高原类型体质特征最相似的现代人就是现在的蒙古族,当然有一些古代的匈奴人、鲜卑人、契丹人也属于这个类型。

在中国境内,这个类型到目前为止还没有发现新石器时代的,最早的也都是青铜时代。该类型居民的基本颅面特征与古西伯利亚类型颇为接近,也是典型的"低颅阔面",颧骨极其向前突出,颅骨颇为低矮,导致面部在整个头部所占比例非常大。不同的是,古西伯利亚类型居民多为长颅型,而古蒙古高原类型则属典型的圆颅型。古蒙古高原类型的直接后裔主要就是蒙古人。

## （五）古东北类型

中心分布区就是黑、吉、辽三省，往南可一直外延到河北省的中部和北部这个地带，目前已经发现的古东北类型的先秦时期的人群中，分布在最南边的就是河北藁城台西商代遗址，最北边可以到俄罗斯的远东地区。古东北类型居民的人类学特征与现代东北亚蒙古人种是最为接近的。有两个现代居民的群体属于这个类型，即美洲的爱斯基摩人和阿留申群岛的阿留申人。该类型古代居民属于"高颅阔面"人群，其颅型偏高，面部比较宽，颧骨也比较突出。

我们刚才提到了关于商人的起源问题，有可能商王族来自更北边，在历史学上关于商人的起源就有这么一个说法，即商人北来说。东北地区的新石器时代的文化，如红山文化、小河沿文化、新开流文化及其他新石器时代的文化的居民都属于这个类型。所以古东北类型应该是东北地区最原始的土著，至少是最原始的土著之一。该类型居民的直接后裔目前在东北地区已经没有了，而只有爱斯基摩人和阿留申人还保留有他们的血统。这是因为在历史上来自中原地区的人口不断向东北地区迁徙，导致东北地区原始的土著居民不断地往更远的地方迁徙。吉林大学的周慧老师团队近年来的研究结果证明，先秦时期古东北类型居民Y染色体的单倍型几乎百分之百都是N型，而N型在东北地区现代各民族居民中已经极为罕见了。

## （六）古西北类型

该类型的中心分布区域是黄河上游甘青地区。半山、马厂、齐家、火烧沟、辛店、卡约等文化先民都属于这个类型，他们的体貌特征和现在的北方汉人特别接近。甘青地区的史前居民有一部分血液向中原地区流入，对于现代北方汉人的形成发挥了作用。根据历史学家的研究，商人伐羌的次数很多，只要商人伐羌，就抓捕很多羌人，带回来的羌人变成奴隶，最后他们的基因肯定就留在中原了。那些羌人应该是西北地区的这种血统。那么周人从理论上来说有一半的古西北类型的血统，姜姓肯定是古西北类型。后来五胡乱华的时候，来自西北地区的古代少数民族进入中原也是很多的。到汉代的时候，大量的羌人造反，被汉王朝直接镇压，直接迁到内地来的也不少。来自西北地区氐羌系统的民众的血液，不断地在历史长河中流入中原地区，对北方汉族的形成发挥过重要的作用。现代的藏族和羌族在体貌特征上确实和北方的汉人比较相似。藏人不仅仅在体貌特征上和北方汉人相似，在DNA上和北方汉人也是非常相似的，在语言学上又都属于同一个汉藏语系。流入中原地区的古西北类型居民的基因，很大一部分进入了北方汉人的基因池里，而留在本地的古西北类型居民最后发展成藏族和羌族这样的少数民族。当然像彝族可能也会有一定的古西北类型基因，藏彝走廊里边的那些民族，还有西南地区的一些少数民族也会受到该类型古代居民的影响。

### （七）古华南类型

从现有的材料看，闽、浙、粤、桂这四个东南沿海省、自治区出土的先秦时期人骨多半都是属于古华南类型的。江西的靖安东周大墓的人骨应该是古华南类型，湖南也有可能是属于这个类型的分布区。

这个类型的主要体质特征和现代华南地区的绝大多数居民，包括南方的汉族，以及其他许多南方少数民族都有所不同。有两个例外，一个是佤族，再有一个就是台湾的高山族。那么古华南类型居民究竟与哪些地方的现代人群相似呢？该类型倒是与印度尼西亚和马来西亚的土著居民、大洋洲的一些土著居民、美拉尼西亚人等比较相似。与先秦时期的古华南类型居民，如甑皮岩人、昙石山人、河姆渡人的头骨测量数据最接近的是美拉尼西亚人和印度尼西亚的土著，均属高颅、低面、低眶、阔鼻类型。为什么古华南类型的居民和大洋洲、东南亚一些岛屿上的原住民的体貌特征非常相似？或许是在古代北方居民不断南迁的生存压力下，一部分当地的土著向更南边、更适合人类生存的地方迁徙，并与当地原住民通婚、混杂、融合所致。

内地除了新疆以外，从新石器时代至先秦时期的人种类型大体上就是这七种类型。新疆地区的情况比较复杂，既有比较单纯的蒙古人种人群，也有比较单纯的欧罗巴人种类型，另外还有介于两大人种之间的一些过渡类型。

新疆地区目前已发现年代最早的古人骨资料应该是小河墓地所代表的遗存。小河墓地年代较早的那部分墓葬里面出土的资料以古西北类型的黄种人为代表，但是年代稍微晚一些，逐渐进入了更多的古欧洲人类型，从南西伯利亚越过阿尔泰山脉，然后进入新疆境内。比它再晚一些，像焉不拉克等其他的地方，天山山麓这一带也都有这种古欧洲类型的分布，包括哈密地区都有。古欧洲人类型在体质特征上和南西伯利亚地区的安德罗诺沃、阿凡纳谢沃这两种文化的居民非常相似。小河墓地发现的古欧洲人类型居民，比如著名的"小河公主"，她头发的颜色是亚麻色，非常浅的颜色，眼睫毛也是这种亚麻色，眼窝很深，一看就是白种人的特征，鼻梁也比较高，面部比较平直，保存得非常好。她的嘴唇上还用黑色颜料描了唇线，上嘴唇和下嘴唇都有唇线。小河墓地出土了这么多干尸，只有小河公主的全身都涂上了白色的涂料，所以整个干尸都保留得非常完整。脸部涂的这种涂料经过中国科学院大学研究人员检测，认为是奶酪这一类的奶制品，把奶制品涂在脸上，起到一种保护下面的软组织的作用。只有小河公主通体都涂上了这种涂料，连腿上都涂，所以全身都保存完整。其他的那些都是只涂了一个脸部，身上的其余部分很多都保存得不好，甚至白骨化了。

中亚两河类型被认为是古代乌孙人的一个主要类型，主要都是在北疆出现的。吐鲁番地区也有这个类型，这种类型被认为是在新疆古代分布范围最广、人数最多的一个类型。中亚两河类型和古代的乌孙、车师有一定的关系，后来中亚两河类型留在吐鲁番地区的这些居民，逐渐和不同历史时期进入吐鲁番的回鹘人发生融合，就形成了今天吐鲁番地区维吾尔族居民的基本体质特征。中亚两河类型的体质特征与今天的乌兹别克人最相似，和小河墓地出的古欧洲人类型明显不一样，中亚两河类型所代表的现代乌兹别克人都是黑头发和黑眼睛。

除了前面说的两个类型以外，在南疆地区还有一个非常重要的地中海东支类型，是现在白种人的一个主要分支。他们的分布年代比较早，最重要的材料大概相当于春秋时期，出自春秋时期帕米尔地区的这些墓葬，比如像香宝宝墓地，那是属于最早的。后来进入汉代，我们可以看到最早的是在帕米尔地区出现的地中海东支类型居民，他们逐渐沿着塔里木盆地的北缘，有一部分进入了天山地区，另外还有一部分沿着塔里木盆地的南缘不断地东进，最后一直到达罗布泊地区。所以地中海东支类型总体上都是在南疆地区，少量沿着塔里木盆地的北缘，从西往东进，就沿着天山的南麓往东进。另外一部分沿着昆仑山的北麓，从帕米尔一直往东，最后到达了罗布泊地区。在罗布泊地区，这批地中海东支类型的居民建立了一个非常著名的古代国家——

楼兰。楼兰故城东郊的那批墓地出土的东汉时期的楼兰人的骨骼鉴定,可以证明他们都属于地中海东支类型。

地中海东支类型又称"印度-阿富汗类型",在中国境内有一个民族——塔吉克族就是该类型的代表。除了塔吉克族以外,阿富汗人、伊朗人等都属于这个类型。地中海东支类型脸窄,皮肤比较黑,鼻子很高,眉毛很浓密,黑头发、黑眼睛,两个眉毛在眉间处几乎连在一起,现在的回族里面也有这个体质因素。

在新疆地区,除了早期的这些来自欧罗巴人种的古欧洲人类型、地中海东支类型和中亚两河类型以外,蒙古人种也在不断地西进。我们对小河墓地的人骨研究发现,小河墓地早期的黄种人属于古西北类型,或许是从甘青地区小规模迁入的。从罗布泊再往南就是阿尔金山,翻过阿尔金山就进入青海境内。从青海可能有少量的古西北类型迁入罗布泊地区。大规模的黄种人西进是在比较晚的历史时期。比如我们能够知道的,匈奴、突厥、蒙古都对西域有大量的渗透甚至占领,包括契丹人建立的西辽国都会使得这一历史时期有大量的黄种人进入中亚地区。这些西进的游牧民族人群应该是古蒙古高原类型,和蒙古人具有共同的来源。这些北亚人种的黄种人进入新疆以后,和当地的欧罗巴人种居民融合、混血,出现了一个新的类型,叫作"南西伯利亚人种",这是白种人和黄种人之间的一个过渡类型。这个过渡类型在现代民族中以哈萨克族为典型代表,哈萨克人胡须比较多,鼻梁比较高,鼻子比较直,这些都是白种人的特点,但是颧骨又非常突出,眼睛又是典型的细细的蒙古眼,这些又是黄种人的特点。除哈萨克族外,柯尔克孜族亦属于该类型。

## 二、关于古人口学的研究

古人口学需要讲的内容太多,最好举一个考古学上的例子来说明。我和我的学生,现在在郑州大学工作的周亚威老师,还有几位合作者曾经在2013年的《吉林大学社会科学学报》上共同发表过一篇文章,是关于内蒙古哈民忙哈遗址出土人骨的古人口学研究报告。这里介绍给大家,帮助大家体会一下古人口学是怎么研究考古学的问题,为考古学综合性研究服务的。

古人口学是指在考古学背景下,运用考古学、人类学、历史学、文献记载等方法,研究古代人群的性别、性别比、年龄、人口结构、预期寿命、平均死亡年龄、人口分布情况。我觉得古人口学的研究对缺少文献记载的那些新石器时代人群的研究非常重要。

哈民忙哈遗址是一个新石器时代遗址,在内蒙古的通辽市,整个面积大概是将近10万平方米,是目前整个东北地区发现的面积最大的一个大型史前聚落。从该遗址中发掘出来很多房址,也有少量的墓葬,年代是距今5 500年到距今5 000年,相当于红山文化的晚期。它的文化性质和红山文化有关系,但是又有区别,因此命名为"哈民忙哈文化"。

该聚落遗址中所有房屋开口的方向、门道的方向都非常一致,但是绝大多数房址里面什么都没有,只有这几座房子里头堆满了人骨。这些房址是着了火,被烧塌了的。因为是半地穴的房屋,有木制的梁、檩和柱子等木质结构,由于着了火,这些木质结构都已经炭化了,所以都原地保存下来。而那些房址里什么也没有,是因为没有着火,有机质在埋藏过程中都烂掉了,没有保留下来。没着火的房子里头基本上什么也没有,顶多有个别的小件放在居住面上,绝大多数东西被一扫而光,可能是被人拿走的,在人群迁徙的时候,把屋子里的东西都拿走了。着过火的屋子里面不仅有炭化的木头构件,还有很多尸体、很多日用品,包括锅碗瓢盆等,甚至身上带的红山玉都在原地放着,两者是完全不一样的。

F40里面一共有97例人骨,其他房址里有的是10余人,有的就是1人～2人。F40里97个人堆了好几层,边边角角上最薄,摆放一层,但绝大多数都是两层或三层,最多的堆了四层。每一个个体都是一次葬,所有的头骨和躯干、四肢骨在解剖学关系上一点都没错,没有翻动,只不过当时是乱扔进去的,有的头朝这边,有的头朝那边,当时被直接扔到这里,最后就腐烂在这里,软组织烂掉,骨头都原地保留,没有扰动。

因为当地政府决定要建国家遗址公园,所以我们不能把人骨取出来,要鉴定只能趴在那仔细看,鉴定工作非常困难。我们把能看到的地方都看了,连病理情况、创伤情况都观察了。病理情况主要是一些龋齿或者哪个骨头长的骨刺之类,创伤一例也没有,这是判断死亡原因很有用的一个信息。我们对每一个个体都编号、绘图、照相,吉林大学古DNA实验室的研究生到这里现场采样、编号。边上是两层人骨,越往中间越多,达到三层,到了门口就变成四层,即越靠门口堆得越厚。

从 F40 的 97 例人骨的柱状对比图上可以看出,死亡率最高的是壮年期,有 34 例,然后是中年期 29 例,未成年个体也不少,共 23 例,即未成年个体占了 24%。因为我们对未成年、青年期、中年期一直到老年期,是按照现代人的标准去统计的,所以那个时候能达到 55 岁以上的基本没有,中年期在当时已经算是高寿了。

F40 里面壮年期占的比例更大一些,其他的房子里中年期占的比例更大,基本上没有青年人,未成年的人数大致差不多。

通过对哈民忙哈遗址人骨死亡年龄的统计和分析,发现平均死亡年龄是 26.8 岁,这比对先秦时期或者新石器时代遗址做的古人口学分析显示的平均死亡年龄要低一点,其他遗址一般在 30 岁左右,哈民忙哈遗址连 27 岁都不到,没有老年个体。

我们的问题首先是 F40 的这些人骨是怎么进入这座房子的?是活着进去的,还是死了以后被别人抬进去的?假如这些人是活着的时候进入的,是具有行为能力的,那么临死的时候,出于一种求生的意识,他的头应该朝向门道那个方向。因为像那种半地穴式的房子,它的空气主要只能从门道那个方向进入房间,不到 17 平方米的房子里边有 97 个人,肯定非常拥挤,所以他们的头应该朝向门道那边。但是我们发现大家的头朝向都是随机的,哪个方向都有,所以显然他们不会是活着进去,最后憋死在那里的。这些死者是死了以后被人为堆成这个样子的,别人把这个地方当作一个临时的太平间用。与门道相反的方向,人骨是两层,越靠近门前越厚,最厚的地方是四层,我们推测是刚开始使用这个太平间时,死了一些人就把他们搬进来,一层就这几个,后来地方不够,别人再来就放不下了,就开始往里边放,摆了两层,一直到最后根本就进不了这个屋子,只能从门前往里面扔,所以门前就堆到四层。

在其他有尸体的房子里,人骨旁边都有玉器,有的在脖子底下,有的在腰部,胯骨旁边,好像是随身佩戴这种玉器。但是在 F40 里面一共 97 个人,一件玉器也没有发现。后来做大遗址保护时,在一个尸骨下面找到一个很小的玉扣,也就是说到目前为止,97 个人中只发现了一个小玉器。关于出现此种情况的原因,我们推测有两种可能:一个是 F40 里的这些人本身就没有佩戴玉器,他们的身份比别人低,但是我觉得这个推测有点牵强。第二个是这些个体本来随身佩戴有玉器,因为尸体是被人为搬弄过的,都扔完了以后,还要点火烧掉。于是其家人或是亲戚朋友就把玉摘下来了。我觉得这种可能性比较大。因此 F40 不是这 97 个人死亡的第一现场,而 F40 以外的那些房址,即身边还佩戴有玉器的那些死人所在的位置才是他们的第一死亡现场。这就是说两类不同的房子里面的死者,他们有的被放在第一死亡现场,有的在第二死亡现场,这是一种明显的区别。有的是死在那儿就完了,没人管的,有的是死后被搬到这个房间里,但是玉被那些人拿走了。那么,为什么在 F40 单独堆这些尸骨?我们推测有以下几种可能:一个是遇到某种大的灾难,古人没有能力挖出足够的墓葬来埋葬亲人,在这种情况下,只好找一个半地穴房屋,然后把这些遗骸堆在那里,创造一个好的条件,要不然整个聚落到处都是死人,古代人觉得不可接受。第二个是放在这一个屋子里头,不会被那些食肉类动物给破坏了,比如被一些动物给吃掉。第三个是也许在当时人们有了一种意识,这些死人的尸体腐烂以后,对活着的人不好,不一定意识到是传染病,当时肯定没有细菌的概念,但是肯定死人的肉烂了以后,摆在自己旁边对自己没有好处,只有坏处,所以一定要把它放在一个固定的地方,把门封起来。

至于究竟是什么原因导致哈民忙哈遗址那么多人在短时间内同时死掉,那一定是一种灾难性的事件。根据哈民忙哈遗址的具体情况,我们认为该灾难性事件或许有两种可能:一个可能是战争,一个可能是疾病。但是根据我们对该遗址的古人口学研究得出的结论,似乎战争的可能性不大,因为如果发生了战争,参加战争的主要对象一般应该是青年男性。但是死者中青年人是最少的,如果是战争所致的话,死者应该主要是青年人。另外,暴力冲突一定会在人身上留下某些痕迹。史前时期的这种暴力冲突,使用的不外乎石器、木头棍子等。在遗址现场进行的古病理学观察中,我们没有找到一例骨头上带有伤痕的证据。另外,如果发生了暴力冲突,死者身上戴着的玉器也会被敌人拿走,但是我们已经发现除了 F40 以外,其他房屋里的死者都佩戴着很珍贵的玉器,没有被拿走。所以综合这些原因,我们推测这恐怕是由某种烈性传染病突然暴发所导致的一场史前灾难事件。学术界有很多人认为可能是鼠疫,哈民忙哈遗址所在的内蒙古科尔沁沙地这个地方鼠患严重,近代以来一直是鼠疫的流行区。但是也有学者不同意"鼠疫说",提出从哈民忙哈遗址的环境考古研究结果来看,这个地方是一个湿地、沼泽地的环境,不是作为鼠疫的中间宿主的旱獭、土拨鼠等啮齿类动物生存的地方。所以这个问题还存疑,留待以后的研究。

我的课就讲到这里,谢谢大家。

## 第九讲

# 骨中探秘：舌尖上的中国

胡耀武

复旦大学科技考古研究院

我主要的研究工作是开展同位素分析。我的报告题目是"骨中探秘：舌尖上的中国"。

我的报告将分几个部分讲述。首先，我们为什么要研究人类的食物结构？其次，我们分析的原理是什么？再次，我们要让大家了解国内外学界的研究发展史。最后，重点讲一下我们的研究实例，让大家知道我们能做什么、可以做什么。

吃，是每个人的生存需要。无论到哪个地方去，大家都喜欢去寻找各地的美食。如果将吃放到学术角度考虑，可以考察从猿至人的过程中，食物的转变对整个人类的演化起到的重要作用。大家都知道，猿主要吃一些植物，偶尔吃一些蚂蚁等，但绝大部分为树栖，吃植物果子。然而，现在的人类却什么都吃，也存在不同的口味选择。其实，在整个人类的演化过程中，人类对食物的选择，都与人类本身的演化密切相关。例如，人类的最初祖先——南方古猿，与猿分道扬镳之时，食物就已发生了非常大的改变。猿依然在树上吃果，南方古猿却已下地，去寻找一些来自稀疏草原的食物作为重要的食物来源。这种改变对人猿分野起到了决定性的影响。

对于中国人而言，吃显得尤为重要。舌尖上的中国，看到的是各地的美食，但我想，大家更关注的是其中的隐藏信息，美食中蕴含了家乡的记忆以及强烈的文化气息。我现在借用"舌尖上的中国"这个名词，绝对不是所谓的"蹭热度"，而是想借此让大家认识到，我们是研究吃的，但是我们更想知道在吃背后所反映出的人类文化和社会现象,这才是我们真正希望了解的。了解人类和动物的食物结构,对于探讨人类生活方式的演变、营养健康和生存压力、人类的迁徙活动、人和环境的相互关系、农业的起源传播、家畜的起源驯化等,皆具有非常重要的理论和现实意义。

那么,目前在科技考古研究中,有哪些方法可以获得人类食物结构的信息呢?

植物考古和动物考古可以让我们了解先民对动植物资源的利用。对各种人类使用过的器皿(如陶器、青铜器等)中食物残渣进行分析,也可知道人们所利用的各种食材。最后,就是大家所看到的,通过对人骨化学成分的分析了解人类的食物来源。那么,人骨和食物之间存在怎样的相互联系?在讲述具体分析原理之前,需要事先普及一些基础知识。

众所周知,成年人共有206块骨。按照部位分,骨骼可分为颅骨、肢骨等。按照形态来分,骨则可以分为长骨、扁骨、不规则骨以及含气骨。其中,长骨最为坚硬,在埋藏过程中保存得最好。下面以长骨为例,介绍骨的组织结构。

骨,包括骨松质和骨密质。骨密质中充满了同心圆的结构,这就是骨单位,为骨的基本结构。由于骨结构和骨骼部位的不同,存在着不同的化学和生物特性。如我们的软骨、肋骨和肢骨,存在不同的更新速率;松质骨和密质骨,更新速率也有所不同;在人类的不同年龄阶段(青少年、少年、青年、中年、老年),因新陈代谢速率不同,更新速率也有所差异。所以,我们人体内部存在着各种不同更新速率的骨,并且我们身体的骨随时随地在更新。长骨,大约十年或者十年以上,其化学成分才能被完全更新和替代。所以,分析的长骨基本上代表了该个体死前十年以上的一个平均水平。肋骨属于扁平骨,代表着个体死前3—5年这段时间。所以,不同类型的骨代表了个体不同的死亡年龄阶段。请大家记住这个原理,在我们以后的研究中将得到普遍应用。

牙齿,大家都知道,有很多不同的牙齿,有恒齿和乳齿之分。在组织结构上,牙可分为三层:最外层为牙釉质,中间部分为牙本质,下层部分为牙骨质。牙齿的生长发育明显有别于骨。牙釉质自下至上具有类似于年轮生长的结构,叫作芮氏生长线,代表了釉质不同的生长发育阶段。需要指出的是,牙齿一旦形成,就再也不会发生更新。这一点与骨完全不同。牙本质也具有自下至上逐年生长的年轮特征。故此,当我们对牙本质进行切片时,就可以获取代表不同年龄阶段生长的牙本质。

五六个月时,牙齿开始在牙床中长出。但是,牙齿的萌发和长出,是两个不同的概念。其实,胎儿时期,也就是受精卵5—7个月,幼齿就已经在牙床里发育。如此,通过对幼齿化学成分的分析,可进一步了解幼儿母亲的相关信息。这是因为此时胎儿的营养完全来自其母亲。出生后的婴儿,其第一恒齿的牙釉质,也已在牙床中孕育。不同类型的牙,其生长发育时间有所不同,代表了人体生长的不同时间段。

无论是骨和牙,它们都属人体的硬组织,其化学成分存在相似之处。对于骨和牙本质来说,含有30%的有机质,其中90%是胶原蛋白,剩余70%是无机物,以羟磷灰石为主。羟磷灰石晶体结构中的磷酸根和羟基,可被碳酸根所取代。所以,骨和牙齿中的羟磷灰石均含有碳,这对我们的研究特别有意义。如果骨无矿物质(无机质),它就非常柔软;如果去掉胶原,骨就显得非常脆。两者相辅相成,才使得骨既坚硬又有韧性。

以上,给大家介绍了骨的结构以及主要化学成分。下面再给大家介绍一些稳定同位素的基本知识。

在元素周期表中,根据质子数的不同,分为不同的元素。所有元素的原子核都是由质子和中子组成的。在质子数相同(同一种元素)的情形下,原子核的中子数有所不同,这被称为同位素。举个最简单例子。我们大家常听说过的氕氘氚,就是氢的各种同位素,分别由一个质子、一个质子加一个中子、一个质子两个中子组成。

按照同位素是否衰变,可将其分为放射性同位素和稳定同位素。这里给大家看到的是碳的三种同位素。$^{12}C$和$^{13}C$在自然界是稳定的,称为稳定同位素;$^{14}C$不稳定,为放射性同位素。对含碳的物质测定$^{14}C$,就可进行定年。$^{12}C$和$^{13}C$属稳定同位素,是我们最主要的研究对象。此时,再来看元素周期表,就不是一个简单的元素周期表。你会看到,每一种元素都有不同数量的稳定同位素。从现在开始,我们大家看到的元素,不应将其视为一个元素,应视为具有不同稳定同位素的一个元素集合。

众所周知,任何生命体都由碳、氢、氧、氮、硫等元素组成。相应地,以上元素所包含的多个稳定同位素,如$^{12}C$和$^{13}C$,$^{1}H$、$^{2}H$和$^{3}H$,$^{16}O$、$^{17}O$和$^{18}O$,$^{14}N$和$^{15}N$,$^{32}S$和$^{34}S$等,也同时存在于生命体的各个组织中。

那么，为什么要研究稳定同位素呢？

由于中子数不同，稳定同位素之间在质量数上存在微小的差异，这会导致它们在物理、化学或者生物反应中产生细微的、不同的、但可测的效应，这种效应被称为同位素分馏。例如，在一个天平上，质量数为 2 的氢，肯定比质量数为 1 的氢要重。以爬坡为例。反应前的底物，含有两个 $^{12}C$ 和两个 $^{13}C$。反应过程中，因 $^{13}C$ 质量较重，所以反应速度就偏慢。这样，在反应过程中爬能量坡时，$^{12}C$ 已经过去了，$^{13}C$ 还落在后头。如此，就造成产物存在三个 $^{12}C$ 而仅有一个 $^{13}C$。从底物到产物反应过程中，碳稳定同位素组成发生了改变。这种改变，缘于同位素分馏效应。

通常，研究者采用重同位素与轻同位素之比，来表示稳定同位素比值，如 $^{13}C$ 与 $^{12}C$ 之比（$^{13}C/^{12}C$）。然而，因重同位素丰度远远低于轻同位素，造成两者的比值非常之小。若直接用稳定同位素比值进行不同物质的直接比较，往往很难看出彼此间的差异。为此，在地球化学界人为进行了相应的数据变换，即以样品的同位素比值减去一个标准样品的同位素比值，然后除以标准样品的同位素比值，再乘以 1 000，最后得到样品稳定同位素的 δ 值。这样，即可较好地表示分析样品的稳定同位素比值。如 C 稳定同位素比值，可表示为 $δ^{13}C$。其他稳定同位素依此类推。

不同类别的食物，在稳定同位素比值上存在一定的差异，我觉得可以用一个词来表示，叫"物以类聚"。在此情形下，该词是指食物按照稳定同位素不同比值进行分类。比如，水果、葡萄、蔬菜、大米、小麦，都属于碳三（$C_3$）植物，其碳稳定同位素比值明显偏负（平均值为 −26.5‰）；而玉米、高粱、粟和黍，属于碳四（$C_4$）植物，其碳稳定同位素比值明显偏正（平均值为 −12.5‰）。肉类食物，如通过一些非玉米植物饲喂的动物，其肉在 N 同位素比值上将沿 $C_3$ 的食物链上升，而以玉米饲喂的动物，其肉则沿 $C_4$ 的食物链上升。倘若将稳定同位素用到食品研究领域，可称之为稳定同位素食品化学，以此了解食品的来源和真伪。举个例子。大家吃的蜂蜜，有槐花做出的蜜和甜菜花做出的蜜。从稳定同位素上，可轻易对两者来源做出可靠的判断。这是因为槐树属于典型的 $C_3$ 植物，而甜菜则属于 $C_4$ 植物。

我们研究古食谱，也是运用了相似的道理，只不过进一步加上了食物与人组织之间的相互联系。大家熟知的减肥秘诀，"管住嘴，迈开腿"，就蕴含了稳定同位素分析古食谱的根本原理，即我们所吃的一切食物，经过消化吸收之后都会转化为人体的组织。我们吃的动物和植物，经过消化吸收之后，成为骨骼的组成部分。骨含有骨胶原，骨胶原又存在多种稳定同位素。如此，稳定同位素就沿食物传递至骨胶原。当我们无法获知食物来源之时，就可以利用上述原理，通过测定骨胶原中的稳定同位素反推个体的主要食物来源。这就是稳定同位素分析的基本原理，可称之为"我即我食"（You are what you eat）。

人们食物来源和生存方式的差异，导致人体组织的稳定同位素比值有所不同，从而可实现同位素视角下的"人以群分"。这指的是根据我们食物来源不同（稳定同位素比值有所差异），可区分不同生存方式的人群。陆生生态系统中食草的、杂食的、食肉的人群，吃小米或玉米的人群，以吃海鱼为主的人群以及吃淡水鱼的人群，在 C、N 稳定同位素散点图上占据了不同的位置。如此，因"物以类聚"导致了"人以群分"，这是我们稳定同位素分析的理论基石。

需要强调的是，通过稳定同位素分析揭示出的人类摄食行为，是指一个人在一段较长时间内总体食物摄入的平均水平，而不是一餐或短时间的食物总和。这样，稳定同位素分析所代表的人类生存方式，更能代表个体的文化特征以及整个人群的生活方式，这也是该方法有别于其他分析方法（植物考古、动物考古、残留物分析）的根本所在。此外，食物经消化吸收之后，同样也会进入骨骼或牙齿中的羟磷灰石碳酸根。在此过程中，碳同位素将发生约 14‰ 的富集。故此，通过对牙釉质羟磷灰石的稳定同位素分析，同样也可推断食物的主要来源。

目前，在国际生物考古研究领域已有多个稳定同位素被用于古食谱分析。生物个体组织的碳、氢、氧、氮、硫稳定同位素分析，已被广泛地用于揭示该个体的饮食来源；锶同位素，则主要用以探索人群的迁徙；最近，一些非传统稳定同位素，如 Fe、Cu 等，也在被尝试着应用于考古学研究之中。

现在，大家已经大致了解了稳定同位素分析的基本原理。那么，我们再来看一看它的发展史。

众所周知，科技考古发轫于 $^{14}$C 测年。美洲是玉米的起源地。在对玉米和一些草类进行 $^{14}$C 测年时，总是发现其年代较其他样品年轻。这些研究分别于 1967 年和 1968 年发表于《密歇根考古学家》(*Michigan Archaeologist*) 和《放射性碳》(*Radiocarbon*) 刊物。由此，引起了学者们开始关注不同种类植物稳定同位素比值的测定和分析。1977 年，地球化学家通过对人骨骨胶原碳同位素的分析，揭示了美国纽约州古代人群摄食玉米的状况。这篇论文标志着稳定同位素分析的开始。1981 年，地球化学家又发表了不同动物在氮稳定同位素比值上的差异和分馏效应。1983 年，考古学家首次在《科学》(*Science*) 上发表文章，利用人骨胶原的碳氮稳定同位素，区分了欧洲和北美地区不同生存方式的人群。这标志着稳定同位素分析正式进入了考古学的研究视野。1989 年，又有学者提出，骨中羟磷灰石的碳同位素，也可用于古食谱分析。1985 年，地球化学家首次提出，骨中羟磷灰石的 Sr 同位素分析，具有揭示人类迁徙活动的可能性。2001 年，又诞生了硫同位素分析，该方法可用于揭示先民的食物来源、迁徙活动以及现代污染状况。2010 年，非传统稳定同位素，如钙同位素，也被提出可探索人群的食物来源。这标志着古食谱分析的研究舞台在不断延展。在科学网 (Web of Science) 网站上，若采用 "Stable Isotope" 和 "Bone" 作为关键词，可以清晰地看到文章发表数量逐渐增加的趋势。尤其是 2010 年之后，每年的发表论文都在 200 多篇，充分显示了稳定同位素分析已成为国际学界最为普遍和成熟的研究方法之一。

2015 年，研究者在《考古学杂志》(*Journal of Archaeological Science*) 上发表了国际稳定同位素分析的综述。该文章不仅介绍了该领域的研究现状，并且还对今后的研究方向进行了展望。2018 年，在德国耶拿举行的第八届生物考古会议上，稳定同位素分析的学术报告却被压缩在一个下午，相较铺天盖地的古 DNA 研究学术报告，显得较为 "寒酸"。然而，没想到的是，2018 年 4 月的英国科技考古会议，同位素分析的学术报告却占了近 70%～80%！稳定同位素分析在国际科技考古学界的重要地位，由此可见一斑。

在了解了国际学界动态之后，我们再看看国内的学术发展史。

1984 年，社科院考古所的蔡莲珍先生和仇士华先生，在《考古》上发表了我国第一篇稳定同位素分析论文。然而，至此之后我国在此领域的研究，长期以来处于停滞状态。直至 1998 年，在中国科学技术大学召开的全国科技考古学术讨论会，才重新引起我国学者的关注。这年也恰是我刚刚从一个非考古专业转入科技考古领域、成为王昌燧先生的博士生的年份。

2000年之后，社科院考古所的张雪莲老师、蔡先生和仇先生，在多个全国会议中介绍了碳氮稳定同位素的分析原理。在王昌燧老师的支持下，我赴美国，在威斯康星大学普莱斯（Price）教授、伯顿（Burton）博士以及美国伊利诺伊大学安布罗斯（Ambrose）教授指导下，系统学习了古食谱分析的研究方法，开展了相关实验，并在2002年完成了国内首篇古食谱分析的博士论文。2003年，张雪莲等在国内期刊《人类学学报》上发表了首篇综述，并在《考古》上第一次正式发表了中国若干考古遗址人和动物骨的碳氮稳定同位素数据。之后，2005年美国学者和中国学者合作，而后2006年我与美国学者合作，均在《考古学杂志》上发表了研究论文，这标志着我国稳定同位素分析的研究工作开始走向国际。锶稳定同位素的分析肇始于2008年，硫同位素分析则首次出自我们对4万年前周口店田园洞人的研究。2014年，我们与袁老师合作，还在国内首次开展了动物骨胶原的氢氧同位素分析。

2010年以降，可以说我国稳定同位素分析的研究工作进入了高速发展期。目前，中国境内开展稳定同位素分析的研究机构，正呈逐渐增加之趋势。此外，就我所知，还有不少中国留学生在国外著名学府或研究单位，也正在从事此方面的研究。

之前，限制我国稳定同位素分析的一个重要因素，就是缺乏独立的仪器设备和实验室。稳定同位素的测试常常需要委托给地学实验室。然而，由于这些仪器的测试任务非常繁重，无法单独安排机时用于考古样品的测试。在此方面，我深有体会。我曾经多次多地寻找可以测试骨胶原稳定同位素的实验室。2012年，北京大学吴小红老师的课题组率先在国内购置了稳定同位素质谱仪，用于考古样品的测试。2014年，我们也在中国科学院大学修购项目的支持下，购置了同类仪器。应该说，这个仪器的顺利运行，为我们研究工作的顺利开展提供了必要的保障。如今，就我所知，国内其他大学也已经或正在计划购置该设备。

倘若要将我国的学术史划分为一定的阶段，我认为可以初步分为三段：(1)1984—1998年，为初创期；(2)1998—2005年，为初步发展期；(3)2005年尤其是2010年至今，为高速发展期。1998年的全国科技考古会议上，"生物考古"一词才刚刚在国内学界被提及。到了2018年，在西安召开的第十四届全国科技考古会议上，与生物考古有关的报告或论文已占到了30%～40%。

这个巨变充分展示了我国在生物考古研究领域的巨大成就。

在国内,稳定同位素分析不仅在考古界越来越受关注,也受到地学相关学科的重视。2017年,我作为唯一的考古代表,参加了由中科院西北环境研究院组织的全国第一届气体同位素技术与地球科学应用研讨会,并做了学术报告。2019年6月份,组委会特意跟我联系,希望我们在第二届会议(2019年9月)上专门组织一个专题报告,讲授稳定同位素在考古学上的应用,以进一步报道我国学者在此领域的最新研究成果。

2018年,应主编的邀请,我在《考古计量学》(Archaeometry)上发表了一篇综述文章,向国际学者较为全面地介绍了我国稳定同位素的发展史、研究现状和展望。大家如果感兴趣,可以下载并阅读。

在介绍我们的具体研究工作之前,我想再提醒大家,稳定同位素分析究竟能够做什么?

我们的食物来自我们培育的农作物、饲喂的家畜和生活的环境。故此,通过稳定同位素分析,我们就可以大致获知该个体食物中植物、动物的类型以及栖息环境,进而了解农业的发展、家畜的形成和饲喂模式以及古环境变迁等重要的"潜信息"。我要强调的是,我们不仅要知道先民(动物)吃什么,还需要知道隐藏在内的故事。

本次系列讲座的主题是新石器时代考古。在讲中国考古之前,先给大家讲一些国际上的案例。

末次冰期之后,随着全球气温的升高,在世界多个地区都出现了农业的萌芽。在美洲,至少在8 000年前就已开始了玉米的利用和驯化。那么,它们在人类食物中的地位究竟如何呢?玉米属于$C_4$类植物,具有高$\delta^{13}C$值。尽管玉米很早就已出现在美洲人类的食物中,但长期以来并未在人类的食物中占据主要地位;直至公元1100年左右,玉米才真正成为人们的主食。再以英国的农业为例。大家都知道,英伦三岛并没有产生农业,其农业源于近东地区向西的传播。结合年代数据,人骨胶原的$\delta^{13}C$值反映了10 000—5 200年前,人群以摄食海产品为主,但距今5 200年之后,人群的食物却迅速转为陆生产品。究其原因,当为麦作农业传播至此,并被当地的狩猎采集人群迅速采纳所致。

以上是国外的研究案例,下面我将重点介绍我们的一些研究工作。主要包括以下几个方面：(1)新石器时代先民的生存方式及农业发展；(2)儿童的饲喂方式和断奶模式；(3)动物的驯化以及饲喂策略；(4)有机施肥。

根据目前的植物考古和动物考古资料，我国本土驯化的植物为北方的粟类作物（粟和黍）和南方的稻；本土驯化的动物为猪和狗。那么，如何评估农业的发展水平呢？人骨的稳定同位素分析给了我们最直接的答案。粟类作物和稻分属 $C_4$ 和 $C_3$ 植物，两者的 $\delta^{13}C$ 值存在极大的差异。倘若人群100％以这两种作物为食，根据食物至骨胶原的分馏效应（约富集5％），两类人群的 $\delta^{13}C$ 值也同样存在非常大的不同。由此，根据这个基本原理，我们就可以判断农业的发展水平及其在先民生活方式中的地位。

现在给大家举些例子。首先看一下山东后李文化（约8 000年前）时期粟作农业对先民食物的贡献。与代表了先民100％以粟类作物为食的 $\delta^{13}C$ 值相比较，你会看到小荆山遗址先民的同位素数据明显偏负。若用简单的二元模型可以算出，$C_4$ 类食物（粟、黍或者以粟、黍为食的动物）仅占先民食物资源的25％左右。这表明8 000年前，中国北方的粟作农业还处于低级水平。然而，仅过了1 000年，中国北方进入仰韶文化时代，人群骨胶原的 $\delta^{13}C$ 值就明显偏正，显示了此时粟作农业进入了大发展时代，在先民生活方式中占据了非常重要的地位。反观中国南方地区，情形却大不相同。江苏三星村遗址人骨的稳定同位素数据显示，人群虽以 $C_3$ 类食物为食，可能涉及稻作农业，但相对较高的 $\delta^{15}N$ 值则表明其所获取的动物蛋白主要来自渔猎活动；广东地区雷州半岛鲤鱼墩遗址的先民，虽因样品保存较差，仅有两个数据，但其异常高的 $\delta^{15}N$ 值表明先民主要以海产品为食。倘若将以上人群的同位素数据进一步比较分析，可以看出早在6 000年前，中国不同地区的先民的生存方式已经存在非常大的差异。

在中国北方，我们做了很多类似的研究。陈相龙在一篇文章里对已经发表的人骨稳定同位素数据进行了归纳和绘制。从仰韶时代直至二里头文化（约4 000年前，夏代），粟作农业在中原地区先民的生活方式中占据统治地位。尽管自5 000—4 000年前，源自近东的麦类作物不断东传并扩散至黄河流域，但粟作农业依然是中国史前文化乃至中华文明形成的物质基石。此外还可以发现，约4 000年前中原地区先民的食物已经变得较为多样，这与人群和社会的复杂化进程明确相关。

中科院古脊椎所吴秀杰博士等研究了中国新石器时代和青铜时代人骨的体质特征，发现中国南北方人群体质特征的分界，基本沿秦岭-淮河一线。俗话说"一方水土养一方人"，中国不同地区饮食的差异，很可能对人群的体质特征起到了关键作用。故此，全面考察中国古代人群生存方式的改变以及粟类作物、稻等农作物在人们生长发育中的营养作用，可望为揭开人群体质特征之差异提供科学的佐证。

此外，不同的农业经济模式还可能对心理造成一定影响。一篇发表在《科学》上的文章对中国南北方从事不同农业经济（北方麦作、南方稻作）人群的心理活动进行了分析，认为从事麦作农业的人群更具独立性，而从事稻作农业的人群，相互间依赖程度较高。由此，我们猜想早在新石器时代，我国就已存在的不同农业类型和生存方式，它们对当时人群的心理和性格造成了怎样的影响，需要我们今后认真加以探索。

大约5 000年前，整个欧亚大陆就已开始了食物全球化的进程，东西方之间发生了农作物和家畜的大交流。近东地区的麦类作物、黄牛以及绵羊不断向东传播。与此同时，中国的粟、黍作物也逐渐经中亚向西传播。2016年，发表在《全新世》(*Holocene*)上的论文总结了中亚地区发现粟类遗存的遗址地点，勾勒了粟类作物向西传播的基本线路。然而，这一线路缺少我们新疆这一块。新疆，一直被视为东西方文化交流的重要桥梁。结合西方学者对我国从新石器时代一直到青铜时代聚落或遗址点分布的统计图可以看到，总体而言，新疆在新石器时代之前遗址点很少，但公元前1700年之后急剧增加，反映了青铜时代人群开始频繁流动和交流。

根据对新疆墓地出土食物遗存的统计，我们发现了不少以粟、黍作物为原料制作的食品，如饼子、面等，表明它们是先民食物资源的重要组成部分。然而，它们究竟在新疆先民生存方式中起到了什么样的作用，却一直不甚清楚。近年来，我们通过对新疆地区多处墓地人骨的稳定同位素分析，较好地回答了上述问题。

分析新疆天山北路墓地（最早的青铜时代墓地之一）人骨的碳氮同位素数据，发现大量人群的$\delta^{13}C$值位于$C_3$和$C_4$类食物范围内，这清晰地表明这些人群摄取了一定量的粟类食物（包括粟、黍作物以及以粟、黍副产品为食的动物）。一个异常个体具有最高的$\delta^{13}C$值和最低的$\delta^{15}N$值，其测年数据也最早（约公元前 2000 年），表明该个体很有可能来源于以粟作农业为主的黄河流域。再看看新疆其他区域以及不同时代（青铜和铁器）墓地（洋海、下板地、黑沟梁）人群的同位素数据，我们同样会发现人群具有摄食粟类食物的现象。

如果将我们发表的同位素数据与已有的中亚和欧洲人群的数据进行汇总，并将其按照地理位置进行分类，会发现整个黄河流域的人群，皆主要以粟类作物为食；欧洲人群则主要以麦类作物为食；在此中间的地域，包括新疆、中亚以及部分欧洲地区，则呈现麦粟混食的情形。显然，人骨同位素数据清晰地反映了粟类作物自黄河流域不断向西辐射至中亚和欧洲的进程。我们勾绘的"同位素粟类之路"（Isotopic Millet Road），揭示了粟类作物的传播对中亚乃至欧洲地区人类社会的重要影响。此外，在希腊青铜和铁器时代以及欧洲的晚铁时代和罗马时代，植物考古研究皆发现了粟类作物遗存。最近发表的一些欧洲地区人骨稳定同位素文章，也揭示了当时人群中存在以粟、黍类食物为食的现象。这些研究都清楚地说明了原产我国的粟类作物对欧洲的文明化进程也发挥了一定的作用。此外，2018 年发表在《科学报告》（*Scientific Reports*）上的论文对中亚地区丝绸之路上多个城市遗址人骨的稳定同位素进行了分析，也发现了这些先民都或多或少地摄取了粟类食物，揭示了粟类作物的摄取是游牧人群生活方式中的重要补充。

上述研究给大家展示了粟类作物西传的过程。因为近期我曾到日本进行学术交流，也关注了它的东渐之路。在《科学报告》上发表的一篇植物考古文章，通过韩国遗址中出土陶器残留物的稳定同位素分析，发现了先民对粟、黍利用和摄食的直接证据，展示了粟类作物向东传入朝鲜半岛和日本的大致路线。目前，日本东京大学综合研究博物馆的米田穰教授课题组正在开展日本人骨稳定同位素的分析，尝试揭示粟类作物在日本的扩散过程和动因。

上述研究的对象主要为成年人。近年来，生物考古的研究逐渐转向了之前被忽视的儿童，了解儿童的断奶以及饲喂方式。有一篇发表在《美国体质人类学学报》（*American Journal of Physical Anthropology*）刊物的综述文章，较为系统地阐述了利用稳定同位素揭示儿童断奶年龄和饲喂方式的原理。

如果将一个不同年龄阶段人群骨胶原的 N 同位素数据综合起来并绘制成图，就会发现 $δ^{15}N$ 值随年龄增长出现了一个明显的变化，即由低至高，然后再下降，之后渐趋平稳。为何出现这种情况呢？

在婴儿期间,由于主要是母乳(主体为蛋白质)喂养,相对而言,婴儿较母亲就上升了一个营养级。由此,自出生至完全母乳喂养期间,$\delta^{15}N$ 值逐渐上升。之后,随着辅食(如蔬菜等)的不断加入,$\delta^{15}N$ 值就开始逐渐降低,直至儿童的食物中不再含有任何母乳(完全断奶),儿童的食物与成年人基本一样。此时,儿童的 $\delta^{15}N$ 值逐渐与成年人相近。这样,我们找到这个变化的拐点,也就可以对儿童的断奶年龄做出合理的推断。需要指出的是,这是对遗址中所有不同年龄阶段人群的 $\delta^{15}N$ 值进行分析,粗略代表了一个群体对儿童断奶的管理模式。

近五年来,揭示个体的断奶年龄有了新的发展。这方面的原理要运用到我们之前介绍过的牙齿结构。如前所述,牙齿中的牙本质部分,像年轮一样具有年龄的区分。当我们对牙本质进行切片时,即可覆盖牙本质生长发育期间的年龄区间,其中就包括了母乳喂养期和断奶期。分析牙本质切片中 $\delta^{15}N$ 值的变化,即可揭示该个体断奶的大致时间以及儿童期的喂养模式。

尽管在此领域国外的研究已有不少相关报道,但我国尚没有任何研究。在此,我介绍一下我们的近期工作。

首先,给大家介绍的是安徽滁州西周时期的一个遗址。这个遗址的一个独特之处,在于发现了大量的儿童遗骸。通过该遗址中人和动物骨胶原的同位素散点图,可以看出人群的食物来源还是相差较大。以人群的年龄作为横坐标,C 同位素值和 N 同位素值为纵坐标,由图可以看出,人群至迟在 4 岁左右就已完成断奶。此外,我们还通过同一个体的肋骨(反映个体死亡前 3—5 年)和肢骨(反映个体死亡 10 年前)的同位素数据比较,发现有 5 个个体相差较大,表明他们很可能为移民。该篇论文发表于 2018 年的《美国体质人类学学报》上。

再给大家介绍一下我们做牙齿切片的工作。我们对四川高山遗址(距今约 4 500 年)出土人遗骸的牙齿进行了切片,同时也选择了个体的肋骨和肢骨,一起进行了稳定同位素(C、N)分析。人骨的同位素数据都显示先民主要以 $C_3$ 类为食,食物主要包括淡水类资源(淡水鱼)和 $C_3$ 类植物(稻)。然而,牙本质的同位素数据却告诉了我们一个不一样的故事。

相比肋骨和肢骨而言,牙本质的 C 同位素数据明显偏正,反映了这些个体在幼儿时期摄取了一定量的粟类食物,可能源于小米粥。此外,从牙本质切片(代表不同年龄)的同位素数据之变化可以看出,先民的断奶时间至迟在3—4岁。尤其有趣的是,幼儿时期摄取一定粟类食物的先民主要为女性,而男性则相对较少。那么,这些女性是否受到北方黄河流域粟作农业的影响抑或来自北方的黄河流域,尚需今后进一步加以研究。

牙本质切片序列的稳定同位素分析,使得我们全方面揭示个体的生活史变得可能。在此给大家介绍一个我们最新的研究成果。我们对安徽萧县隋唐时期欧盘窑一个墓葬中出土的人骨和牙齿,进行了稳定同位素(C、N、O)分析、AMS-$^{14}$C测年、骨骼病理分析,并结合考古学和人类学资料,认为该个体很可能为陶工,其不断变化的同位素数据反映了该个体一生中与其低社会等级相关的动荡生活。该篇论文即将发表在《科学报告》上。

下面,我们再讲一下如何通过稳定同位素分析了解动物的驯化机制。在动物考古研究中,如何鉴别家养和野生动物,主要通过动物骨骼的形态观察和测量。然而,在驯化早期,两者形态的差异较小,往往难以进行准确判断。那么,我们就想,能否从食物获取的角度比较两种动物的差异,从而为鉴别提供依据呢?

我们最先开始的研究,始于鉴别家猪和野猪。原则上,两者食物来源上最大的差异,在于家猪极度依赖人的厨房垃圾。那么,这种差异能否反映在同位素数据上呢?2007年,我们与吉林大学合作,对遗址中形态上已可区分的家猪与野猪进行了同位素分析,确实发现家猪的$\delta^{15}$N值要高于野猪,反映了家猪对人类剩余食物的摄取。我们对仰韶时期遗址出土动物进行了稳定同位素分析,发现家养动物(猪和狗)的食物中包含了大量的粟类食物,表明其食物主要源于人类食物残留抑或人类粪便等。由此,家猪的出现,当与人群对猪的饲喂活动密切相关。根据以上的研究,我们对后李文化时期(约8 500年前)的多种动物进行了稳定同位素分析,通过猪与人类同位素数据的比较,发现了有两例猪,其同位素数据截然不同于其他野生动物,而与人类的饲喂活动密切相关。由此,通过对猪群食物资源的辨析,科学地鉴别家猪与野猪。这篇论文发表于2009年的《中国科学·地球科学》。

遵循这个思路,我们又开展了其他家养动物的研究,试图找到我国家养动物起源与驯化的新证据。在此,给大家介绍一个我们与陕西考古研究院胡松梅老师以及美国华盛顿大学圣路易斯分校马歇尔(Marshall)教授合作,开展的猫驯化机制研究。

目前,最早的猫出现于9 500年前近东地区的塞浦路斯。这具猫遗骸与人类遗骸埋在一起,尽管形态鉴别显示其是野猫,但与人的关系很接近。全球猫(包括家猫和野猫)的线粒体DNA分析显示,所有的家猫都源于近东的野猫。那么,猫是如何进入人类生活区的呢?考古学家认为,这应该是猫为了捕获进入人类生活居住地的啮齿类动物(如鼠)所致。之后,猫广泛出现在埃及,甚至被制成了木乃伊,充分表明了猫在埃及的重要性。大约在2 000年前,由于东西方文化的不断交流,猫开始进入中国。需要指出的是,在我国年代更早的考古遗址中也曾出现猫的遗骸,但缺乏深入的研究。

美国著名动物考古学家、美国科学院院士泽达尔(Zeder)教授提出,动物的驯化途径主要有三种,即共生驯化(commensal domestication)、猎物驯化(prey domestication)和指导驯化(directed domestication)。其中,大家熟悉的动物——狗和猫——被认为遵循共生驯化途径,这意味着在驯化过程中,动物与人类形成了互惠互利的紧密关系。然而,这种驯化机制从未在考古实践中得以证实。

我们对出土于陕西华县泉护村遗址三个灰坑的多例猫骨,采用了多种研究方法(骨骼尺寸测量、稳定同位素分析、AMS-$^{14}$C测年)进行综合分析,发现人、猫、鼠都摄取了大量的$C_4$类食物,从而在国际上首次提供了5 300年前人类、鼠、猫共生关系的最早科学证据,这为揭示猫的共生驯化途径奠定了基础,也为深入了解5 000多年前东西方的文化交流以及中国野猫本土驯化的可能性提供了新的研究线索。

近些年来,稳定同位素分析的研究对象逐渐延展至植物遗存。2013年发表的论文显示,倘若植物在田地里长期受过动物粪便(有机肥)的灌溉,其种子的$\delta^{15}N$值将明显增加,并且施肥的程度越大,$\delta^{15}N$值也就越高。2017年发表在《自然植物》(*Nature Plants*)上的这篇文章,系统测定了不同年代植物种子的稳定同位素,着重探讨了施肥管理对近东地区最早城市的贡献。那么,我国是否也存在同样的现象呢?

最近,我们对陕西的植物种子(粟和黍)以及动物骨进行了稳定同位素(C、N)分析,依据国外学者提出的野生植被$\delta^{15}N$值的计算标准,发现粟和黍的$\delta^{15}N$值明显高于野生植被,显示了在仰韶中晚期时就已存在施有机肥的现象。根据黄土高原的土壤肥力特点、不同动物粪便对土壤肥力提高的作用，以及考古遗址中普遍饲养猪的考古现象，我们认为，猪粪便当为粟作农业农田管理的重要原料。由此，新石器时代中晚期人类的施肥行为，可被视为我国北方地区粟作农业扩张和人口增长的重要驱动力。该篇论文发表于2018年的《科学报告》。

考古研究的目的，不仅仅是让我们了解我们的过去，还要以古鉴今。郑州大学的李凡老师曾经和动物考古学家一起，在餐馆中利用专业知识鉴别了羊排和猪排。我也一直在考虑，如何利用我们的知识为现代人群做点什么？

之前，我们以上分析的理论基础，都为"我即我食"。其实，这来自食物被生物消化吸收，转变为组织的一个动态平衡过程。然而，此过程中任何一步出现问题，就会出现"我非我食"（You are not what you eat）。已有的研究显示，女性怀孕期间以及人体营养不良，都会导致"我非我食"，反映了人体组织的同位素与食物不再存在一一对应的关系。

原则上，人体是一个分解代谢与合成代谢不断循环并保持动态平衡的结果。然而，一旦两者不协调、平衡被打破，就会造成人体代谢异常，造成"我非我食"。在此，给大家举一个癌症的例子。

我们对两例患直肠癌的女性的头发进行了序列取样，对每1厘米（代表个体头发生长1个月的时间）进行了稳定同位素（C、N）测试，发现了隐藏在头发中人体健康的奥秘。例如，时间曲线上 $\delta^{15}N$ 值的急剧增加，与其当时做的小手术密切相关；而患病后，头发的C、N稳定同位素比值，均出现了明显的上升。如此，头发中的稳定同位素忠实记录了人体健康的信息。为何会出现这种现象呢？

众所周知，癌细胞和正常细胞之间最大的区别，在于其繁殖能力。当正常细胞分裂为两个时，癌细胞已分裂为四个。在此快速分裂过程中，癌细胞需要更多的营养物质。故此，它们会优先利用人体内质量较轻的 $^{14}N$。相应地，更重的 $^{15}N$ 留在人体组织内。这个现象已经反映在培养皿上经过培养的正常细胞和癌细胞的 $^{15}N$ 值上。我们的研究揭示了稳定同位素与人体健康之间的紧密联系。除上面的研究之外，我们还观察了现代糖尿病病人头发的同位素变化，测试了新疆小河遗址木乃伊头发的序列，对其死亡之谜进行了相应的探索。我们开展稳定同位素分析，已不能仅满足于揭示人们的食物来源,而更希望知道一些食物之外的健康信息。这应该是我们今后重要的研究方向。

众所周知,DNA分析的理论基础是DNA分子中的五个碱基。与此类似,稳定同位素也有五种,即C、H、O、N、S。利用这五种稳定同位素,我们就可追踪你的一生。以稳定同位素作为示踪剂,就可全面揭示你的生活史。

我们研究的最终目标,是构建"舌尖上的中国"的演化史,了解中国胃的形成和发展历史,揭示出中国文化和中华文明的独特发展规律。

谢谢大家!

# 第十讲

# 新石器时代东亚人群的遗传结构

文少卿

复旦大学科技考古研究院

今天讲的内容是新石器时代东亚人群的遗传结构。我后面的讲演主要围绕遗传结构这个词展开。另外,我之前的专业背景是分子人类学或者群体遗传学,所以我对考古学也处于学习阶段,希望能和大家共同进步。古DNA研究现在处于一个高速发展的时期,在考古学实践和应用中可能会碰到各种问题,如果大家有什么感悟或者想法,可以随时打断并提问。

在过去的十年间,我们见证了古DNA研究的一场革命。古DNA研究的焦点在很长时间内被限制在线粒体DNA和有限个核基因组标记,但现在已经能够获得非常古老的全基因组数据。古DNA研究伴随着分子生物学技术的发展也经历了三个阶段,即属于兴起阶段的分子克隆技术、属于发展阶段的聚合酶链式扩增(PCR)技术和属于基因组时代的高通量测序技术。这一突破主要是源于高通量测序平台以及获取高度降解DNA分子的能力,并发展出了古基因组学这一新领域。相比分子克隆和PCR一代测序技术,高通量测序避免了对古代样本中获取的DNA直接进行PCR,而是将提取物用于构建可以测序或者杂交捕获的DNA文库。古基因组学具有如下优势:(1)检出率显著提高。传统方法需要有足够的空间让引物与DNA片段相结合,古代样本中大量的DNA片段降解严重,扩增子的长度(大于100 bp)已经超过了古DNA降解后的长度(小于70 bp),时常检测不出。测序法是对提取DNA的两端统一加接头,然后对接头扩增,插入片段大小不影响扩增过程,因此检出率大大提高。(2)检测通量高,传统方法一次检测的位点数有限(常染色体 STR、Y-STR & Y-SNP、X-STRs、线粒体 DNA 等),迭代的测试容易造成有限 DNA 模板的大量损耗,高通量测序技术能够对不同遗传标记组合和全基因组水平进行并行测序,所需的模板数量可以低至 1 ng 或更少。(3)便于污染评估。可以利用古 DNA 的特性来判断污染情况,例如 DNA 片段长度、序列碱基一致性,以及末端损伤情况。随着时间流逝这种损伤会逐步积累,现代人 DNA 往往不存在损伤,因此,损伤可视为判断古 DNA 序列的标准。当发现提取液中存在污染时,可以只分析那些携带损伤的古 DNA 片段。污染评估非常重要,保证了实验结果的真实性。

古 DNA 研究(1)解决了一系列人类历史和演化中悬而未决的问题;(2)使得从保存条件不甚理想的热带地区的遗骸中获取全基因组数据成为可能;(3)至少在四大领域改变了遗传学,以下分别阐述。

第一个方面是动物演化。地球上出现过的物种大部分现已灭绝。大部分遗骸已经成为化石,其中仅一小部分或许可以提取 DNA。但这些古老的 DNA 序列将有助于我们理解进化过程。例如厘清不会飞的平胸鸟类如恐鸟、几维鸟和鸵鸟(其中大部分已灭绝)的系统发生关系,研究结果显示平胸鸟类不会飞行的这一属性已在南半球演化了数次。其他趋同进化的例子包括澳大利亚和南美洲已经灭绝的有袋类食肉动物。一些灭绝动物 DNA 的获取,例如洞熊、地懒、剑齿虎、猛犸象、马、欧洲野牛、猪和狼/狗等的全基因组序列的获取,预示着更多的灭绝动物和伴生动物的全基因组将会在今后的几十年中得以检测。它们对于弄清这些物种的进化关系,以及研究这些动物的功能性适应提供了可能。

第二个方面是病原菌演化。尽管生物医药方面的研究已取得了极大的进展,传染疾病仍然对人类的健康造成威胁。曾经大流行的病原体和人类疾病的动物传染病起源一直被推测,然而,对于大部分人类的病原体的演化和扩散我们依然知之甚少。重构古代遗骸的病原基因组提供了已发疾病的基于证据的诊断,并直接揭示了病原体演化历史以及宿主-病原相互作用。比如,最近重构了古代鼠疫杆菌的基因组,提供了中世纪欧洲黑死病大流行的明确证据,并证实了在 660 年间该病原菌的遗传构成并无大的变化。出自秘鲁海岸的1000年前人类遗骸的结核杆菌基因组被发现与海豹和海狮的肺结核菌株一致，暗示了新大陆的一次意想不到的动物传染病起源。此外，研究那些在过去流行病肆掠中幸存的或死亡的个体的免疫基因将揭示病原体和免疫系统的相互作用，为防治传染疾病提供新策略。

第三个方面是人类起源。几十年来，关于人类起源的理论可以总结为两个模型：多地区演化说和出非洲替换说。从20世纪80年代初期，遗传学研究一直明确地支持现代人大约200 000年前起源于非洲，50 000—60 000年前从非洲扩张出去，随后扩散到世界各地的观点。目前已有几百篇研究论文通过考古数据、现代人遗传数据甚至人类微生物组遗传数据讨论走出非洲的大迁徙。大部分工作支持并完善了晚近替换说，包括提出这次大扩张的时间框架以及出非洲的迁徙次数和路线。一些早期的研究提出了现代人与古人类混血的观点，但是也不能排除其他的解释。对于晚近替换说的最重要的修订源于2010年的两项古DNA研究，克罗地亚温迪加洞穴（Vindija Cave）中三个尼安德特人骨骼以及西伯利亚南部丹尼索瓦洞中丹尼索瓦人指骨的DNA的获取和分析，提出了从古人类到现代人的少量基因流的直接证据。这些发现一开始也遇到了质疑，反驳者认为古老人群亚结构也可能会产生从尼安德特人基因渗入的情况相类似的遗传信号。但随后通过不同的统计方法表明，仅仅用古老人群亚结构并不能解释这一现象。尼安德特人（简称尼人）及其古人类近亲的基因组测序和分析无异于一场革命。首先，通过古DNA，古人类学家30多年前就已经提出尼人和现代人间的杂交问题得以证实。此外，发现了尼人的旁系群——丹尼索瓦人（简称丹人），并建立了其与尼人和现代人的关系。古DNA证据支持解释大部分现代人差异的出非洲替换说。但是它以一种以前没想到的方式转变和丰富了这一模型：首先，发现了仅仅通过化石特征无法辨别的丹人这个新的人种；其次，揭示了古人类混合事件的复杂性；此外，遗传学者从现代人基因组中发现了大量具有生理效应的古人类遗传贡献，如免疫系统、脂类代谢系统、高海拔适应；来自尼安德特人的遗传变异也给现代人带来了医学上的影响，如I型糖尿病、幽门螺旋杆菌易感性以及抑郁症、日光性角化病、血液高凝等疾病。

第四个方面是人类历史。得益于古DNA的研究，世界范围内的一些晚近历史事件更加清晰。西欧亚和美洲人群遭受了不同程度的扩张、人群替换和混合。比如,现代欧洲人的基因组包含至少三种或四种祖先成分。然而另外一些遗传谱系似乎走到了尽头,如古爱斯基摩人和欧亚瑟(Oase)人所属的人群,如果不是因为古DNA,他们与现代人之间的关系仍不会明了。中国因出土丰富的史前人类遗物而与非洲、西亚等地一样,是研究早期现代人类起源与演化的关键地区。但是针对该区域的基于全基因组水平的古DNA研究极其欠缺,目前只有田园洞人的基因组序列,因此对于中国旧石器时代人骨化石的古DNA研究急需开展。郑氏(Jeong)等检测了3 150—1 250年前尼泊尔安纳普尔纳保护区分属3个考古文化的8个样本的全基因组(平均2.16×),其研究结果表明尽管在文化上发生了显著的改变,但是这个区域长期以来的遗传构成非常稳定。古DNA基因组、单亲单倍型和高海拔适应等位基因都显示史前喜马拉雅人群的东亚起源。此外,一项来自新石器时代早期(7 700年前)古北亚地区(Devil's Gate)的两个采集狩猎者的低覆盖度古DNA全基因组数据研究,也揭示了整个全新世该地区人群的遗传连续性,这两个个体与地理位置上接近的阿穆尔河谷的现代通古斯语人群相一致,特别是乌尔奇人。这些研究暗示东亚的遗传模式与欧洲人群的大规模迁徙、替换的情况截然不同。

接下来我介绍一下我们复旦大学的古DNA高通量测序平台。经过长期跟一线考古人员的配合,我们形成了自己的一套流程:包括基础工作、影像记录、体质人类学研究、骨骼表型组研究、古DNA研究、骨化学研究和样本入库管理七部分。

基础工作包括样本清理、样本修复和样本记录。这里需要注意的是:(1)由于南方样本普遍保存情况很差,因此要第一时间参与发掘、清理过程。此时人骨与土壤往往很难分离,但是轮廓还是较为清晰的,一旦提取,很难再复原,因此,要第一时间用手持式3D扫描仪获取并保存骨骼信息。(2)在清理过程中,有些部位的土壤要备份,如腹部或脊椎部,可以做寄生虫等研究。此外,牙齿上的牙结石也不要破坏。样本清理后要阴干,切勿水泡和暴晒。(3)样本修复是个细致活儿,大家要对古代先民保持敬畏之心,韩康信先生复原的一些头骨堪称艺术品,大家有机会可以观摩一下。(4)样本记录切勿随便填写一个标签纸丢到样本袋里,至少要有两份记录,标签纸外面一定要再套封口袋,否则时间一长,会出现各种各样的问题。

影像记录包括整体拍照和 3D 扫描。后续的 DNA 检测和骨化学研究（同位素研究等）均为有损测试，所以，该步骤要先完成。整体拍照要做到将人骨按照解剖学位置放好，放置比例尺，然后高清拍摄，重点关注部位再局部拍摄。3D 扫描是通过不同辨析度的手持式扫描仪将所有骨骸扫描下来，我们现在用的是 Creaform 手持式三维激光扫描仪，比较轻便，精度高。

体质人类学研究是我们骨骼表型组研究的基础。除了判断墓葬内人骨的最小个体数，观察性别、年龄、身高、死前骨折或者可能的死亡原因等基本信息，我们还会做更加细致的体质测量和形态特征观察，其中测量类共计 870 项，颅骨 65 项、下颌骨 21 项、椎骨 239 项、胸骨 146 项、肱骨 50 项等；观察类共计 305 项；疾病类表型共计 7 类。

骨骼表型组研究主要是为了研究骨骼所反映的生理和病理的表型特征与基因型的关系，是学科的前沿方向。量化研究是该研究的前提。除了 2D 和 3D 拍摄，我们为了看清骨骼内部结构，进行后续的几何形态、生物力学、骨密度等分析，还对人骨做了进一步的 CT 扫描。此外，对于病理部位还会做一些 X 光拍摄。这些研究将为颅面部复原研究奠定基础。

古 DNA 研究存在样本保存情况的优先级。颞骨岩部最好，其次是牙齿和长骨，保存完整的指骨/趾骨，最后是人骨残片，实在没办法可以试试人骨和土壤混在一起的板结土（不要轻易舍弃）。值得注意的是，如果颅骨和肢骨完整，尽量不要破坏性地选取颞骨、牙齿和肢骨这些部位，可以先试试在残骨上取样。

再下来是骨化学研究。一个是同位素研究，包括碳氧同位素、碳氮同位素和锶同位素等，根据研究目的进行相关测试。一个是元素分析，或者叫古毒理学研究，可以探讨环境污染对于人的影响，比如说水源处有金属矿等，再比如去年 FIST 课程讲到的北周武帝因为长期服食丹药导致砷中毒的案例。这个时候大家要注意设立一系列的对照，消除墓葬环境对人骨的影响。

最后一步是入库管理。这一步非常重要，样本的出入库必须严格。所以说我们是在这样一个流程内，团队合作，按部就班地做事情。

所以说，复旦大学科技考古-骨骼表型组学研究平台主要分为两部分：第一部分主要是通过各种设备完成骨骼表型的采集，第二部分是通过古 DNA 测试获取基因型数据。骨骼表型组采集我就不多介绍了。对于古 DNA 实验主要分湿实验和干实验两部分。湿实验的流程包括 DNA 提取、文库构建、文库筛选和捕获测序。这里最重要的是文库筛选,因为大部分 DNA 是非人源的,所以通过 shotgun 测序,评估人源内源性,大于 10% 的继续补测,小于 10% 的我们将进行捕获测序(线粒体、Y 染色体和外显子等)。这个其实很好理解。人在死亡以后,在埋藏环境中,人骨就是一个大的培养基,这里面有各种各样的土壤微生物和真菌,它们会慢慢占据主体,人的 DNA 会不断降解,就会越来越少。那么我们需要靠探针及其杂交捕获手段,把人的 DNA 序列富集出来。干实验的流程包括数据拆分、BWA mapping、SNP calling、获得可靠的 SNP、时间估计和混合分析。其中最重要的步骤是污染评估,即利用古 DNA 的片段长度、序列一致性和末端损伤,确定是否为古 DNA 序列。这些分析都做完以后,再去与其他数据综合分析,比如体质测量数据、考古学和历史学材料,最终重塑一个族群的历史。

  下面我介绍一下我的工作重点与框架。我觉得今天能来的同学应该对 DNA 在考古学中的应用感兴趣,那么我顺势就在这里打个广告,希望有兴趣的同学未来能加入我们科技考古的团队中。

  复旦大学科技考古-骨骼表型组平台是以科技考古的手段,结合基因组学和表型组学的最新成果,回答人类/族群的起源、演化以及在跨时空框架下探讨基因、表型和环境相互作用等问题。具体而言,我们以考古墓葬中出土人骨为研究材料和对象,分别(1)通过高通量测序技术,讲述群体历史,包括高原藏族人群的混合与古人类基因渗入,新疆地区东西方人群的基因交流,农业产生以后新石器时代转型对于东亚基因池的影响等;(2)区分古人类与现代人的表型,不同时期和地域人群的代表性表型,研究这些表型的遗传机理。另外,对于疾病表型,探讨致病基因的演化路径等;(3)将古 DNA 技术引入到法医学,完成一系列抗战期间烈士遗骸的身份鉴定,建立国家英魂 DNA 数据库。

  古 DNA 在考古应用方面能干些什么呢?我觉得最直接的应用是能够干三件事情:

  第一件事情很直接,我们可以检测墓葬内部个体间的亲缘关系。Y 染色体和线粒体 DNA 具有父子和母子/女相传的特点,严格遵从父系和母系遗传的方式,传递过程中不受社会文化和自然因素的影响。单亲(Y 染色体和线粒体 DNA)遗传标记系统可以解决检测隔代亲属的问题,但是会遗漏重要的亲属关系,如果缺乏关键家系成员,就需要复杂亲缘关系鉴定。针对这一情况,我们发展了一套 in-solution 杂交捕获探针系统,其中包含 1 860 个常染色体 SNPs,判定个体之间存在的七种常见的亲缘关系,并给出每一种亲缘关系的概率,这对于整个考古遗址非常重要,我们可以梳理出一个考古遗址内部的一个亲缘地图。通过亲缘地图的话,我们可以去考察他们的婚丧嫁娶及其社会结构,这个就非常重要了。

第二个直接应用利用遗传谱系计算分化时间。以 Y 染色体为例,Y 染色体不重组且连锁,可以测试的区域接近 20M。利用 Y 染色体上稳定遗传的 SNP 突变,我们可以构建出个体或者家族之间明确的遗传关系。而且,既然 SNP 有着稳定的突变速率,当我们统计出不同人的 Y 染色体之间的突变差异数,将差异数除以突变速率,经过换算就可以估算两个 Y 染色体之间的分化时间,这就是计量进化时间的"分子钟"。跨学科研究最大的结合点就是时间及其精度。据此,我们可以重塑一个父系家族的分子家谱,并结合文史材料,通过已知墓葬个体确定未知墓主人的身份,非常重要。

第三个应用是基于基因型和表型的关系,推测墓葬个体"看不见"的表型。当然在中原地区,这个事情意义不大。因为表型信息位点在区分东亚人群的色素沉积(肤色、虹膜颜色、发色等)等方面无法达到预期,东亚人群的这些表型差异不大。但是如果这个工作在西北地区展开,特别是沿着古丝绸之路的遗址,就非常有意思了,比如说经常会发现出土个体的虹膜颜色是绿色或者蓝色。

本次讲演的题目是新石器时代东亚人群的遗传结构,遗传结构是一个动态过程,一般有三种模式,一种因为地理、文化等因素的隔离,造成人群的连续性;一种是替换,是指对于某个区域后来者完全替代了原住民。这两种方式都比较极端。

其实我们最常见的模式是人群混合。混合往往是一个族群历史的主体事件,它是非常复杂的,但是我们需要量化地研究这个过程,涉及谁是主体,谁的贡献多一点,还有各个成分是什么时间混入的。那么下面我将结合三个案例,讲述遗传结构的三种模式。

(1)案例 1　陕西省西安市杨官寨遗址

我们先讲第一种模式,即人群的延续。陕西省西安市杨官寨遗址是属于仰韶文化庙底沟时期的一个大型墓地。我们首先对人骨做了亲缘关系的鉴定,看到母系线粒体的多样性非常高,东亚常见类型都可以找得到。然而它的父系遗传类型主要是 $O\alpha$、$O\beta$ 两种类型。这两种类型在现代汉族里面各占到接近 20%。因此,我们可以看到杨官寨人群是以男性氏族为单位,其母系来源多样。

东亚的父系遗传谱系的扩张是不均衡的,常见的单倍群(遗传类型)主要有 C、D、N、O、Q 五类,存在 100 多个常见的支系,其中有 6 个支系属于爆炸性扩张,他们加起来能占到现在东亚人口接近 70%,所以我们叫这 6 个支系为超级祖父。他们的共祖时间都是距今 7 000—5 000 年前。因此,新石器时代转型对于东亚的父系遗传结构的形成影响巨大。杨官寨的主体类型 $O\alpha$、$O\beta$ 就是这六个超级老祖父之一,扩张得非常成功。

那么,我们把两个质量很好的数据与现代不同语系人群的样本相比较。从全基因组水平上看,如果绘制主成分分析(PCA)图,那么南方各少数民族将聚在一起,位于图的左侧,挨着他们的是汉藏语人群,再往上是蒙古语人群,以及通古斯人群,再往外是突厥语人群,最外围的是乌拉尔语人群,位于图的右侧。在地理分布上,越往欧亚大陆东部的人群占据主成分分析图的越左侧,越往西的占据越右侧。基于这个框架,我们可以很清晰地看到杨官寨个体与汉藏语人群的分布相接近。包括我这里没有展示的其他仰韶时期的样本也落在这个分布范围。我们东亚的遗传结构非常稳定,人群变化不大,一脉相承。

**袁靖**:我再给文少卿老师补充几句,关于杨官寨研究的重要性。他刚才讲母系的来源多样,父系相对单一。这个跟我们现在农村的状况很相似,在我们现在的农村里,男子基本上都是在当地一直住下去的,媳妇从外面嫁进来。这样的话,男性是一直在这个村子里延续下去的,在血缘上有关系。而女性是从外面嫁进来的,媳妇们之间以及这一代的媳妇和下一代的媳妇在血缘上可能就没有关系了。所以,父系和母系的谱系是有差异的,从这个角度判断,当时杨官寨已经是一个父系为主的社会了。

在古代文献《庄子·盗跖》篇里,庄子编出一个孔子见盗跖的故事。盗跖说:"神农之世,卧则居居;起则于于;民知其母,不知其父,与麋鹿共处,耕而食,织而衣,无有相害之心。"即在神农那个时代,就是说在很早的时候,古人只知道自己的母亲,不知道自己的父亲。这时的世系是以母系为主的,那时候是母系社会。但是司马迁在《史记·五帝本纪》里,记载了黄帝、颛顼、帝喾、尧、舜五个部落联盟首领,而颛顼、帝喾、尧、舜都是黄帝的子孙,那个时候是按父系排序了,即进入父系社会。所以从文献记载来看,母系社会要早于父系社会。但是,父系社会究竟出现在什么时候?我们还不清楚。文少卿博士刚才讲到的杨官寨遗址是庙底沟类型的一个遗址,距今5000年左右,依据文少卿博士的研究,我们可以说在西安地区至少在距今5000年的时候,已经是父系社会了。但是,当时的中国大地上,是不是都进入了父系社会呢?不是的。山东大学的董豫老师对属于山东大汶口文化、距今大约5000年的遗址中出土的18个人骨做了DNA分析,做出来的结果是以母系为主。母系的线索很清楚,而父系的有点杂。所以说,同样是距今5000多年,黄河中游地区跟黄河下游地区的社会结构是不一样的。当然,分别位于黄河中游和下游地区的这两个实例现在都是孤例,我们通过这两个实例看到的不一样,但是当时社会的整个状况是什么样的?我们现在还不得而知。这是一项任重而道远的研究,我们对少卿博士寄予很大的希望。山东大学的董豫老师的DNA分析也做得非常出色,我们要联合起来,设计好研究课题。从长远看,我认为DNA分析会给我们中国考古学带来一场革命性的变化。刚才少卿博士还讲到,DNA技术能够把同一墓地里死者的世代关系做出来,即把谁早谁晚的关系搞清楚。这很重要,在杨官寨遗址里可以发挥不可替代的作用。因为杨官寨遗址墓葬里的随葬品很少,无法开展器物的比较。另外,墓葬互相没有打破关系,也不能判断早晚。这样的话,考古研究人员就不知道哪个墓葬早、哪个墓葬晚,只能依据推测,但是这个推测是不是真实的,缺乏说服力。少卿博士要是能从基因上解决早晚这个问题,对于考古学又是一个重要的贡献,如果能够确定杨官寨墓地中各个墓葬的早晚,考古研究人员可以把这些标注在墓地的平面图上,这样,我们就能认识当时从早到晚墓葬的排列规律,认识古人丧葬行为的思维模式及可能反映出来的当时的社会结构,这些认识能给我们研究古代社会提供科学的依据和准确的判断,意义重大。我就补充这些。

(2) 案例2 青海省同德县宗日遗址

第二个话题是关于人群替换。我们最近刚出来的 DNA 分析结果特别有意思,这里和大家分享一下。青海省同德县宗日遗址为距今 5 200—4 100 年,从考古文化上看比较独特。考古学家根据陶器发现有两组风格,第一组的陶器与马家窑文化出土器物的风格很接近,也就是说跟周边文化的风格很接近。但是第二组的陶器很特别,不知道是从哪里来的,考古学家依据宗日遗址出土的有自身特点的器物将其定义为宗日文化。

西北大学的陈靓老师对宗日遗址出土人骨做了体质人类学研究。她选取了 18 项主要颅面部测量项目和指数项目,将现代亚洲蒙古人种各区域性类型的变异范围与宗日居民进行了比较。宗日居民为中颅、高颅结合狭颅的颅型,中等的额宽、中度倾斜的额部、中等的面宽、中等的鼻型以及中等的面部扁平度等特征与东亚类型相对较为接近。她对 21 个古代、近代组做了基于欧氏平方距离的聚类分析,发现宗日组与青海民和阳山组以及新疆哈密焉不拉克组较为接近。

我们对 10 余个宗日遗址出土的人骨样本进行了全基因组测序。主成分分析揭示了欧亚大陆人群的遗传格局,西欧亚人群聚集在主成分分析的左中部,北亚人群聚集在主成分分析的右上方,东亚人群聚集在主成分分析的右下方,中亚人群分布在三个聚类的中间,呈现为混合人群。宗日样本明显分为两拨,一拨与东北赫哲人、锡伯人较近,另外一拨与现在的藏族和土族较为接近。3 000 年前尼泊尔古代人与现代藏族在遗传上没有太大区别,也与跟现在的藏族和土族较为接近那一拨聚在一起。我们对这些样本做了 $^{14}$C 测年,发现与东北赫哲人、锡伯人较近的那拨更早,而与跟现在的藏族和土族较为接近的那一拨更晚。我们现在还没有将两组风格不同的陶器做比较,如果刚好与不同的陶器相对应,就非常有趣了。下一步,我们将对宗日遗址出土的完整的头骨进行CT扫描,以及颅面部复原,看看是不是发生了遗传谱系、颅面特征和考古学文化均不相同的两群人的替换。

(3) 案例3　新疆人群的遗传混合

我讲的第一个案例反映了中国古代人群的延续性,第二个反映了一次可能的人群替换事件。第三个案例要谈人群混合,这个话题最有代表性的当然是欧亚大陆上的东西方人群交流,特别是新疆境内人群的遗传结构的变化。

我们在新疆测量了于田流水、吐鲁番洋海Ⅰ—Ⅲ期、和静察吾乎Ⅰ—Ⅱ期的人骨样本共计443例,其中男性273例,女性170例,并整合了720个欧亚大陆群体样本的平均值数据,每个数据有统一的8项测量性状:颅长、颅宽、上面高、颧宽、眶高、眶宽、鼻高、鼻宽。样本年代覆盖了新石器时代、青铜时代、铁器时代、中世纪、近现代,各个时代群体样本量基本均值在100以上。

首先,我们通过基于欧几里得距离的K-means等聚类算法及近30种index方法,评价最优聚类个数,结果选K=3,也就是认为最优的是聚为三类。然后,采用K-means聚类标签标定样本,我们发现聚集的三类有着祖先信息,分别为:(1)欧亚西部人群,包括西欧、南欧、东南欧、北非、西亚和南亚人群;(2)北亚人群,包括东欧、西西伯利亚和南西伯利亚人群;(3)欧亚东部人群,东亚、中亚(中世纪及以后)人群。对于这三个类群,总体及两两之间在颅长、眶宽、眶高、鼻宽、鼻高五项特征均存在显著差异;东、北类群在颅宽、颧宽、上面高三项特征上的差异不显著,但它们与西类群差异显著。

有了这个聚类框架,我们再来看三者对于新疆人群的影响。在早期阶段(4 000年前),以北亚成分为主,在3 000年前,以欧亚大陆西部的成分为主,但是到了2 500年前,欧亚大陆东部的成分开始显著提升。

我们发现在新疆不同区域的人群混合有差异,北亚成分分布在新疆北部,欧亚大陆西部成分沿着塔里木盆地一圈分布,欧亚大陆东部成分沿着天山由东向西推进。

我们做了基于新疆人群样本与世界群体的线粒体单倍群频率的主成分分析(77个现代群体和51个大类单倍群),发现:(1)新疆青铜时代末期流水墓地样本更偏向印欧语系人群;(2)哈密盆地焉不拉克、五堡样本则更偏向东亚人群;(3)其他新疆古代样本,大鹿角湾、山普拉、木垒样本以及现代维吾尔族(喀什、乌鲁木齐)样本则分别在东西方群体之间。

这里面我们也得到了几条 Y 染色体的数据。一个是社科院考古所郭物老师提供的青河花海子 3 号样本,其遗传类型是 R1a1a1,该类型的扩张与印欧语人群的扩张有关。另外,流水墓地检出了 Q1b1a3,该遗传类型的高频分布地区是现在的帕米尔高原和阿富汗等地区。

从全基因组水平看,(1)塔里木盆地南缘的和田地区流水墓地样本和加瓦艾日克样本更偏向欧亚西部人群;(2)天山山脉的两个木垒样本及昆岗样本更偏向欧亚东部人群;(3)小河、花海子、洋海样本表现出比较均匀的东西方人群混合遗传结构特征。

将体质人类学数据和 DNA 数据放在欧亚大陆的大背景下,我们都看到了东西方人群的交流与混合,而且在不同时期和不同区域呈现出差异,值得继续深入研究。新疆地区人群的基因交流与文化交流是一个非常有趣的话题,是丝路考古研究的重点与热点。将 DNA、考古、历史、语言、体质等各个学科结合起来,多维度思考古代丝绸之路的人群迁徙、交流与融合,对于我们立体、系统地理解丝绸之路的过往非常重要。

# 第十一讲

# 新石器时代植物考古

赵志军
中国社会科学院考古研究所

## 一、引言

什么是植物考古？植物考古是考古学的一个研究领域，属于科技考古范畴。植物考古与其他考古学研究领域的主要区别在于研究对象，植物考古的研究对象是考古发现的、与古代人类生活直接或间接相关的植物遗存。植物考古的研究目的是通过考古发掘发现和分析植物遗存，认识和了解古代人类与植物的相互关系，复原古代人类生活方式并解释人类文化的发展过程。人类与植物的关系非常密切，衣食住行都离不开植物，为了达到复原古代人类生活方式这个考古学的研究目的，必须依靠植物考古的参与，所以植物考古是在考古研究中应用最为广泛的科技考古领域之一。

植物考古的研究内容涉及的学术问题很多，其中最重要的应该是农业起源问题。

为什么说"农业起源"是植物考古最重要的研究内容？首先，农业起源是整个考古学研究的热门课题之一。我常说，现代考古学的研究内容集中在三大起源问题上，即人类起源、农业起源、文明起源。这个说法自然有些片面或简单化，但从某种意义上讲是有一定的道理的，因为我们现在考古学研究的主要问题，如果仔细思考，或多或少都与这三大起源相关联。在考古学的所有研究领域中，植物考古与农业起源研究的关系最为密切。农业是指人类利用植物和动物的生长发育过程获取生活资源的生产行为,广义的农业就是我们常说的第一产业,包括以自然生物为生产对象的所有产业,例如种植业、林业、畜牧业、水产养殖业等;狭义的农业包括种植业和由种植业提供饲料来源的家畜饲养业。古代农业起源研究涉及的仅是狭义农业,狭义农业的核心是种植业,种植的对象是植物,最能反映古代农业起源过程的实物证据应该就是通过考古发掘出土的植物遗存。所以说,作为考古学中最热门的课题之一,农业起源的研究离不开植物考古的参与,植物考古是探讨农业起源最为有效的研究手段。

通过考古发掘可以发现的古代植物遗存分为植物大遗存和植物微小遗存,植物大遗存是指那些用肉眼或低倍显微镜就可以看到的考古出土的植物遗存,例如通过浮选法获取的炭化植物遗存、特殊保存条件下的非炭化植物遗存,以及木材碎块和炭化木屑。植物微小遗存是指那些必须通过高倍显微镜才可看见的、埋藏在考古遗址文化堆积中的植物遗存,包括孢粉、植硅体和淀粉粒。

考古出土植物遗存中最常见、也是最重要的是通过浮选法获取的炭化植物遗存。由于人类的生活离不开火,所以考古遗址文化堆积中埋藏有大量经过火的洗礼被炭化的植物遗骸,炭化作用使得有机质的植物转变为能够长期保存的无机质的炭化物质。炭化物质的密度低,小于1,水的密度是1,一般土壤颗粒的密度是2.65,据此考古学者创造了"浮选法",用以获取遗址中埋藏的炭化植物遗存。浮选法的工作原理和操作方法非常简单,伴随考古发掘,在选定区域或遗迹单位采集土样,然后将土样放入水中,比水轻的炭化物质漂浮在水面,比水重的土壤颗粒沉入水底,这样就可以使得炭化植物遗存和土壤分离,从而提取之。由于浮选法简单易行,获取的炭化植物遗存出土背景明确,出土植物遗存特别是植物种子的种属鉴定准确,相应的量化分析方法科学有效,因此浮选法就成了植物考古最为重要的一种研究手段。我们今天要介绍的主要是通过浮选法获取的植物遗存。

什么是新石器时代? 新石器时代是一个考古学的时间概念,一般按照所谓三大要素界定新石器时代,即磨制石器、陶器制作、原始农业(种植业和家畜饲养业)。但是,越来越多的考古发现揭示,这三大要素是否能够作为新石器时代开始的标志值得重新考虑。

先说磨制石器。究竟什么是"磨制石器"？是指打制好的一件石器通体被磨光，还是仅局部被磨光？如果按照通体磨光来定义磨制石器的话，石器表面磨光区域覆盖到什么程度才能被称为通体磨光？考古发现证实，百分之百被磨光的石器出现得较晚。如果按照局部磨光定义磨制石器的话，考古发现了多处旧石器时代遗址出土有局部磨光石器的例证，例如在陕西宜川龙王辿遗址出土的旧石器时代末期石器中，就发现了一件刃部磨光的大石铲。而据国外报道，在澳大利亚一处旧石器时代遗址中，发现了距今6.5万年的磨刃石器。由此可见，概念本身就比较模糊的所谓磨制石器与新石器时代的开始应该无关。

再说陶器制作。考古发现揭示，东亚地区早在旧石器时代晚期就已经出现了原始陶器。例如，日本绳文时代早期的陶器测定年代最早可到距今1.65万年。再如，在中国南方地区发现的一系列旧石器时代末期至新石器时代初期的洞穴遗址中，大多数都曾出土过1万年以前的陶器。最新研究还发现，江西万年仙人洞遗址出土陶片的$^{14}C$测定年代甚至达到了距今2万年。与之相反的是，西亚地区在栽培作物和家养动物出现后的一个很长的时间段内，当地古代先民仍然没有掌握陶器制作技术，所以西亚地区的新石器时代早期被称作"前陶新石器时代"。以上这些考古发现清楚地说明，陶器的出现也不能够作为新石器时代开始的标志。

相比较之下，还是农业起源这个标志比较可靠。事实上，柴尔德提出的"新石器时代革命"的主要内容就是农业的出现以及由此形成的定居生活。目前，世界各国的考古学界大多数也是以原始农业的出现作为新石器时代开始的标志的，例如前面谈到的西亚"前陶新石器时代"就是与栽培作物、家养动物的出现和驯化过程同步的。

考古发现证实，现今世界上主要栽培作物和家养动物的驯化时间大多起始于距今1万年前后，其中包括起源于中国的水稻与粟和黍两种小米，以及家猪，这与更新世末期和全新世初期的全球气候变化有直接关联。所以如果我们以栽培作物和家养动物的驯化为主要标志的话，中国新石器时代的起始年代应该在距今1万年前后。考古学界普遍认为，二里头文化时期是中国青铜时代的开始，二里头文化之前的龙山时代就应该是中国新石器时代的最后一个时期。按照这些标准，中国的新石器时代应该在距今1万年前后至距今

4 000年前后,这得到国内外考古学界大多数学者的认可。事实上,关于新石器时代的年代问题,目前的主要争论是分期,特别是新石器时代早期和中期的划分,但这些争论和分歧与我们今天要讨论的问题关系不大,所以不在此细述。

学术界对中国新石器时代的分期虽有争论,但在区域划分上意见相对一致。考古学的发现揭示,在新石器时代,特别是新石器时代中期以后,中国的广大区域内分布着几个并行发展的考古学文化区系类型,例如西辽河上游地区的红山文化序列、黄河下游或海岱地区的大汶口-龙山文化系列、黄河中游或中原地区的仰韶-龙山文化系列、黄河上游或西北地区的马家窑-齐家文化系列、长江下游地区的良渚文化系列、长江中游地区的屈家岭-石家河文化系列。我们将按照这六个区域分别介绍新石器时代的植物考古发现。

## 二、西辽河上游地区

西辽河上游地区是指以西拉木伦河和老哈河为主的西辽河源头流域地区,在行政区划上以内蒙古的赤峰地区为主,同时还包括内蒙古的通辽地区西部和辽宁省的朝阳地区北部。西辽河上游地区的新石器时代考古学文化系列比较单纯,最早的是小河西文化,绝对年代在距今9 000年前后,其后顺序是:兴隆洼文化、赵宝沟文化、红山文化、小河沿文化和夏家店下层文化,其中最具代表性的是红山文化,所以西辽河上游地区新石器时代考古学文化也常被简称为红山文化系列。夏家店下层文化的绝对年代在距今3 800年前后,之后的夏家店上层文化已经进入了青铜时代。

西辽河上游地区的植物考古工作比较系统,特别是21世纪以来,在该地区进行的考古发掘项目几乎都开展了浮选工作,其中以赤峰学院的植物考古实验室的浮选工作最为突出。

截至目前,在西辽河上游地区发现的小河西文化考古遗址数量有限,其中经过正式考古发掘的大多是在20世纪开展的工作,而浮选法迟至21世纪初才在国内考古学界逐步普及开来,所以至今还没有机会在小河西文化遗址开展系统的浮选工作。

西辽河上游地区的植物考古以赤峰敖汉旗兴隆沟遗址的浮选工作最为

重要，一是遗址内涵丰富，二是浮选开展得比较早。兴隆沟遗址包括了三个地点，第一地点是兴隆洼文化时期的大型村落遗址，第二地点属于红山文化的遗存，第三地点是一处夏家店下层文化遗址。伴随着2001年的考古发掘，在兴隆沟遗址的三处地点合计采集并浮选了1 400余份土样，出土了大量炭化植物遗存。其中最为重要的是第一地点的发现，最为丰富的是第三地点的浮选结果。

在兴隆沟遗址第一地点出土了炭化黍粒和炭化粟粒两种小米遗存，共计1 400余粒，其中绝大多数是炭化黍粒，炭化粟粒的数量较少。考古学者对出土的炭化黍粒直接进行了$^{14}C$年代测定，其结果为距今7 650年。迄今为止，这仍然是已知的具有直接测年数据和准确植物种属鉴定的考古出土年代最早的栽培小米之一，为探讨黍的驯化过程以及以黍和粟这两种小米为主要农作物的中国北方旱作农业起源提供了重要资料和信息。

兴隆沟遗址第二地点文化堆积埋藏得较浅，大多数房址已经被现代农田破坏，可供采集浮选样品的堆积单位有限，浮选出土的植物遗存比较贫乏，但从中也发现了炭化粟粒和黍粒。值得注意的是，在第二地点浮选结果中发现了一些坚果或核果的遗存，包括橡子、榛子、山核桃、山杏、欧李等，这说明红山文化时期的农业经济并不发达，当时的生业形态应该是农耕生产与采集狩猎并重。相同情况也出现在其他几处红山文化时期考古遗址的浮选结果中，如赤峰红山区的魏家窝铺遗址和通辽科左中旗的哈民忙哈遗址。从植物考古的角度来看红山文化时期是非常有意思的一个问题。红山文化是一个很辉煌、很伟大的考古学文化，尤其令人瞩目的是牛河梁遗址出土的大型坛庙冢群、精美的雕塑和人物造像。但是，近些年来在几处红山文化考古遗址开展的浮选工作发现，红山文化时期的生业形态是农耕与采集狩猎并重。红山文化古代先民虽然已经从事农耕生产，但是没有与其辉煌的文化遗存相匹配的发达农业。

兴隆沟遗址第三地点浮选出土的植物遗存极为丰富，在采集到的百余份浮选土样中出土了1.6万余粒炭化植物种子，其中以农作物遗存为主，包括粟、黍和大豆三个品种，合计占所有出土植物种子总数的99%。在西辽河上游地区的所有夏家店下层文化考古遗址中，只要开展过系统的浮选工作，都出土了非常丰富的炭化植物遗存，而且其中绝大多数是农作物遗存。例如，赤峰松山区的三座店遗址、红山区的二道井子遗址等。根据这些考古遗址的浮选结果,以及西辽河上游地区考古调查的浮选结果,夏家店下层文化处在比较发达的农业经济阶段,农耕生产应该是当时古代先民物质生活资料的主要来源。

西辽河上游地区的植物考古揭示,早在距今 8 000 年前的兴隆洼文化时期,已经出现了栽培作物,当地古代先民在从事采集狩猎活动的同时,已经开始尝试农耕生产。红山文化时期,农耕生产有所发展,但整体生业形态仍然以农耕与采集狩猎并重为特点。如果从农耕生产或人类的生业形态来讲,红山文化到夏家店下层之间出现了一次质变,出现了一次跃进。虽然以往都是以红山文化作为西辽河上游地区考古学文化的核心,但是从植物考古来说,农业社会的建立发生在夏家店下层文化时期。我认为,在西辽河上游地区的史前考古学文化发展系列中,夏家店下层才是真正的转折点,社会发展进入了农业社会阶段。

### 三、黄河下游地区

黄河下游地区主要是指山东省境内,同时还包括安徽北部和江苏北部,以及河南东部,其中山东南部的泗水、沂河、沭河流域以及安徽和江苏北部实际上属于淮河水系,所以黄河下游地区在考古学文化区系类型划分中一般被称作海岱地区。海岱地区新石器时代文化序列包括:后李文化、北辛文化、大汶口文化和龙山文化,龙山文化之后是岳石文化,绝对年代大体相当于中原地区的二里头文化,已经进入青铜时代。

就全国而言,海岱地区的植物考古工作开展得最充分,收获也最丰富,主要得益于山东大学文化遗产研究院的植物考古实验室的努力。据不完全统计,开展过浮选工作的考古发掘项目多达数十处,其中许多已经完成了实验室工作,并在学术刊物上发表了浮选结果分析报告和研究成果。据不完全统计,已经发表浮选结果报告的海岱地区新石器时代考古遗址有 20 余处。

海岱地区开展浮选工作的诸多考古遗址中,济南张马屯遗址的浮选结果比较重要。根据考古类型学分析,张马屯遗址的文化遗存应该属于后李文化,但 $^{14}$C 年代测定结果显示张马屯遗址文化遗存的年代早到距今 9 000 年,成为海岱地区年代最早的新石器时代考古遗址之一，并将后李文化年代的上限推到9 000年前。在张马屯遗址开展的浮选工作出土了千余粒炭化植物种子，从中发现了六粒炭化黍粒和两粒炭化粟粒。这是在海岱地区发现的年代最早的栽培作物遗存。另一个重要的后李文化时期的浮选结果来自济南月庄遗址，出土了炭化黍粒、粟粒和稻米三种谷物遗存，其中稻米遗存最为重要，说明早在后李文化时期，起源于长江流域的水稻已经传播到海岱地区。月庄遗址浮选结果的显著特点是旱田作物黍和粟两种小米与水田作物水稻同出，这说明早在距今8 000年前后的后李文化时期，海岱地区农业生产就已经显现出了稻旱混作的迹象。

根据已经发表植物考古的资料，海岱地区稻旱混作农业生产特点是在大汶口文化中晚期正式形成的。在海岱地区考古遗址中，属于大汶口文化时期的浮选结果基本上都是旱地作物粟和黍与水田作物水稻同出，但大多数仍是以旱地作物粟和黍两种小米为主，水稻的出土数量较少，在出土农作物总数中所占比例也很低。这说明海岱地区大汶口文化时期的农业生产在整体上仍然属于北方旱作农业系统。然而如果仔细分析，则在不同区域之间，水稻在农作物总数中所占比例略有变化。例如，与山东省境内大汶口文化遗址相比较，位于安徽北部的大汶口文化遗址浮选结果中水稻的出土数量和在出土农作物中所占比重相对较高。

海岱地区开展过浮选工作的考古遗址以龙山时代的数量最多，获得的植物遗存资料也最为丰富，其中连续数年开展系统浮选工作的大型聚落考古遗址就有聊城教场铺遗址、邹平丁公遗址、临淄桐林遗址、日照两城镇遗址、日照尧王城遗址，等等。根据已经发表的浮选结果及分析，海岱地区龙山时代的农业生产承续了大汶口文化时期的传统，依然是以稻旱混作为特点。大多数龙山时代考古遗址浮选结果中，出土的农作物都包括粟、黍、水稻三种谷物遗存。与大汶口文化时期略有不同的是，在龙山时代，水稻的比重有所增加，水稻在出土农作物中所占比重已经接近甚至超过旱地作物粟和黍两种小米。海岱地区龙山时代浮选结果的另外一个变化是，在一些考古遗址的浮选结果中出现了大豆和小麦遗存，显示出当地农业生产开始向多品种农作物种植方式转化。

海岱地区植物考古揭示，起源于长江中下游地区的水稻早在新石器时代早期就已经传入中国北方的黄河下游地区,之后一直存在于海岱地区新石器时代农业生产中。在海岱地区新石器时代考古遗址的浮选结果中,旱田作物黍和粟两种小米与水田作物水稻同出,说明当地居民既种植旱地作物粟和黍,也种植水田作物水稻,说明海岱地区新石器时代农业生产特点既不属于中国古代北方旱作农业,也不同于中国古代南方稻作农业,而是以种植稻谷和粟类作物并重为特点的一种特殊的稻旱混作农业生产方式。

### 四、黄河中游地区

黄河中游地区在考古学研究中是一个比较模糊的地域概念,具体到新石器时代,主要是指仰韶文化的分布范围,大体包括了陕西省的渭河谷地、山西省的汾河谷地、河南省的伊洛河流域以及豫北和冀南等几个区域。黄河中游地区的新石器时代考古学文化区系类型比较复杂,可以笼统地划分为前仰韶文化、仰韶文化早期、仰韶文化中期、仰韶文化晚期、庙底沟二期文化、龙山文化。但是,这期间除了仰韶文化中期,即庙底沟类型时期各区域考古学文化面貌相对一致之外,在其他时期不同区域都有各自的文化类型和命名,例如,渭河谷地的前仰韶文化被称作老官台文化,仰韶文化早期又分为半坡类型和史家类型,仰韶文化中期称作庙底沟类型,仰韶文化晚期称作半坡晚期类型,龙山文化被称为客省庄二期文化,其他区域以此类推。

在浮选法被广泛应用之前,考古学者就已经在黄河中游地区的一些考古遗址中发现了农作物遗存,例如,早在 20 世纪 50 年代,在西安半坡遗址出土的一件陶罐内发现了炭化粟粒。再如,20 世纪 70 年代河北武安磁山遗址出土的大量小米遗存曾引起国内外学术界的广泛关注。这些小米遗存在出土时已经完全灰化,无法辨识,其种属的鉴定是根据"灰象法"推断出来的。最近有学者对磁山遗址的小米遗存重新进行了植硅体的鉴定和研究,结果发现,磁山遗址出土的灰化谷物遗存含有粟和黍两种小米,但以黍为主。

21 世纪以来,以浮选法为代表的植物考古研究在黄河中游地区得到了迅速发展和普及。由于黄河中游地区是考古学研究最活跃的地区之一,涉及陕、晋、豫三个考古大省,同时也是中国社会科学院考古研究所的主要研究区域,所以植物考古工作开展得比较系统,取得的成果也较多。据不完全统计,已经发表了浮选报告和分析研究的新石器时代考古遗址有近30处。

黄河中游地区前仰韶文化时期以裴李岗文化为代表,主要分布在河南的中部和西部,其西的渭河谷地是老官台文化,其东北的豫北冀南是磁山文化。河南舞阳贾湖遗址是裴李岗文化时期最重要的考古遗址,同时也是最早开展系统浮选工作的考古遗址之一。伴随2001年考古发掘采集,浮选了土样125份,从中出土了丰富的炭化植物遗存,其中包括数百粒炭化稻米或炭化稻谷,以及数量可观的可以食用的野生植物遗存,例如菱角、莲藕、栎果、大豆等。量化分析结果揭示,距今8 000年前后的贾湖人已经开始从事稻作农业生产,应该还饲养了家猪,但其主要的食物来源仍然依靠采集渔猎。换句话说,贾湖人生业经济的主体是采集狩猎(渔猎),属于农业生产范畴的水稻种植和家猪饲养仅是辅助性的生产活动。值得指出的是,在贾湖遗址浮选结果中,没有发现粟和黍这两种北方旱作农业的代表性农作物,这与其他遗址的裴李岗文化时期浮选结果大相径庭。事实上,关于贾湖遗址的文化属性仍存争论,发掘者张居中先生认为,贾湖遗存具有独特的文化面貌,明显有别于裴李岗文化,应该独立命名为贾湖文化,我们植物考古研究结果即贾湖遗址浮选结果的分析似乎更支持这个观点。

黄河中游地区仰韶文化时期考古遗址开展的植物考古,以鱼化寨遗址浮选结果最为全面。鱼化寨遗址位于西安市内,是一处仰韶文化时期的村落遗址,文化堆积以仰韶文化早期类型(半坡类型和史家类型)和仰韶文化晚期类型(半坡晚期类型)遗存为主,仰韶文化中期类型(庙底沟类型)的遗存较少。伴随考古发掘开展的浮选工作出土了种类丰富、数量惊人的炭化植物遗存,仅植物种子就多达29万余粒,但其中绝大多数(23.5万粒)是从一个仰韶文化早期灰坑中出土的藜属(*Chenopodium*)植物种子。其余的5.6万粒炭化植物种子分别属于20余个种属,其中包括粟(3.6万粒)、黍(1.4万粒)、水稻(5粒)和小麦(2粒)四种农作物遗存。很显然,鱼化寨遗址仰韶文化时期古代先民的农耕生产是以种植粟和黍两种小米为特点的,属于典型的古代中国北方旱作农业传统。鱼化寨遗址植物考古研究的最大收获是揭示了仰韶文化的农业经济发展过程,根据浮选出土植物遗存的量化分析结果,特别是集中出土自一个灰坑的数量巨大的藜属植物种子,在仰韶文化早期,以种植粟和黍两种小米为主的旱作农业生产并没有取代采集狩猎活动成为当时的经济主体,通过采集获得的野生植物,例如藜属植物种子和菱角等仍然是当时的重要食物资源。随着技术和社会的发展,人类经济生活中的农耕生产比重逐渐增加,采集活动作用逐渐降低。当发展到仰韶文化中晚期,通过采集野生植物获取食物资源的必要性已经微不足道,农业终于取代采集狩猎成为仰韶文化的经济主体,至此,以仰韶文化为代表的中国北方地区正式进入以农业生产为主导经济的社会发展阶段。

黄河中游地区龙山时代考古遗址开展过浮选工作的数量很多,其中浮选规模较大的有河南的鹤壁大赉店遗址、淮阳平粮台遗址、禹州瓦店遗址、登封王城岗遗址,山西的襄汾陶寺遗址、运城周家庄遗址,陕西的扶风案板遗址,等等。这些遗址的浮选结果呈现了一个共同的现象,出土植物遗存中大多数都包含了五种不同的农作物遗存,即粟、黍、水稻、大豆和小麦,其中粟在出土绝对数量和出土概率的统计上又都明显地高于其他四种农作物品种。与粟的统计数据相比,黍的出土绝对数量并不突出,但出土概率统计结果一般不低。这表明,粟和黍这两种小米始终是黄河中游地区新石器时代农业生产的主体农作物,当地农业生产特点属于古代中国北方旱作农业的传统。然而自仰韶文化中期起,黄河中游地区的农业生产状况处在不断变化的动态过程中,水稻、大豆和小麦这三种辅助性农作物伴随着时代的进程逐渐出现或比重不断增加。发展到龙山时代,黄河中游地区的农业生产五种农作物品种齐全,农作物布局逐渐趋向复杂化,由相对单一的粟作农业向包括水稻、小麦和大豆在内的多品种农作物种植方式转化。

## 五、黄河上游地区

黄河上游地区在考古学研究中也被称作西北地区,但与我国行政区划中的西北地区概念有所不同,仅包括黄河上游及其支流的流经区域,例如青海东部的黄河河段和湟水流域,甘肃中南部的洮河和大夏河流域、陇东的渭河上游,以及河西走廊地区。黄河上游地区新石器时代文化可以分为前后两个阶段,前段与黄河中游的渭河谷地的新石器时代文化面貌基本相同,包括前仰韶文化(大地湾一期文化)、仰韶文化早期(半坡类型)和仰韶文化中期(庙底沟类型)。后段自仰韶文化中晚期起,逐步发展和演变成为具有当地特色的考古学文化,即马家窑文化(马家窑类型、半山类型和马厂类型)和齐家文化。一般认为,齐家文化应该属于铜石并用时期,而新的考古发现揭示,齐家文化晚期已经进入青铜时代。

西北地区的植物考古工作发展得较快,近些年来,伴随着考古发掘,在许多遗址都开展了浮选工作,但目前已经发表的资料不多。

西北地区新石器时代前段,即仰韶文化时期的植物考古工作主要在陇东渭河上游地区,其中秦安大地湾遗址的发现比较重要。大地湾遗址包含了仰韶文化各个时期的文化堆积。根据植物考古报告,在大地湾一期,即前仰韶文化时期的文化堆积中发现了少量的炭化黍粒,这是在黄河上游地区甚至包括黄河中游的渭河谷地所发现的最早的农作物遗存,为探讨北方旱作农业的起源和传播提供了重要的信息;大地湾二期,即仰韶文化早期出土了粟和黍两种小米遗存,其中以黍粒的出土数量为多;大地湾三期,即仰韶文化中期未见植物遗存,原因不详;大地湾四期,即仰韶文化晚期也出土了粟和黍两种小米遗存,但以粟粒的出土数量为主。大地湾遗址出土植物遗存不仅展示了陇东地区仰韶文化时期农业生产的特点,而且揭示了当地农业生产主体农作物由黍向粟转变的发展规律。

西北地区后段,即马家窑文化和齐家文化时期的植物考古工作主要集中在洮河流域和青海东部地区,近些年来,中国社会科学院考古研究所植物考古实验室和西北大学文化遗产学院植物考古实验室联合在该地区的几处重要考古遗址开展了系统的浮选工作,例如甘肃的临洮马家窑遗址(马家窑文化和齐家文化)、岷县山那树扎遗址(马家窑文化)、临潭陈旗磨沟遗址(仰韶晚期和齐家文化),青海的民和喇家遗址(齐家)等。因资料都尚未正式发表,暂不能详细介绍。概括起来讲,这些重要的植物考古工作揭示,马家窑文化的生业形态是以农业为主的,农耕生产的特点属于典型的中国北方旱作农业生产,即以种植粟和黍为主。但到了齐家文化时期,特别是齐家文化的中晚期,当地的生业形态出现变化,家畜饲养的比重逐渐增加,逐渐由单纯的农业经济向农耕生产与家畜饲养并重的生业方式转变。农耕生产自身特点也发生了变化,小麦和大麦开始出现,并逐步替代粟和黍两种小米成为黄河上游地区农业生产中的主体农作物。

从地理学概念上讲,河西走廊不属于黄河上游地区,因为河西走廊内的三大水系均为祁连山融雪形成的内陆河,与黄河无关。但是,在考古学文化区系类型划分上,西北地区包括了河西走廊,因为马家窑文化,特别是其中的马厂类型以及后来的齐家文化的分布范围都延伸到了河西走廊地区。河西走廊地区最著名的植物考古发现当属20世纪80年代在民乐东灰山遗址出土的小麦遗存,但关于这些出土小麦的年代存在争议。最近,考古学者重新返回东灰山遗址专门开展了植物考古工作,在采集到的22份土样中浮选出土了7 474粒炭化植物种子,其中包括粟(4 198粒)、黍(331粒)、小麦(98粒)、大麦(1 170粒),另外还发现了1 146个大麦小穗轴。北京大学[14]C实验室应用加速器质谱测年方法对这些出土炭化麦粒直接进行了测年,绝大多数小麦样品的测年结果都落在了距今3 600—3 400年之间,属于青铜时代早期的四坝文化,由此困扰学术界数十年的一桩疑案终于得到解决。但从此次浮选结果中不难看出,东灰山遗址四坝文化的农业生产是以种植粟和大麦这两种谷物为主的,如果再考虑到大麦粒的尺寸显著大于粟粒,可能会影响到浮选结果的数量统计,东灰山遗址四坝文化的农业生产很可能实际是以种植大麦为主的。

张掖西城驿遗址的浮选结果揭示,河西走廊古代农业生产特点由种植小米为主向种植麦类作物为主的转变过程,很可能发生在马厂晚期与四坝文化之间的过渡时期,即西城驿文化时期。换句话说,黄河上游地区新石器时代文化农业生产的特点应该属于典型的中国北方旱作农业生产,即以种植粟和黍为主。直至新石器时代末期,即马厂类型时期,当地农业生产特点发生了变化,小麦和大麦开始出现,并逐步替代粟和黍两种小米成为黄河上游地区农业生产中的主体农作物。

## 六、长江中下游地区

从考古学文化区系类型的角度讲,长江下游地区主要是指环太湖地区和宁绍平原,其中环太湖地区包括江苏南部的苏州、无锡和常州、浙江北部的杭州、嘉兴、湖州,以及上海地区;长江中游地区主要是指长江以北的江汉平原和长江以南的澧阳平原。这两大地区和所辖区域的考古学文化区系类型各自有所不同,但在新石器时代始终存在着相互交流和影响,特别是在古代农业生产特点和发展脉络上完全相同,都属于稻作农业起源区域,既然植物考古的主要研究内容是农业起源,因此我们将长江中下游地区合在一起讲述。

长江中下游地区的植物考古工作开展得比较早,这主要得益于一些区域的高水位土壤环境形成的特殊埋藏条件。例如著名的河姆渡遗址,位于姚江岸边,地势湿洼,文化堆积长期被水浸泡,为各种有机质遗物提供了良好的保存条件,因此在20世纪70年代的考古发掘中出土了异常丰富的植物遗存,其中最引人注目的是大量稻谷遗存。另外,自20世纪90年代起,长江中下游地区的植物考古学者就已经采用植硅体分析方法开展了一系列重要的植物考古研究,特别是针对稻作农业起源的研究,其中以湖南省文物考古所和浙江省文物考古所的植物考古实验室的贡献最为突出。

21世纪以来,越来越多的考古发掘项目开始同时采用浮选法和植硅体分析方法开展植物考古研究,截至目前,已经发表浮选报告的考古遗址多达10余处,其中以浙江浦江上山遗址的年代最早。上山遗址的文化堆积分为四个时期,上山文化、跨湖桥文化、新石器晚期文化(相当于宁绍平原的河姆渡文化时期)、商周时期。上山遗址浮选结果中最为重要的发现是出土了两粒属于上山文化时期的炭化稻米,绝对年代在距今1万年前后,这是目前通过系统的浮选法在层位清晰的考古遗址所发现的最早的炭化稻米遗存。除了浮选出土的炭化稻米之外,在上山文化陶片断面上还可以观察到陶土中掺和有完整稻壳,以及在上山文化地层中出土的掺杂了大量的炭化稻壳的红烧土残块。这些考古发现说明,生活在距今1万年前后的上山遗址古代先民在从事采集狩猎的同时,开始管理甚至耕种野生稻。

在上山遗址的跨湖桥文化浮选结果中也发现了少量水稻遗存,跨湖桥文化的绝对年代在距今8 000年前后。另外,在萧山跨湖桥遗址的发掘过程中采用水洗法,从跨湖桥文化堆积中也出土了上千粒稻谷遗存。这些发现反映出在跨湖桥文化时期,长江下游地区古代先民已经开始从事稻作农业生产活动。

在上山遗址相当于河姆渡文化时期的新石器晚期文化堆积中,也出土有水稻遗存,但与河姆渡文化相关的植物考古工作当属田螺山遗址最为重要。田螺山遗址位于浙江余姚,与河姆渡遗址相距仅7千米,两处遗址的微环境相似、遗址面积类似、文化内涵基本一致,堆积中都保存有丰富的包括植物遗存在内的各种有机质遗物,所以说,田螺山遗址几乎可以被看作河姆渡遗址的复制。在田螺山遗址的发掘过程中采用浮选法和水洗法获取植物遗存，出土了大量的植物遗存，其中包括水稻遗存，以及种类繁多的可食用野生植物遗存，例如菱角、栎果、芡实、葫芦属、南酸枣核、柿子、猕猴桃等。根据量化分析结果，稻谷应该是田螺山人的重要食物资源，属于河姆渡文化的田螺山人从事稻作农业生产活动；但是，稻作农业生产并没有完全取代采集狩猎活动，成为田螺山人乃至河姆渡文化的生业经济主体，通过采集获得的野生植物，例如菱角、芡实，特别是栎果，仍然是当时重要的食物资源之一。稻作农业生产与采集狩猎活动的更替是一个漫长的转变过程，不是一场非此即彼的变革。根据对田螺山遗址浮选结果的分析，长江下游地区在河姆渡文化时期仍然处在由采集狩猎向农业生产转变的阶段。

距今7 000—5 500年间的河姆渡文化主要分布在宁绍平原，同时期广泛分布在环太湖地区的是马家浜文化和崧泽文化。据不完全统计，截至目前，开展过浮选工作的马家浜文化和崧泽文化的考古遗址有近十处，其中已经发表浮选报告的有江苏昆山绰墩遗址、昆山姜里遗址、张家港东山村遗址、无锡杨家遗址，浙江海宁小兜里遗址等。另外，研究生论文中也包括了一些相关遗址的浮选结果。根据这些遗址的浮选结果分析，马家浜文化和崧泽文化的植物遗存组合与河姆渡文化的大同小异，既有水稻遗存，也包括了种类繁多的野生植物资源，例如菱角、芡实、栎果、葫芦、甜瓜、葡萄、梅、桃等。

继崧泽文化和河姆渡文化四期之后，良渚文化一统环太湖地区和宁绍平原。近些年，浙江省文物考古研究所在良渚文化分布的核心区域余杭地区发现了一座宏伟的古城，在古城北部又发现了良渚文化时期修建的大型水利工程，即用草裹泥包垒砌的绵延10余千米的防洪大坝。在良渚古城的这些重大考古发现中，与植物考古相关的是在王族居住区，即莫角山高台边缘发现了一大片炭化稻米，估计应该是一处储藏粮食的窖穴，后因失火被放弃。经过科学的计量换算，从该窖穴出土的炭化稻米在未被炭化之前的总重达11.5万千克。除了良渚古城的发现，在其他一些良渚文化时期考古遗址开展的浮选工作也展示了当时发达的稻作农业生产。

长江中游地区的植物考古也有许多重要发现，已经开展过浮选工作的考古遗址有十余处。根据已经发表的浮选结果分析，长江中游地区新石器时代农业起源和早期发展的情况与长江下游地区的大同小异，当地农业生产的特点也以种植单一品种农作物——水稻为特点,属于典型的中国古代稻作农业区。

## 七、结语

自 21 世纪初浮选法在我国得到普及和推广之后,至今开展过浮选工作的新石器时代考古遗址已经多达百余处,为考古学探讨古代生业模式和社会经济发展提供了大量植物遗存资料,特别是与农业起源研究相关的古代植物遗存资料。

通过以上梳理,黄河流域和西辽河上游地区的新石器时代考古遗址的浮选结果都以粟和黍两种小米的出土数量最为突出,几乎没有例外;而长江中下游地区的新石器时代考古遗址的浮选结果都以水稻为主,很少有其他农作物出土。这些新石器时代植物考古研究成果清楚地显示,中国古代农业起源分为两条源流:一是沿黄河流域分布的、以种植粟和黍两种小米为代表的北方旱作农业起源;二是以长江中下游地区为核心的、以种植水稻为代表的稻作农业起源。

植物考古的新发现还揭示,早在距今 1 万年前,生活在中国北方黄河流域的和南方长江中下游地区的古代先民分别开始种植某些籽粒可食用的草本植物,具体讲,北方是粟和黍,南方是稻。距今 8 000 年前后是中国古代农业起源过程中的关键阶段,不论是在北方还是南方,都发现了真正意义上的早期农业生产的考古证据。但是植物考古研究发现,当时的古代先民依旧凭借采集狩猎获取主要食物来源,属于农业范畴的农作物种植和家畜饲养仅是辅助性的生产活动,社会经济发展状况在整体上表现出以采集狩猎为主、以农耕生产为辅的特点。随着生产技术和社会的发展,农耕生产比重逐渐增加,通过采集狩猎获取食物资源的必要性已经微不足道,农业生产终于取代采集狩猎成为人类社会经济主体,人类社会正式进入了以农耕生产为主导经济的农业社会阶段。新石器时代植物考古研究揭示,古代农业社会的形成是一个非常漫长的过程,在黄河流域地区发生在距今 5 500 年前后的仰韶文化中期(庙底沟时期),在长江下游地区大约发生在崧泽、良渚文化时期。

通过对不同地区新石器时代植物考古发现的综合分析,可以勾勒出不同区域中国古代农业的生产特点和发展模式。例如，西辽河上游地区和西北地区的古代农业属于典型的北方旱作农业传统，即以种植粟和黍这两种小米为主的农业生产特点。长江中下游地区的古代农业是典型的稻作农业传统，即以种植水稻为主的农业生产特点。黄河下游地区的古代农业则表现为稻旱混作农业生产特点，即水稻与粟和黍这两种小米都是当地农作物布局中的主体农作物。黄河中游地区的农业生产呈现出逐渐由单品种农作物种植方式向多品种农作物种植方式转变的特点，早期是以种植粟和黍两种小米为代表的旱作农业，但后期逐渐演变成了包括粟、黍、水稻、小麦和大豆五种谷物的多品种农作物种植。

———— 第十二讲 ————

# 新石器时代动物考古

袁 靖

复旦大学科技考古研究院

我今天给大家讲四个方面的内容,首先是中国动物考古学研究的特征。我们认识一个事物,首先要把握它的特征。其次是动物考古学研究的方法。工欲善其事必先利其器。我们要强调方法的科学性,我们通过科学的研究方法,才能把考古资料中蕴含的信息充分提取出来,给予科学的解读。再次是新石器时代的家畜起源,赵老师讲了农作物的起源,我们要讲家畜的起源。最后是新石器时代获取肉食资源的方式。新石器时代不同的文化、不同的地区饲养家畜的方式、获取肉食资源的方式,有什么特点。还有一个内容我穿插在里面讲,就是在精神领域的作用,除了吃动物的肉以外,动物还有什么用?我会穿插在讲课里面给大家做一个阐述。

## 一、中国动物考古学研究的特征

中国动物考古学有五个特征,第一个特征是出现的时间很早,可以追溯到 1924 年。那一年我们的前辈学者在北京大学研究所国学门发表了一个考古学会的简章,在考古学会的简章里提到:"用科学的方法调查、保存、研究中国过去人类之物质遗迹及遗物,一切人类之意识的制作物与无意识的遗迹、遗物以及人类间接所遗留之家畜或食用之动物之骸骨、排泄物等均在调查、保存、研究范围之内。"这里提到家畜及古人食用后留下的动物骨骼,都是研究的对象。前辈学者认为,动物考古的研究内容是考古学研究的一个主要方向。这不仅仅是口头的宣言，还有实际的行动。十年之后，到1934年，出版了中国考古报告集之一《城子崖》。在这本报告集的第七章，题目为"墓葬与人类、兽类、鸟类之遗骨及介类之遗骸"，专门阐述了对城子崖遗址出土的哺乳动物、鸟类和贝类的研究。到了1936年，又专门出版了《安阳殷墟之哺乳动物群》这本专著，法国学者德日进和中国学者杨钟健对殷墟发掘出土的哺乳动物遗存做了专门的研究。相比城子崖的发掘报告中动物遗存的研究是其中的一章，这本《安阳殷墟之哺乳动物群》是专著，用一本书的篇幅阐述了对安阳殷墟遗址出土的哺乳动物群的研究，殷墟出土的哺乳动物主要是猪、牛、羊和鹿，另外还发现了鲸鱼，发现了大象。这是一个很好的动物考古研究案例。所以我们说中国的动物考古学出现的时间很早。

第二个特征就是要做好动物考古学研究，需要多个学科的基础知识。知识结构要完备，没有完备的知识结构是做不好动物考古学研究的。动物考古研究属于考古学研究，所以要具备考古学的基础知识，从旧石器时代考古开始，新石器时代考古、商周考古、秦汉考古、隋唐考古、宋元明清考古等，必须有一个系统的认识和理解。除了考古学的通识以外，还应该掌握一门技能，或者说掌握一门知识。这是世界考古学发展的潮流，是21世纪考古学对我们考古研究人员提出的新要求。方向明老师、陈杰老师就是我们学科发展的代表，他们都有自己的特色。方向明老师除了田野发掘和研究以外，他还做玉器的研究，专攻玉器，在这方面提出自己的系统认识。陈杰老师除了田野发掘和研究以外，他还做动物考古研究，从动物考古的角度来研究考古学。所以说我们动物考古学除了学习和掌握考古学的通论、通识以外，还需要学习动物学的基础知识，比如动物分类学，按照拉丁文的学名，对动物种属进行科学的分类。还有动物解剖学，根据动物的牙齿和骨骼的特征，确定动物的种属。还有动物地理学，认识各种动物的分布范围。还有动物生态学，认识各种动物的生态特征，动物需要什么样的栖息环境。除了动物学的相关基础知识之外，还要掌握一些相关的学科和理论。因为学科在发展，我们要把各个学科的研究结合到一起开展新的研究，才能提出新的认识，提出更加科学的依据。比如古DNA的分析、同位素分析等，还有均变说。均变说是19世纪30年代由英国地质学家莱伊尔提出的。其核心在于地球的变化是古今一致的，现在是了解过去的钥匙，即"将今论古"。根据这一原理，我们假定各种动物适应的生态环境从古至今是大体一致的，依据遗址中出土的各种野生动物，借鉴现在这些野生动物生息的生态环境，就可以推测当时遗址周围的自然环境。此外，自全新世以来，动物的解剖学特征基本上没有发生变化，其生长过程中的生理特征大致上也是古今一致的，因此，依据各种现生动物的形状、牙齿和骨骼的特征，可以对出土的动物遗存进行种属和部位的鉴定，依据多种现生动物牙齿的生长规律和磨损特征，可以推测遗址中出土的相应动物的死亡年龄。还有一个是埋藏学的概念。埋藏学是1940年由苏联古生物学家叶菲列莫夫提出的。埋藏学是专门研究生物自死亡到被发现的整个过程中，因为各种自然和人为因素的影响而发生变化的一门科学。依据这一理论，我们认为，从动物遗存被丢弃或埋葬到被发掘出土这段相当漫长的时间里，因肢解、烹煮、动物啃咬、践踏、风化和其他因素的影响，它自身包含的信息也会受到扰动、歪曲和湮没。因此在依据动物遗存研究古代社会时，必须考虑到各种埋藏因素的影响，增强对遗迹和遗物形成过程中各种外来因素的分辨和诠释能力。还有文化生态学的理论。文化生态学是1955年由美国学者斯图尔德提出的。文化生态学重视自然环境的作用，强调整合研究，主张从各个地区的人类、自然、社会和文化的各种变量的交互作用中研究各种文化的产生和发展的规律，探讨不同文化发展的特殊形态和模式。动物资源是自然环境的组成部分，文化生态学对于帮助我们客观地认识人类与动物的相互关系具有重要的作用。说了那么多知识种类，主要是强调要有这些基本知识的储备，我们不可能在以上的每个方面都去做专家，不是说要做动物考古学研究，上面谈到的知识就样样都要精通。但是要掌握基本的原理和基本的方法，这样的话，我们才能够在研究考古遗址出土的动物遗存时，有自己清晰的思路，有科学的技术路线，能够有效地组织一个团队，把各方面的专家都集中到一起，解决考古学的问题。

第三个特征是强调动物考古学研究方法的科学性。动物考古学研究在思路和方法上跟国际学术界是一致的，我们是在一个平台上，我们是在同一个知识结构的基础上来探讨问题。探讨古代人类和动物的相互关系是国际学术界共同关注的热点问题，全世界都在关注这个问题。动物的分类学在全世界是一致的，学者们都是按照拉丁文学名的分类体系对动物进行排列。我们做的仅仅是把这个分类体系翻译成中文。对动物骨骼部位的命名也是全世界一致的。动物牙齿和骨骼的测量方法、测量点全世界也是一致的。各种动物遗存的统计方法、定性定量分析也是全世界一致的。这样我们就有一个共同的对话平台。我们中国的动物考古学研究成果就是在这样一个共同的平台上走向世界,在这样一个共同的平台上开展交流的。

第四个特征是动物考古学研究的资料十分丰富。这几天老师们都讲到考古学的资料真是浩如烟海,现在还在不断地开展发掘,不断地出土新的资料。即便过去研究过的资料,我们现在有了新的思路,又要重新进行研究。动物考古学也一样,研究资料特别丰富,我们发表的研究报告,已经有近300篇。学者们做了大量的工作,积累了丰富的资料。在这个基础上,新材料还是层出不穷。举一个简单的例子,新疆地区除了已经发表的资料之外,又有六处遗址出土了新的资料,我们正在对其开展动物考古学研究。除了新疆以外,在黄河流域、长江流域,正在开展和希望开展动物考古学研究的遗址更多。

第五个特征是动物考古学研究涉及的范围很广。我写了一本书《中国动物考古学》,在这本书里对动物考古学研究涉及的内容做了一个比较全面的阐述。首先我们要对遗址出土的动物遗存进行定性定量的研究。通过研究,我们可以发现遗址里出土的动物种类有哪些、数量有多少,比如河北徐水南庄头遗址的年代为距今1万年左右。我们在遗址出土的动物遗存中发现了多种动物,有水生的,有鸟类,还有哺乳类,其中主要是鹿类。这些动物遗存反映了当时人们获取动物资源的方式和状况。另外,我们根据这些动物,还可以推测当时的自然环境是什么样的。但这已经不是我们的主要研究方向,因为我们有环境考古学的研究。夏正楷老师给大家讲过环境考古学研究,他们专门探讨自然环境,他们的方法更科学,有磁化率分析、孢粉分析、土壤微结构分析等,他们做得更全面、更直接。但是我们通过出土的动物种类,也能对当时的自然环境状况进行推测,因为发现水生动物,说明当时附近肯定有河流,有鹿科动物,证明当时有灌木丛,这些是我们对自然环境的一个推测。

其二,研究家养动物。动物考古学最主要的研究内容是探讨家养动物。家养动物在新石器时代起源以后,在古人的肉食结构中发挥了重要的作用,在古人的祭祀、随葬等精神生活中,也发挥了不可替代的作用,古人把家养动物作为自己跟神灵与祖先进行沟通的一个重要物体。这里主要介绍六种家养动物。最早驯化的动物是狗,狗是人类最亲近的朋友。其次被驯化的动物是猪,我们办过一个关于猪的动物考古研究成果的展览,称之为"与猪同行"。猪是中国古代的家养动物中与人的物质生活和精神生活关系最为密切的一种家养动物。然后是牛和羊,称之为"风吹草低见牛羊",研究牛和羊的出现及发展过程。再有是马,称之为"万马奔腾战有酣",马在中国成为家养动物之后,在中国古代历史上发挥了极其重要的作用,古代称之为铁骑。古代马匹的数量和质量就是当时的战斗力,千乘之国、万乘之国表示马拉的战车数量之多,是衡量一个国家的战斗力强弱的标准。最后是鸡,称之为"一唱雄鸡天下白",研究鸡。这就是我们所谓的六畜的研究,是动物考古学研究的一个重要方面。这些家养动物是什么时候起源或什么时候出现的,它们起源和出现之后,在中国古代历史上发挥了什么作用等。说到家养动物还涉及古人不同的饲养技术,各种饲养技术的提高也是生产力发展的一个方面。

其三,研究民以食为天,食以肉为上。古代吃肉是很讲究的事情。《左传》里提到曹刿论战,当时晋国要攻打鲁国,鲁国的曹刿要去面见国君,陈述他的想法。旁人劝他不要去。告诉他那是"食肉者谋",即吃肉的人考虑的事情。你不是吃肉的人,没有资格去。曹刿看不起那些吃肉的人,说道"食肉者鄙"。后来就是鲁国的国君听从了曹刿的意见,一鼓作气,打败晋国的军队。这个故事里讲到食肉与否,已经是身份等级的象征了。我们做动物考古学研究,当然要研究吃肉的问题。自新石器时代以来,不同时间段、不同地区的古人获取肉食资源的方式有各自的特点,我们要通过研究归纳其特征,并探讨形成各自特征的深层次的原因。

其四,对动物的开发和利用。古人饲养动物不光是为了吃肉,还有二次开发,即剪羊毛、喝羊奶、喝牛奶和马奶等,把这些家养动物作为可以移动的仓库。利用动物最为典型的实例是牛耕,牛耕是农业社会对生产力的最为成功的开发,是对中国古代农业生产的重要贡献,极大地提高了生产力水平,可以生产更多的粮食,养育更多的人口,有力地促进了各个朝代的兴盛强大。我们正在研究牛的趾骨,因为劳役的原因,过重的负担会使牛的趾骨产生病变。孔子在《论语》里说道:"犁牛之子骍且角,虽欲勿用,山川其舍诸。"意思是犁牛生的牛,毛色漂亮,角也长得好,如果仅仅因为它是犁牛生的牛,而不能用于祭祀,山川都不同意。这是明确用文字记载的当时存在耕牛的证据。文字的记载必定晚于实际行为的出现。如何寻找更早的时间段里耕牛的证据,似乎只能依靠动物考古学的研究。

其五,国之大事,在祀与戎,即国家的大事就是祭祀和打仗,祭祀和打仗都离不开动物。不同规格的祭祀活动中使用的牛、羊、猪等家养动物,也有等级高下之分。而战马是古代的重要军事力量。

其六,古人讲究视死如生。在墓葬里往往随葬动物的某些部位,这些部位的肉腐烂之后,或当时随葬时就把肉剔掉了,随葬的仅仅是骨骼,这些是我们探讨古人的生活方式、丧葬习俗的珍贵资料。古人讲究礼,古代不同身份的死者的随葬器物不同,随葬器物中放置的动物也不同。比如列鼎制度,在不同的鼎里放置不同的家养动物。

其七,研究古代的手工业。在清代的"留发不留头,留头不留发"的酷令颁布之前,中原等广大地区的古人是留长发的。这个长发要盘起来,盘起来以后要插上发笄,不让头发散开。最早的发笄可能就是树棍,后来出现骨笄,用动物的长骨制作,再后来出现玉的,还有金属的。我们在河南省安阳市的殷墟遗址发现了当时的制骨作坊。那里出土了大量的制作骨器的废料。安阳考古队的研究人员把一处制骨作坊发现的制作骨器的废料和成品运回安阳工作站,用载货4吨重的卡车拉,一共拉了24车,可见这些骨器和骨料的数量之多。结合遗迹现象,我们可以探讨当时制作骨器的生产流程,当时的生产工艺以及背后存在的生产关系。从大处着眼,把新石器时代、商周到秦汉的多个制作骨器的遗址出土的骨器和骨料放到一起进行综合研究,可以看到骨器制造业的发展过程。

以上就是我们动物考古学研究的主要内容,大家可以认识到动物考古学有许多事情可以做。

## 二、动物考古学研究的方法

现在从事动物考古学研究的人员越来越多了。许多研究机构和高校都有专门从事动物考古学研究的人员。研究人员多了,就要考虑大家的研究方法必须要统一,要规范。这样,大家各自的研究资料和研究结果才可以共享,即大家都用同样的科学方法采集资料和研究资料。这就牵涉到一个工作规范的问题,而且必须考虑要与国际上的动物考古学研究接轨。我们编了一本

《田野考古出土动物标本采集及实验室操作规范》,由国家文物局在2010年颁布。这是我们的行业标准。这里做一个简单的介绍。

我们首先要全面地采集动物遗存,除了采集肉眼可以看到的动物遗存之外,还要对特殊遗迹的土进行水洗筛选,获取那些肉眼不易发现的动物遗存,这样,我们才能具备比较全面地阐述与当时人的行为相关的动物遗存资料。这种对特殊遗迹的土进行水洗筛选的方法也被称为抽样采集。通过抽样采集的方法,往往会发现细小的鱼骨、啮齿类动物的骨骼等。这对于我们全面认识古人获取肉食资源的行为及认识与古人共生的鼠类等是十分必要的。再有一种方法是整体提取,即把动物的骨架连土完整地提取出来,用于博物馆的陈列等。这些完整的骨架是当时古人有意识地摆放的动物。

其次,把采集的动物遗存清洗干净,拼接粘对,注明发掘出土的位置。清洗干净是为了清晰地看到骨骼上的特征点、骨骼上可能留下的古人切割动物的痕迹及其他痕迹。拼接粘对是为了尽可能客观地复原古人废弃骨骼时的原貌,有些年龄比较小的动物,骨骼的关节与骨干还没有愈合,废弃后往往就脱离了,要注意粘对到一起。注明发掘出土的位置是为了在后来的整理和研究过程中不至于出现地层或单位混淆的现象。记得我从日本留学回国,到河南渑池班村遗址整理出土的动物骨骼。在清洗一个属于庙底沟二期文化的灰坑里出土的动物骨骼时,发现这些骨骼几乎全部是猪骨,且有不少破碎的骨骼可以拼对起来。我整整对了几天,最后一共拼对出七头年龄不同、但是全身骨骼基本完整的猪。当时我兴致勃勃地把这些猪骨架分别一头一头地陈列在标本架上,就回北京了。几天后,时任中国历史博物馆馆长的俞伟超先生陪着中国科学院院士刘东生先生到班村工地检查工作。刘先生当年自西南联大毕业后,曾到河南安阳的殷墟遗址工作。杨钟健先生曾经让刘先生整理过殷墟出土的动物骨骼。为了做好鉴定工作,刘先生专门到当地的肉铺里买了一些猪的各个部位的骨骼作为比对标本,最后圆满地完成了任务。正是由于这个原因,刘先生对那七头猪格外关注。俞先生回到北京后告诉我,他和刘先生看到我陈列在那里的七头猪的全部骨骼,刘先生表扬了我的工作。他们都认为,一堆破碎的动物骨骼和七头完整的猪骨架,在考古学研究上具有完全不同的意义。

再次,进行鉴定分析,确定动物的种类、骨骼的部位及左右,对牙齿和骨骼的关键点进行测量,获取相关的尺寸数据,观察骨骼表面残留的各种痕迹。

最后,全部的基本信息都要输入数据库,然后进行统计、分析。其中统计是很重要的。我们认为在动物考古学研究中,比较有用的定量统计的方法主要有三种:一种是可鉴定标本数,另一种是最小个体数,第三种是肉量统计的方法。

1. 可鉴定标本数

其含义包括两点:(1)必须是能够鉴定到种或属的动物骨骼;(2)对分别属于各个种或属的全部动物骨骼进行统计。如果发现一个遗址中出土的猪骨里,有两块左下颌骨、一块右肩胛骨、一块左盆骨,那么可以由此确定这个遗址猪骨的数量为四。这个方法的建立,对于量化统计具有重要的意义,但是其中还存在几个问题。如:(1)在动物遗存的埋藏过程中,有的动物骨骼保存下来,有的没有保存下来,这样在统计时就有误差。(2)有些动物骨骼极有特征,比如大型哺乳动物的骨骼,即便是破碎的,也比较容易鉴定。有些动物骨骼则较难确认,尤其是小型哺乳动物的骨骼,破碎后不易鉴定。这样就容易影响到统计结果。(3)是否筛选、筛子网眼的大小等不同的采集技术会造成对动物遗存收集的遗漏,也会影响到被鉴定动物的数量。(4)这种定量统计不能确认同类动物的骨骼是否属于不同的个体。比如从同一个遗址中出土的十块破碎的猪头骨如果没有办法进行拼对,也无法确定它们是否属于同一个个体时,研究人员只能推测它们可能是属于多个个体的,也可能是属于一个个体的。

2. 最小个体数

为弥补可鉴定标本数这种方法在统计上的不足,就出现了按照同类动物的各个部位骨骼的多少统计的方法。最小个体数的含义同样包括两点:(1)必须是能够鉴定到种或属的动物骨骼。(2)统计一个种或属各个部位的骨骼,有左右的必须分清左右,在确定部位和左右的前提下,哪种骨骼的数量最多,这个数字就是这个种或属的最小个体数。但是,肋骨、脊椎骨、趾骨等一般不作为最小个体数的统计对象。比如,一头猪的上颌骨、下颌骨、肩胛骨、肱骨、桡骨、尺骨、盆骨、股骨、胫骨等左右都只有一块。如果发现一个遗址中出土的猪骨里,有两块左下颌骨、一块右肩胛骨、一块左盆骨,那么由于左下颌骨发现得最多,就可以推测当时至少有两头猪。因为虽然右肩胛骨和左盆骨可能与这些左下颌骨是一个个体的,也有可能不是,当时的实际个体数可能会超过两头,但是为保险起见,我们确定的个体数以最小个体数为统一的基准,客观地讲,这也是一个目前为止比较客观地统计的办法。

我们要强调的是,数量固然可以显示动物个体或比例的多少,但是,数量不能显示当时人实际获得肉食资源的多少。比如,一只小型哺乳动物和一头大型哺乳动物在实际肉量上往往相差数倍乃至更多。

3. 肉量统计

肉量统计就是对遗址中出土的每类动物的实际肉量进行统计,由此探讨当时人的肉食结构中各种动物肉量的比例。这样做可以更加客观地反映当时人获取肉食资源的具体状况。比较常用的方法可归结为根据出土动物骨骼的最小个体数来复原肉食结构和根据出土动物骨骼的重量来复原肉食结构两种。

第一种方法为首先从文献中查知各种动物的平均体重(不考虑动物的年龄、性别等方面的差异),并按各种动物出肉率(一般按鸟类和短腿动物为70%,长腿动物为50%)计算出每种动物可提供的纯肉量;然后,用每种动物提供的纯肉量乘以最小个体数,得出考古遗址中每一种动物提供的肉量;最后把各种动物提供的肉量汇总,得出遗址居民的肉食总量,并计算出各种动物在其中的比例。这种方法的局限性首先是在估计各种动物的体重时,无法考虑动物个体的差异,如性别、年龄、死亡季节、营养以及地域差异造成的对体重的影响。其次,这种估计建立在遗址所有物种个体的各个部位均被遗址居民消费的假设基础上,但是就某些动物个体而言,被消费的可能只是这个动物的一部分,其他部分可能由于交换等原因,没有被这个遗址的居民消费。

第二种方法为首先通过称重,认识遗址出土各种动物骨骼标本的重量,再按一定比例计算出各种动物的总体重,然后按其出肉率计算出每种动物提供的总肉量,最后汇总,计算出各种动物的相对比例。这种方法主要受埋藏学的影响,其局限性更大。

另外,这两种方法都在很大程度上受制于发掘中采集动物遗存的质量和研究者的鉴定水平。相比之下,目前的肉量统计主要以动物的平均肉量乘以最小个体数为主,暂且对遗址古代居民的肉食结构做出最保守的估计,认识古代先民选择的肉食或依赖的动物种类。就像最小个体数的统计一样,因为我们是用这种肉量统计的方法对待每一种动物、每一个遗址,这种一视同仁显示的是普遍性,也可谓是共性,在一定程度上化解了由特殊性而引发的难解或困境。

在完成定量统计的基础上,选取典型标本进行DNA、碳氮稳定同位素及锶同位素研究。最后,结合考古学的发掘背景进行全面探讨,即把考古发现的各种现象和动物遗存的初步研究结果结合到一起,对当时的人和动物的关系做一个综合性的分析研究。这就是动物考古学研究的一般方法。

接下来我要讲鉴定家养动物的标准。鉴于中国古代遗址中出土最多的家养动物是猪,而家猪的特征也包括了其他家养动物的主要特点,具有较多的共性,我在阐述时主要以家猪为例,同时也列举其他家养动物的实例作为补充。主要的标准有九条。

1. 形体特征

哺乳动物被驯化后,进食、活动等一系列行为都在人的掌控之下,不能像野生状态下可以自由活动。特别是如果某些动物专门作为肉食资源被饲养的话,人为干涉的影响以及动物自身心理压力等因素往往都会影响到动物的生长发育,对它们进行历时性的观察,会发现动物体形存在逐渐变小的过程。通过对动物的牙齿及骨骼的特定部位进行测量,再和同类野生动物做比较,可以从尺寸上把握其是否为家养动物。

以猪为例,考古遗址中出土的家猪一般体形比野猪要小。通过对考古遗址中出土的猪的牙齿和骨骼进行观察和测量,可以依照一些特征比较明确地区分家猪和野猪。如由于头骨的缩短,可能出现头骨的宽长比值变大以及下颌联合部的倾斜角度增大等现象。因为家猪整个形体的变小过程不是同步进行的,颌骨齿槽可能先变小,而牙齿的尺寸却没有相应变小,要在缩短的空间里长出尺寸依旧跟原来一样大的牙齿,这样就会产生齿列扭曲的现象。我们认为,上颌第三臼齿的平均长度为35毫米、平均宽度为20毫米,下颌第三臼齿的平均长度为40毫米、平均宽度为17毫米,这些大致是考古遗址中出土家猪上、下第三臼齿的最大平均值。

2. 几何形态测量

对生物体大小形状及比例关系的研究方法称为几何形态测量,与非测量性状及传统的线性测量相比,几何形态测量侧重对标本形状和大小比例关系的量化和统计分析。通过几何形态测量可以观察到生物体的身体形态变化，形态的不同可能暗示生物个体之间的相同部分发挥着不同的作用，对自然选择压力有不同反映，或者生长发育过程有所差异，这可能是由驯化引发的，动物考古学可以应用这一方法来衡量种间或者种内差异。

通过对现代野猪、现代家猪与古代猪进行的几何形态测量学研究，驯化过程导致了臼齿形状的变化。河南舞阳贾湖遗址二期出土的猪臼齿的形态，在表型树状图上与现代家猪、贾湖遗址三期和河南西水坡遗址出土的猪臼齿更为接近，而与现代野猪、内蒙古赤峰兴隆洼遗址和广西桂林甑皮岩遗址出土的猪臼齿差别较大。这表明最晚在距今将近9 000年的贾湖遗址二期时已存在家猪，揭示了淮河上游地区是目前所知的中国家猪独立驯化的最早的中心。

3. 病理现象

病理现象出现在牙齿及其他骨骼部位上。以下分别阐述。

(1) 牙齿的病理现象

主要包括龋齿、牙周炎形成的齿槽脓肿、线性牙釉质发育不全。

① 齿槽脓肿

主要是因为龋齿和牙周炎，其产生的概率往往与食物成分中糖或碳水化合物的含量成正比，即高淀粉和高糖食物容易导致龋齿，进一步引发牙床发炎、腐烂，在骨骼上留下病变的痕迹。在以农业耕作为主的古代人群中这种现象较为常见，而不多见于以其他方式获取食物的人群中。同样，在考古遗址出土的家猪中就发现有这种现象，但是在野猪中见不到。

② 线性牙釉质发育不全

是指哺乳类动物在牙冠形成过程中牙釉质厚度方面出现的一种缺陷，比较典型地表现为齿冠表面形成横向的一个或多个齿沟或齿线。成釉细胞的釉质分泌对生理干扰非常敏感，线性牙釉质发育不全的出现一般是由发育期生理紧张造成的。在家养动物中，线性牙釉质发育不全的比例较高，而在野生动物中则很低。这很可能与家养动物在整个生存过程中都是被人控制的有关。

(2) 骨骼上的病理现象

主要表现在马的脊椎、牛的炮骨和趾骨上。多为骨质增生。主要是由于在人工驱使下，长期负荷过重。比如，正常的黄牛掌骨远端与产生病变的黄牛掌骨远端具有明显区别,正常的掌骨远端为左右两边基本对称,而产生病变的为明显不对称。正常的黄牛第二节趾骨与产生病变的黄牛第二节趾骨也有明显区别,正常的趾骨的骨骼表面比较光滑,而产生病变的趾骨都程度不同地呈现出骨质增生的现象。

4. 年龄结构

古代人类饲养动物的一个主要目的是获取肉食资源,一般家养的哺乳类动物长到特定的年龄阶段后,体形和肉量不会再有明显的增加。如此继续饲养下去所能产生的肉量,不如重新养一头幼畜见效更快。因此当考古遗址中出现某种哺乳类动物集中在一个特定的年龄阶段以非自然状态死亡时,这可能是古代人类选择在特定时间对这种被饲养的动物进行屠宰的结果。

以家猪为例,考古遗址中出土的家猪的年龄往往比较小,年龄结构以年轻个体为主。关于这个现象可以用现在的经验来解释,养猪主要是为了吃肉,猪长到1—2岁后,体形和肉量不会再有明显增加,如果继续饲养下去所产生的肉量,不如再从一头小猪养起见效快,且1—2岁猪的肉相对来说比较嫩。因此,古代饲养的猪往往在1—2岁就被屠宰,故其年龄结构中以1—2岁左右的占据多数或绝大多数。而狩猎时杀死的野猪年龄则很有可能大小不一,所以,考古遗址中出土的野猪,其年龄结构包括各个年龄段,从而表现出一种参差不齐的分布特征。

早在20世纪60年代,李有恒等依据陕西西安半坡遗址中出土的整个猪群年龄结构普遍年轻的现象,提出当时的猪是家猪的观点。当然,国外学者提出这一认识的时间更早。但后来国外有些学者在进行深入研究时对此提出反思,认为狩猎所获野猪也可能具有这样的特征,国内也有学者依据现代狩猎获取的野猪群的年龄结构的特征,对此标准提出了质疑。

我认为这些质疑是用特殊的个案对经过长年积累形成的普遍现象的否定,我们不能以偏概全。国内资料的统计表明,考古遗址中出土的家猪,其年龄结构基本上以年轻个体为主,其原因与上述饲养家猪的目的及家猪长大所需要的时间有关。而狩猎所获野猪的年龄结构则会有两种可能,一种是可能存在年轻的年龄结构,但更多的可能是年龄结构参差不齐。比如我们在对日本绳文时代中期於下贝丘遗址中出土的猪骨进行整理时,发现其年龄结构存在参差不齐的现象。日本学者西本丰弘在研究日本绳文时代其他的贝丘遗址中出土的猪骨时，也发现了同样的现象。一般而言，古代居民如果饲养家猪的话，遗址中出土的猪骨的年龄结构普遍年轻；而如果是狩猎所获野猪的话，出土猪骨的年龄结构大多呈现参差不齐的现象。实际上，国外学者的论述也并未完全否定家猪的年龄结构普遍年轻这个标准，只是强调不能将它作为唯一证据而已。

考古遗址中出土的家猪的年龄结构可能还存在另外一种特殊性，如河南偃师商城遗址中祭祀沟里出土的家猪的年龄结构中以年龄较大的个体为主，但其形态学的观察结果、牙齿和骨骼的尺寸、个体数量等多个方面的证据都明白无误地显示出家猪的特征。我们认为这是为了专门进行祭祀而饲养的猪群的特殊现象。

另外，由于特殊的原因，某种家养动物的年龄也会比较年轻。如李志鹏对殷墟出土的狗进行观察，发现存在普遍是幼年的现象，他推测当时可能存在为了丧葬专门养狗的专业户。黄蕴平发现山西曲沃晋国墓地随葬的马大多都是幼马。

5. 性别特征

考古遗址出土的一些家养哺乳动物的性别比例往往不平衡。我们推测，因为饲养是一种人为控制的行为，在人的干预下，大多数被饲养的哺乳动物都具备明显的多配偶制，也可称之为一雄多雌制。以家猪为例，考古遗址中出土的家猪的性别比例不平衡。母猪或性别特征不明显的猪占明显多数，可以确定为公猪的数量很少。母猪长大了，除了提供肉食以外，还可以繁殖小猪，因此母猪受到重视。而公猪则不同，除了提供肉食以外，只要保留极少量的公猪承担对全部母猪的交配任务即可。且公猪性成熟后性格暴躁，不易管理。因此，除保留个别公猪作为种猪外，大部分公猪在幼年时就被阉割，阉割后的公猪长到1岁半左右时就被宰杀，性别特征还不明显。而在阉割技术出现以前，大部分公猪有可能在幼年时或年纪不大时就被宰杀。

在考古遗址中发现的马骨往往都属于雄性，因为其上下颌上都有明显的犬齿，但是我们暂时还无法判断其是否被阉割过。至少陕西临潼秦始皇陵兵马俑出土的拉车的马都是阉割过的公马，而鞍马却可以分为阉割过的公马和没有阉割过的公马两类。

6. 数量比例

在以狩猎为主的状态下,古代遗址出土的动物的种类和数量往往取决于各种动物的自然分布状况、被人捕获的难易程度以及当地居民捕获动物的技术水平等。一旦考古遗址出土的某些动物骨骼在全部哺乳类骨骼中占有相当的比例,与其野生状态下的自然分布不符,且随着时间的推移,这些动物骨骼数量呈现一个从少到多的过程,这往往和家养的背景相关。以家猪为例,在黄河流域,因为饲养家猪的首要目的是获取肉食资源,其饲养的数量必须达到一定的规模才能满足肉食供给的要求,随着饲养业的发展,家猪的数量会呈现出增多的趋势。所以家猪骨骼在出土动物骨骼中往往占有较大的比例。

这里要强调的是,在饲养家畜的早期阶段,其数量比例可能不会很大,关于数量比例的认识大多要在一个历时性的过程中加以检验。如河南郑州新砦遗址不同时期出土的绵羊的可鉴定标本数,就明显存在这样一个由少到多的过程。

7. 随葬或埋葬现象

这是我们特别关注的一个标准。我们通过多年的研究发现,在中国新石器时代考古遗址中的灰坑、祭祀坑或墓葬里,往往随葬或埋葬完整的猪、狗或它们的一部分肢体。其中猪是被随葬或埋葬数量最多的动物,在中国整个新石器时代,各个地区的很多遗址里随葬或埋葬猪的现象都具有规律性。另一种被随葬或埋葬较多的动物是狗,但其出现的范围主要集中在东部地区,陕西和甘肃发现的实例相当少。除了这两种动物以外,在新石器时代晚期的遗址中存在单独埋葬完整的牛或羊的现象,在商代晚期的殷墟遗址存在大量埋葬马的现象。

我们认为,在新石器时代选定上述这些动物作为随葬品或牺牲进行埋葬,很可能因为当时人与它们有特殊的关系。不然,何以在各个遗址里发现的哺乳动物种类几乎都不下十种,但是真正在墓葬或属于特殊遗迹的土坑里主要是这几种动物。而且埋葬这些动物的习惯一直延续下来,贯穿于整个新石器时代及后来的夏商周三代乃至更晚的时期。不同地区的古代人类都侧重于将狗、猪、牛、羊和马等动物进行随葬和埋葬,一个主要原因是这些家畜容易获取,另一方面也可能暗示他们与这些动物有特殊的感情,古代人类要用这些动物在带有宗教色彩的活动中扮演重要的角色。这样,如果我们把埋葬动物的行为作为判断标准的话,在追踪家养动物的历史时,自然要涉及其最早的阶段。因此,如果发现埋葬某种动物的行为,便可将其作为可能出现饲养的重要线索。

当然,我们始终坚持,不能把墓葬中随葬的动物都当成家养动物来对待,因为在属于新石器时代前仰韶文化或仰韶文化的个别遗址里,我们还发现过数量极少的貉、鹿等动物的颌骨或肢骨,有的遗址还发现过随葬龟甲,在大溪文化的墓葬中发现随葬鱼。但是,如果在较长时段、较大范围内进行考察,就会发现上述现象仅仅出现在个别地区及特定的时间段里,属于比较偶然的行为,与我们所谓的随葬或埋葬家养动物没有什么关系。

8. 古DNA分析

生命科学研究人员已经比较全面地认识了现生动物种群的基因多样性,这为探讨古代家养动物的基因特征提供了很好的启示。

进入21世纪以来,通过对包括中国在内的考古遗址出土的猪骨进行线粒体DNA研究,科学家们正在逐步确认出自各个地区、各个时期的猪的相互关系。这为建立古代猪的整个谱系创造了条件,有利于对家猪和野猪的判断,也有利于家猪起源的研究。研究者们对中国多个属于距今4 000—3 700年的遗址出土的绵羊和黄牛标本进行线粒体DNA研究,发现绵羊的世系都可以追溯到西亚,黄牛则基本都属于西亚地区的世系,这为探讨中国家养绵羊和黄牛的起源提供了极其宝贵的证据。

9. 食性分析

依据家养动物的食物往往包括农作物的茎叶、皮、壳及人吃剩的食物等现象,通过分析出自同一遗址的动物骨骼和人骨里的$\delta^{13}C$和$\delta^{15}N$,并进行比较,可以为确认家养动物提供科学的依据。

以猪为例,距今10 000多年的江西万年吊桶环遗址中出土的猪骨从形态特征来看是典型的野猪,研究人员对吊桶环遗址中出土的13块猪骨进行稳定同位素分析,从8个个体中得到了可靠数据。其$\delta^{13}C$值中以$C_3$类植物为主,$\delta^{15}N$的平均值为2.7‰,最高值没有超过4‰。与距今4 000年的河南新密新砦遗址中出土的、从各种特征看都可以认定是家猪的猪骨进行对比,研究人员分析新砦遗址的11块猪骨中取得$\delta^{13}C$的结果显示,猪骨的$\delta^{13}C$值和人骨一样,都在 $-12‰\sim-7‰$ 这个范围之内,显示出它们以 $C_4$ 类植物为主食,与吊桶环遗址的猪的 $δ^{13}C$ 值明显不同。同时,新砦遗址中猪骨的 $δ^{15}N$ 的平均值为 6.18‰,其最低值为 4.5‰。新砦遗址中猪骨的 $δ^{15}N$ 值显示其食物中动物性蛋白的含量要比吊桶环遗址的多。$δ^{15}N$ 值的高低与是否摄入动物性蛋白关系极大。野猪在自然环境中自由取食时,不能获得较多数量的动物性蛋白,因此较高的 $δ^{15}N$ 值很可能是在人工干预的情况下,摄入包含高动物蛋白的食物而导致的。

从以上的实例中我们可以看出,由于自然环境中 $C_3$ 类植物的比例往往高于 $C_4$ 类植物,所以,如果遗址中所表现的农业特征是以粟作农业为主的话,那么仅靠 $δ^{13}C$ 值就足以证明猪是否被人工驯养,因为粟属于 $C_4$ 类植物,猪只有食用大量的 $C_4$ 类植物,其 $δ^{13}C$ 值才会以 $C_4$ 为主,这种情况只有在人工饲养的环境中才能做到。如果遗址中所表现的农业特征是以稻作农业为主的话,水稻属于 $C_3$ 类植物,单单依据这个测试结果,很难判断当时猪食用的是水稻还是其他野生的 $C_3$ 类植物,那么就要结合 $δ^{15}N$ 值的分布情况来分析猪的驯养情况。

上述这些标准是我们通过对多个不同时期、不同地点的考古遗址出土的大量动物骨骼进行研究得出的认识。现有的研究表明,在鉴定考古遗址中出土的动物骨骼是否属于家养动物的过程中,形体特征、病理现象、年龄结构、性别特征、数量比例、埋葬或随葬现象、古DNA分析、食性分析等各有其优势和使用范围。正是基于这样的特征,我们把这些标准整合到一起,建立一个系列标准,由此做到更加全面、更加客观地开展研究。

如果做进一步概括的话,这些标准还可以分为两类。一类是通过对单个个体的观察确定其特征,如头骨的长宽比、下颌联合部的倾斜角度、齿列扭曲、齿槽脓肿、线性牙釉质发育不全等形态学上的观察和测量、埋葬或随葬现象、古DNA分析和食性分析结果等,我们只要发现这些特征,基本上就可以将此个体认定为家养动物,或者至少可以提供重要线索。另一类是依照一个群体的整体状况进行判断,即对多个个体进行测量、观察和统计等,如全部牙齿尺寸大小的平均值、几何形态测量、年龄结构、性别特征、数量比例等群体特征。上述这两类标准都不是绝对的,依照个体的特征可以对群体进行推测,在对群体进行判断时,也不能忽略对个体的关注。

我们认为,在判断考古遗址中出土的动物骨骼是否属于家养动物时,上述的各项标准都是十分重要的。

### 三、新石器时代的家畜起源

中国古代有"五谷丰登,六畜兴旺"之说,"六畜"这个词最早出自《左传·僖公十九年》(公元前641年)的"古者六畜不相为用"。另外,在《周礼》里,有"其畜宜六扰"的记载,汉代郑玄注:"六扰,马、牛、羊、豚、犬、鸡。"可见马、牛、羊、猪、狗和鸡是中国古代的六种主要家养动物。研究这六种家养动物起源或出现的时间、地点、作用等是一个重要的学术课题。

在中国新石器时代的开始时期,没有发现家养动物。属于中国新石器时代早期的江西万年仙人洞遗址、湖南道县玉蟾岩遗址的年代均在距今12 000年以前。研究人员在这些遗址中分别发现了栽培稻的植硅体、陶器、石器和骨器等。据此,可以把中国古代栽培作物及制作陶器起源的时间追溯到距今约12 000年以前。但值得注意的是,这些遗址里发现的动物种属都属于野生动物,现在还没有任何依据可以证明当时已经存在家养动物。依据我们的研究,中国的家养动物最早出现于距今约10 000年,较栽培作物及制作陶器起源的时间晚了将近2 000年,这是中国古代历史的一个特点。这里按照时间顺序,分别介绍狗、猪、羊、牛等在新石器时代出现的家养动物。

#### (一) 狗

按照目前为止所知的材料,中国最早出现的家养动物是狗。狗是由狼驯化而来的。在距今10 000年左右的河北徐水南庄头遗址出土了一块狗的左下颌骨,它的下颌缘有明显的弧度,与狼的下颌缘呈笔直的状况不同;齿列长度为79.40毫米,这个尺寸比狼要小;其牙齿的排列也比较紧密,与狼的牙齿排列比较稀松区别明显;其下颌骨上的各个测量点的尺寸都比狼要小。依据这些判断,可以肯定南庄头遗址出土的这块下颌骨属于狗。在距今大约9 000年的河南舞阳贾湖遗址中,有11条狗被分别埋葬在居住地和墓地里,这是当时人对狗的一种有意识的处理,显示出当时的人和狗有一种特殊的关系。贾湖遗址的狗的下颌骨齿列及各个测量点均小于南庄头遗址的狗。可见在人的饲养过程中,狗的齿列长度随着年代的推移逐步变短。由于南庄头遗址出土的狗的齿列与狼的相比已经明显缩短了,所以我认为中国家养狗的历史不会停留在距今10 000多年的南庄头遗址这个时间段里,还可能向前追溯。

对照现在狗的用途,再结合考古遗址中出土的狗的状况,推测当时人类饲养狗的目的,可能主要是为了狩猎、看守家园、作为随葬动物或宠物。

这里要强调的是,狗的家畜化可以导致人类狩猎的策略、战术或技术发生一些变化。这种饲养行为并未给人类提供多少稳定的肉食来源,也没有对人类的生活方式产生重大影响。但是,狗作为人类最早驯化的家畜,帮助人类积累了把野生动物驯化为家养动物的经验,奠定了人类后来驯化多种家养动物的基础。从这点看,狗的出现,在人类文明的发展进程中意义重大。

(二)猪

家猪是由野猪驯化而来的。目前所知的中国最早的家猪出自距今大约9 000年的河南舞阳贾湖遗址,通过对贾湖遗址出土的猪骨进行研究,发现猪下颌骨上存在齿槽尺寸变小引起的齿列扭曲现象;牙齿的几何形态测量结果与家猪相近;猪群的年龄集中在特定的年龄段,不同于野猪种群的年龄结构模式;猪的个体数在全部哺乳动物中占据较高的比例,远远大于自然状态下野猪种群在全部哺乳动物中的比例;在墓葬中随葬猪下颌,开启后来数千年在众多遗址中发现随葬猪下颌的先河;古DNA的研究结果证明其属于家猪的谱系;碳氮稳定同位素的分析结果证明这些猪的食谱与人工喂养有关等。这一系列判断结果,证明距今9 000年左右的贾湖遗址已经存在家猪。

家猪的出现意义重大。数千年来,还没有一种家养动物像家猪一样,既是中国人最主要的肉食资源,同时,在精神领域里也扮演了重要的角色。在历史时期,家猪的饲养技术还扩散到整个东亚地区,在促进这个地区人类社会的经济生活和文化生活的发展中起到了重要的作用。

(三)绵羊

绵羊可能是由已经灭绝的赤羊驯化而成的。迄今为止可以确认的中国最早的绵羊出现在距今5 600—5 000年的甘肃和青海一带。在距今5 600—5 000年的甘肃天水师赵村遗址的5号墓和青海民和核桃庄马家窑文化墓葬中突然发现随葬的绵羊骨骼,以及距今 5 000—4 000 年的黄河中上游地区的多个遗址中,都发现绵羊的骨骼,其数量随着年代的更新逐渐增多。在有的遗址中还发现有灼痕的绵羊肩胛骨,显示其与占卜有关。全部绵羊骨骼的测量数据跟商周时期可以肯定是家养绵羊的测量数据十分接近,古 DNA 的研究结果证实具有这些基因特征的绵羊最早起源于西亚地区。食谱研究发现,绵羊的食物中包含有人工喂养的小米秸秆等饲料。依据绵羊的突然出现及古 DNA 的证据,当时很可能是通过文化交流,从中国境外将已经被驯化的绵羊传入中国。

家养绵羊及后来出现的山羊都可以给人类提供肉食及奶制品,羊在古代的祭祀活动中也发挥了重要的作用,羊毛还可以为人类的衣着提供原材料,提高人类抵御风寒的能力,获取羊毛和编织毛织品还带动了手工业中专门领域的发展。

(四)黄牛

现代的家养黄牛均起源于距今 10 000 年左右的西亚地区的野牛,其被驯化后逐渐向东西两个方向扩散。中国古代的黄牛是距今 5 000 年左右从中亚地区传入的。迄今为止,中国最早发现的黄牛位于 5 000 多年前的甘肃地区,多个遗址中出土的黄牛数量从早到晚大致都有一个逐渐增多的过程。对黄牛骨骼的测量结果证实,其与商周时期的可以明确肯定是家养黄牛的数据十分接近。距今 4 500 年以来,在黄河中上游地区的多个遗址中都发现了埋葬黄牛的现象,比如在距今 4 500 年到距今 4 000 年左右的河南柘城山台寺遗址中,发现有 9 头黄牛集中在一起埋葬,摆放得比较规整,古 DNA 的测量结果证明其与起源于西亚地区的黄牛属于同样的谱系。食谱研究证实其食用的是人工喂养的小米的秸秆等。

家牛的出现,除了使人类获取肉食资源的来源多样化,在精神领域发挥重要作用之外,其最大的用途是犁地。牛耕极大地提高了古代农业劳动的生产率,这个新的生产力的出现有力地促进了古代农业经济的发展,可称之为中国农业发展史上一个划时代的进步。

概括起来说,按照迄今为止的动物考古学研究结果,这几种主要家养动物开始出现的时间、地点和种类如下:距今 10 000 年左右,在河北省的南部出现狗；距今9 000年左右，在河南省的南部出现猪；距今5 600—5 000年，在甘青地区出现绵羊；距今5 000年左右，在黄河上游地区出现黄牛。这些家养动物分别起源或出现于不同的时间和不同的地点，但基本上都位于中国的北方地区。

尽管随着今后考古发掘的进展及研究方法的进一步科学化，上述关于六种主要家养动物起源及出现的观点可能还会得到修改和完善，但是有一点认识基本上是可以肯定的，即中国古代家养动物的出现过程分为两种模式：一种是中国古代居民在与一些野生动物长期相处的过程中，根据自己的需要逐步控制它们，将其驯化成家畜，这可以以狗和猪为代表。另一种是古代居民通过文化交流，直接从其他地区把已经成为家畜的动物引进来，这可以以绵羊和黄牛为代表。这个模式从一个侧面反映了中国古代历史的形成过程。

我们还要研究为什么起源的问题。国外有些学者从文化生态学的角度分析古人最初驯化动物的起因。"最佳觅食理论"（optimal foraging theory）认为，资源减少、环境恶化是推动驯化的首要原因。当理想的野生资源变少，人类不得不扩充食谱，将低能量回报的动、植物纳入食谱，并等待资源的滞后回报，以此来弥补能及时获得、提供高能量的大型动物的不足。"文化生态位构建理论"（cultural niche construction）则认为，资源丰富且来源稳定的地区更适合人类作为生态位构建的主导者，将不同物种融为一个整体，进行动物驯化。另外，讨论到更具体的驯化起源模式时，克拉顿-布洛克（J. Clutton-Brock）的保持肉量供应的移动食物库理论，也采取了文化生态学的视角。

还有一些学者注重探讨社会内部的动因对动物驯化产生的影响。本德（B. Bender）认为，领袖人物为了在竞争中获胜、取得当地的权威，通过驯化物种可以有效地控制社会资源与劳动力，而为了进一步巩固财富积累、树立威望，强化食物生产，最终导致了驯化和农业的产生。海登（B. Hayden）的夸富宴理论同样认为，最早驯化的物种往往不是果腹的食物，而是某种奢侈品，分享这些奢侈食物的竞争宴享便是推动生产方式向物种驯化转变的原因。罗运兵针对中国辽西地区的考古资料，提出为了在祭祀活动中使用动物而养猪的祭祀说。

人与动物的关系也是剖析动物驯化的一个重要视角。里德（C. Reed）的宠物理论认为，将驯服的小动物带回人类的居住地饲养是驯化的基础，在小动物成长或偶然繁衍的过程中，人们才逐渐发现了这些动物除却宠物之外的其他作用。罗素（N. Russell）还总结了人与动物的其他关系，如作为捕食者的人等，提供了研究驯化起源的不同视角。

然而，并没有哪一种理论是放之四海而皆准的。刘莉、陈星灿指出，驯化的出现既有生态因素，也有社会因素，尤其是考虑到中国的物种驯化中心大多位于自然资源富庶的地区，而且这些物种长久以来都是人类食谱组成的一部分，既提供了必要的主食，也可能作为奢侈品在夸富宴中使用。

关于驯化的动因莫衷一是，关于驯化的具体步骤也是讨论家养动物起源的热门话题。

瑞兹（E. Reitz）和维恩（E. Wing）将最初的驯化过程概括为三个步骤：捕获和控制动物，驯服动物，以及控制动物的繁殖。第一步，捕获和控制动物。这些动物或是生活在人类居住地周围的共生物种，或是由不同形式狩猎捕获的动物。这一阶段有助于人们近距离观察捕获的野生动物，积累动物生态、行为的相关知识。第二步，驯服动物。将幼年的动物带入居住地，更容易将其驯服。里德还设想了年幼动物由同样年幼的小女孩来负责照料的情景，幼年的动物作为宠物，在饲育、陪伴和嬉戏的过程中，小女孩学会了女性这一社会角色所需的能力，动物也同时适应了人类的控制。第三步，控制动物的繁殖。人类既做到有意识地控制动物的繁殖，从而保证驯化的进程，形成理想的动物生理、行为特点，也不可避免地受到自然环境、社会文化的制约，不得不做出妥协。

泽达尔（M. Zeder）则提出动物驯化经历的三种途径："共生途径"（the commensal pathway）、"猎物途径"（the prey pathway）和"直接途径"（the directed pathway）。"共生途径"指的是某些动物生活在人类栖息地周围，长期与人类生活在一起，渐渐和人类建立起了社会和经济联系，从而最终被驯化。遵循这一途径的驯化，至少在最初阶段不需要人类有意为之。只有在共生物种已经充分适应了人类生活的环境后，人们才能有意识地对其进行培育。而从"猎物途径"开始的驯化，始于人们面对野生资源的波动，改变了狩猎策略，缓解了狩猎压力，从而促进了猎物数量的增加，最终导致动物被驯化。这一过程也并非为驯化而驯化。唯有"直接途径"是其中唯一一种人类有明确目的的驯化，通过这一途径驯化的动物主要为人类提供了肉食以外的次级产品或供人类使役,如马、驴、骆驼等。因此,这种驯化对人力的投入、技术的支持均有一定要求,可能并不发生在驯化的最早阶段。

我们认为,随着大量的考古新发现,不同地区、不同社会的动物驯化过程都被纳入了研究的范畴。研究者更倾向于通过考古学个案来研究各个地区具体的驯化模式,用实际材料来完善理论构建。单一动因的理论模型受到了质疑,将自然环境、物种生态、社会文化、意识形态等多方面因素纳入综合考虑的范畴,进行全方位的思考,逐渐成为动物驯化研究的主流。而考虑到驯化的步骤和途径,由于各个地区古代文化发展及驯化动物的独特性,比如西亚地区经历了前陶新石器文化,最早驯化的动物包括绵羊、山羊和黄牛,而中国新石器时代早期的陶器和农作物往往是同时出现的,猪排在最早驯化的动物的前列。不同动物的生态特征、生活习性各异,不同文化的发展进程更与当地的自然环境、文化传统密切相关,依据不同的资料难免会有不同的认识。这里主要围绕中国的资料进行分析,以求对中国古代驯化动物的动机进行再探讨,并思考中国的考古材料如何帮助回答驯化起源这一全球性课题。

这里围绕狗和猪的驯化过程进行探讨。驯化包括驯化者和驯化对象两个方面。驯化是一个以人的意志为主导,从以往人猎杀动物变为人完全控制动物,并有意识地对其进行繁殖和选育的过程。依据中国的资料,我们认为严格地说,驯化动物的缘起可能并非出于明确的补充食物短缺或夸富宴等功利性目的,因此生态学的理论或社会政治的理论都无法解释中国的驯化起源。相反,宠物理论强调了动物的陪伴和娱乐性质,符合动物最初的驯化是为了娱乐的假设。在讨论驯化时,我们不能忽略这个起于娱乐的开端。而真正具有功利目的的驯化是在古人熟悉特定动物的生态特征、生活习性及产生特定需要的过程中逐步形成的。

以狗为例,狗是由狼驯化而来的。从狼的生态特征可以发现,其栖息范围很广,从中国东北的冻土带到属于亚热带的两广、云南都有它们的分布。它们一般单独或雌雄成对而栖,在北方平原或荒漠地区于冬季集合成群,进行觅食活动,利用岩窟、小坑、矮树林等为巢,抚育幼崽之窝多近水源,如溪流、池沼附近。狼的视觉和听觉都很好,嗅觉最佳,多在夜间活动,善于奔跑,时速可达50千米~80千米。它们摄入的食物很杂,主要以中小型兽类为主,有时亦成群攻击大型鹿类。狼在每年1—2月间交配,怀孕期60余天,每次产仔 5 只～10 只，雌雄共同抚养幼崽，幼崽经 10 个月左右完全长成，出生后 2—3 年达到性成熟。雌狼每年生育，狼的寿命约 12—15 年，体重 30 千克～40 千克。

俄罗斯研究人员对犬科动物中的狐狸进行过驯化的实验，实验结果发现，从开始饲养狐狸到第二代，狐狸出现了行为变化，对人类的攻击性反应逐渐消失。到了第四代，有些幼崽会摇尾巴，开始主动接近人类，允许人抚摸和抱自己。到第六代，将它们放出笼子后，最友好的幼崽还会跟在人身后并主动舔人。到第九代，狐狸出现了形态变化，原先出生后不久耳朵就会竖起来，现在保持下垂长达 3 个月。同时，毛色发生变化，第一次出现花斑色皮毛，前额有星状图案。到第十三代，驯化后的狐狸见到人，尾巴会向上卷起。到第十五代，有些狐狸的尾椎变短、变粗，椎骨数量减少。短短几十年的时间，野生的狐狸便被人成功地驯化为家养动物。科学家们认为，导致这些变化的是特定的基因，这些基因使动物倾向于驯化。到现在为止，科学家尚未确认易于驯化的特定基因，研究仍然在进行之中。

狗在世界各地都是最早被驯化的动物。我们推测，最早可能是狼来到古人的居住地附近，在古人的生活垃圾中寻找食物，人和狼有了相互照面的机会。后来，人偶然捕获了狼的幼崽，作为玩耍的宠物饲养。狼崽的食量小、食性杂，容易养活，而其与生俱来的生态特征，便于人与饲养的狼（或者可以称之为最早的狗）在较短的时间内建立起亲密的关系。在狼驯化为狗之初，当时的人很可能是首先将其作为宠物来对待。毕竟，这是当时除了人自身之外，第一种与人亲近的动物，而且它亲近人的行为，如摇尾巴、舔舐和陪伴等，都会增加古人对它的好感，希望它随时待在自己身边。这种行为出自古人对于友情的认识，也进一步丰富了古人对于友情的认识。而后，在作为宠物狗饲养的过程中，古人逐渐发现了它们的一些特殊功能，开始有意识地进行开发与利用。比如，可以将其作为猎犬或警卫犬等。当然，即便是作为猎犬或警卫犬，其宠物的身份仍可以兼而有之。

要说明的是，依据动物考古学的研究结果，我们没有在新石器时代的考古遗址中发现数量较多的家犬遗存，也没有在众多有年代早晚顺序的考古遗址中，发现在较长的时间段中家犬遗存出现由少到多的发展过程，可见人类始终没有将家犬作为肉食的主要来源进行饲养，符合狗作为宠物而非食物的假设。从实际因素考虑,这可能也与一只家犬所能提供的肉量一般仅有 10 千克左右有关。古人可能认为,与其依靠长时间地饲养家犬获取少量的肉食,不如饲养肉量多的其他家畜更为合适,这样增加肉食资源更为可靠,因此并没有形成大量饲养狗和食用狗肉的习惯。

再以猪为例,家猪由野猪驯化而成。从野猪的生态特征看,其栖息范围也十分广泛。野猪多在灌木丛或较低湿的草地和阔叶林中栖息,没有一定的住处,过着游荡的生活,只在生殖时才筑巢,在密草之上盖以树叶,形成一个窝。野猪为杂食性动物,吃各种杂草、树叶、树枝和树根及其他野生动物的尸体,有拱土觅食的习性。雄猪往往单独行动,其他野猪则成群,头数不一,有数头、一二十头或几十头不等,在防卫时表现得异常凶猛。野猪的寿命一般为 20 年左右,出生后 5—12 个月即可交配,雌性野猪每年生育,一般在 10 月间交配,次年 4、5 月产仔,每次产仔 5 头~6 头,偶有产仔达 15 头,幼仔生下后五六天即可随母猪外出活动。野猪的体重一般在 150 千克左右,个别雄猪可达 250 千克。

我们推测,野猪也是会到古人的居住地附近觅食的动物。古人通过与野猪的接触,逐渐认识到野猪的生态特征、生活习性。一般而言,成年野猪的性格暴躁,不易被人控制。对野猪的驯化应该是从幼猪开始的。罗运兵指出,幼猪很容易获取。仔猪出生后要留在窝中几个星期,当母猪在拂晓或黄昏时外出摄取食物,会将幼仔单独留在窝里。一旦猪窝被人知道,人们便能比较容易地获取其幼仔。国外学者曾经用这种方式分别在伊朗和伊拉克获取过猪仔。因为不是特别缺乏肉食,人们就像喂养狗崽那样作为宠物喂养幼猪,幼猪逐渐适应人的驯化,慢慢成长起来。小猪圆头圆脑,憨态可掬,即使在今天,大肚猪(pot-bellied pig)还在美国被当成宠物饲养。从民族学的资料看,不少地区猪都是散养的,如土家族历来有放养猪的习俗,在放出猪圈之前一般不喂东西,到下午赶回来后,喂些青草和少量粮食。在我国南方的农村地区,初购入小猪时,多用绳子拴系,待其熟悉新主人和生活环境后,即可散养。在饲养方式粗放的农区,也有猪白天放养于舍外,夜晚自行按时归家的情况。猪在生长期间,饲料多比较粗糙。在催肥期,多给予它们比较好的饲料,如碎大米等。对于饲料的处理,有些地区常将谷类饲料先压碎或者磨碎,有时将饲料煮熟,调成稀薄糊状。我当年在云南西双版纳插队落户时,寨子里各家养的猪白天在寨子里自由活动，但到晚上必定各回各家，主人给它们喂一顿猪食，一般用米糠煮野菜，野菜主要是在池塘里采集的浮萍等。可见，猪十分适应人的生活环境，并能按照指示外出与归巢。

古人通过养狗的过程，也包括从人自身的性交、怀孕、生子的过程中得到启发，促使公猪和母猪交配，让母猪怀孕及生小猪。特别是猪和狗一样，一次可以生几胎，喂养与产出可呈几何级数增加。当然，古人的喂养建立在对猪的生态特征、生活习性逐渐熟悉的基础之上，必定不是一帆风顺的，可能遭遇过多次失败，比如出于偶然的原因，把猪养死了，或者不得不把猪杀了。从开始喂养幼小的野猪到积累了较为成熟的饲养经验，可能经历了一个相当长的过程。经过不断实践，古人开始有意识地捕捉幼小的野猪，主动喂养它们，把它们养大，让它们交配，生育小猪，再将下一代的幼猪养大。如此这般不断反复，喂养经验逐渐丰富、喂养技术不断进步，在喂养的过程中，逐渐形成喂养是为了达到某种目的的功利性行为，如吃肉、用于祭祀等。

从中国新石器时代黄河流域考古遗址出土的动物骨骼数量上看，自开始饲养家猪到以饲养家猪作为获取肉食资源的主要方式，这个过程历时长达2 000多年。这与黄河流域的古人从采集野生植物到主要依靠栽培农作物的漫长发展进程密切相关，这可能受到人口的逐渐增加及野生资源能否满足要求的左右，但也不能忽视它在一定程度上反映出驯化和栽培从初始到走向成熟之不易。

我们认为，在中国新石器时代，各个地区饲养家猪的多少与实际的需求密切相关。比如，黄河流域新石器时代的居民在距今10 000年左右还完全通过渔猎获取肉食资源。到距今8 000—7 000年已经出现两种新的获取肉食资源的方式，一种是以渔猎为主，饲养家猪为辅；一种是以饲养家猪为主，而以渔猎为辅，在这类方式中家猪的比例一般没有超过哺乳动物总数的60%。从距今6 000多年以来，饲养家猪的方式在这个地区古人获取肉食资源的全部活动中所占的比例越来越大，直至占据绝对多数。这是当时人口增加，随之而来的肉食需求量增加，野生动物资源减少，以及古人主动饲养家猪等综合的结果。而在长江流域新石器时代的漫长岁月中，家猪的数量却始终没有占据多数，鱼类和其他野生动物——尤其是鹿科动物——是这个地区新石器时代居民的主要肉食资源，渔猎是当地先民获取肉食资源的主要方式，丰富的野生资源可以满足他们的需求,因而限制了饲养家猪行为的发展。

由此可见,饲养家猪的多少是由人的主观意志决定的,而人的主观意志又受到实际需求及饲养方法的控制和影响。

在古代特定的区域与随葬和祭祀活动有关的遗迹中也发现了利用狗和家猪的现象。最早的实例可以追溯到距今9 000—7 000年的河南舞阳贾湖遗址,在那里埋葬了十余只完整的狗及随葬的猪下颌。贾湖遗址埋葬的一部分狗可能是用于警卫的,这里不做专门的解释。而随葬和祭祀是一种服务与自己有血缘关系的亲人的行为,或为了帮助其去往阴间世界,或为了向他们叙述自己的祝愿或禀告事由。我们认为,如果不是借助于自己长期饲养的动物或自己长期饲养的动物所生产的后代,自己的想法能否顺利地实现可能会成为问题,因为这里存在一个能否顺利交流的障碍。长期饲养的动物及其后代可以理解饲养者的内心世界,会忠实地进行传达或发挥自己的作用。相反,野生动物与人的联系是一种极其偶然的行为,野生动物不属于任何人,人与它们互相是陌生的,人不会托付一个被自己强行捕获的陌生物种去传达自己的心声、去帮助自己的亲人。考古发掘证实,自新石器时代以来,野生动物作为随葬和祭祀的用品出现的概率极低。我们推测,那种作为随葬和祭祀用品的野生动物有可能是当时人在特定时间里仍尝试着作为家养动物饲养的物种,只是这类物种没有配合饲养,因而这种饲养活动没有成功地延续下来而已。

这里需要指出的是,我们现在看到的驯化物种都具有较强的实用性,比如提供稳定的肉食,发挥狩猎、警卫作用,被用来进行祭祀等,在人类的生存和精神活动中都发挥着特殊的作用。如果没有实用性,其作为宠物饲养的行为不太可能出现普遍性和持续性,就像现在有些人也饲养乌龟、猴子和蛇等宠物一样,仅仅是作为一种个人娱乐的行为,没有广泛的实用价值。这种行为在一些人群中出现以后,代代相传的概率极低,全面推广的实例也基本见不到。

还有一点需要引起注意的是,在中国众多考古遗址发现的动物遗存中,可以明确认定与夸富宴相关的实例少之又少。我们在作为废弃物堆积的灰坑中极少发现骨骼成堆出现的现象,因为不能肯定在一个灰坑的不同层位里出土的动物骨骼都是当时一次性集中消费肉食后形成的,对此我们不能过度推测。迄今为止,我们仅在发掘河南舞阳贾湖遗址时,发现 H460 出土 1 000 余块动物骨骼,其中主要是鹿骨,其出土时堆积在一起,没有有意识地摆放迹象,明显是短时期内一次性废弃堆积而成,当时似乎存在集体消费鹿肉的行为,这可能是当时进行过夸富宴的证据。需要强调的是,鹿科动物在新石器时代全国各个地区最终都没有成为家养动物,这可能与鹿科动物一胎只生一个的生理特征相关。古人当时可能还不具备对于鹿茸的特殊价值的认识,为了获取鹿茸而饲养鹿群的行为是在历史时期中逐渐形成的。

在探讨狼和野猪的生态特征、生活习性及中国古代狗和猪的出土状况的基础上,我们认为中国古代驯化动物起源的动机及特征可以归结为以下四点:(1)古人最初驯化动物是一种近似于饲养宠物的娱乐行为。我们推测古人在改变猎杀动物的行为,开始饲养动物幼崽之时,应该尚未具备驯化动物的功利性目的。如果是因为肉食资源的不足,那么抓到动物就要立即食用,所以刀下留情的行为,很可能是出于其他的目的。而作为宠物饲养,以娱乐为目的,可能是当时的真实意图。这一点基本照应了里德提出的宠物理论,同样说明最初的驯化可能并非刻意为之。古人一定没有想到,这个随意的行为,带来了日后社会的进步和生产力的飞跃。(2)从狭义上理解,真正的驯化是一种带有功利性目的的行为。在与驯化动物相处的过程中,特定动物易于饲养、一胎多仔、食用人类的生活垃圾、有的反应灵敏、有的容易长膘等生态特征可能是古人选定它们作为驯化动物饲养并获得成功的前提条件。古人驯化动物的目的是这些动物对自己的生活有特殊的帮助,比如为了安全、为了提高狩猎能力、为了扩大肉食来源和为了用于宗教仪式等。(3)驯化包含了驯化者与被驯化者双方的互动。人和动物是驯化的一体两面,我们应从两方面同时考察驯化的相关问题。古人控制动物的活动范围和喂食,这类人类行为可以归结为驯化的举措。这与被驯化的动物为适应人的生活方式而主动配合驯化的行为是互动的,由此形成古人与特定动物相互影响、相互作用、协同进化的过程。尽管人类在驯化过程中始终占据主导地位,但其中也包含古人为适应动物的特征而做出的主观努力,比如不断向特定的动物提供食物、满足某些动物的特殊食物要求等。(4)驯化过程不是一蹴而就的,经历了相当长的时间。这个过程可能与古人肉食需求量的逐渐增加及野生资源能否满足要求密切相关。需要强调的是,以古人的知识结构及野生动物的属性而言,古人驯化动物是一种探索性的行为,是古人与特定动物这两种具有不同思维的生物物种进行博弈的产物,是一场经过长时段的、包括多次反复在内的、渐进式的发展过程。在这个过程中,古人关于驯化动物的经验与文化是逐步累积而成的,经验与文化的传承与否是人类与其他动物的重要区别。正因为人类能够传承经验与文化,由此奠定了人类驯化动物并获得成功的基础。

## 四、新石器时代获取肉食资源的方式

在探讨古代人类获取肉食资源的方式时,可以发现在中国新石器时代各个地区的古代遗址中,出土的动物种类和数量是不一样的。如黄河中上游地区从距今大约 8 000 年开始,随着时间的延续,遗址中出土的野生动物的比例越来越小,家养动物的比例越来越大,直至占据绝对多数。而黄河和淮河下游地区在距今 7 000 年以前的遗址中,家养动物的比例还很小,到了距今 5 000 年左右逐渐加大,野生动物的比例不断减少,但是黄河和淮河下游地区的遗址中出土的家养动物的比例至多也仅占到 50% 多一点,与黄河中上游地区占据绝大多数的状况不同。长江流域十分特殊,在整个新石器时代的遗址中,出土的家养动物的比例基本上一直明显低于野生动物,另外,鱼骨的数量相当多。当时各个地区、不同时间段的古代人群食用的肉食种类和数量具有自己的特色,且逐步发生变化。从整体上看,新石器时代黄河流域的人群在相当长的时间里主要通过饲养家猪的方式获取肉食资源的特征,和长江流域的人群在相当长的时间里主要通过渔猎活动获取肉食资源的特征形成鲜明的对照。

依据《周礼·职方氏》的记载:"东南曰扬州……其畜宜鸟兽,其谷宜稻;正南曰荆州……其畜宜鸟兽,其谷宜稻;河南曰豫州……其畜宜六扰,其谷宜五种;正东曰青州……其畜宜鸡狗,其谷宜稻麦;河东曰兖州……其畜宜六扰,其谷宜四种;正西曰雍州……其畜宜牛马,其谷宜黍稷;东北曰幽州……其畜宜四扰,其谷宜三种;河内曰冀州……其畜宜牛羊,其谷宜黍稷;正北曰并州……其畜宜五扰,其谷宜五种。"荆州、扬州同属长江流域,"其畜宜鸟兽,其谷宜稻",即意味着当时没有家养动物,农作物只有水稻一种。其他位于北方地区的七个州的家养动物都分别有两种到六种。《周礼》成书的年代已经比较晚了,但是它对先秦时期各个地区的生业状况的记载,跟我们在各个地区属于新石器时代的考古遗址中发现的家养动物和野生动物的比例基本是吻合的。

人类获取肉食资源的方式有两种,一种是狩猎和捕捞的方式,一种是饲养的方式。当定居生活基本形成以后,狩猎和捕捞活动往往就在居住地周围进行。这样,居住地周围有什么动物,当时的人就可能狩猎或捕捞什么动物。虽然其狩猎或捕捞的行为属于人的一种有意识的生存活动,但其狩猎或捕捞的对象及那种完全通过狩猎或捕捞活动获取肉食资源的方式,是当时人完全依赖于居住地周围自然环境中存在的野生动物的表现。因此,我们将这种获取肉食资源的方式命名为依赖型,即当时人们的肉食完全依赖于捕获居住地周围自然环境中存在的野生动物。除主要通过在居住地附近的狩猎或捕捞行为获取野生动物之外,还在居住地内饲养一定种类和数量的家畜,这是另一种获取肉食资源的方式。某种家养动物的出现是当时人们对某种野生动物进行驯化的结果。饲养家畜意味着人可以按照自己的意志,用一种特定的方式左右动物的生长,是对自己生存活动能力的一种开发,在这一点上大家的看法是一致的。故按照饲养家畜已经出现,而狩猎或捕捞野生动物仍然占主要地位的状况,我们将这种获取肉食资源的方式命名为初级开发型,即当时人们的肉食主要依赖于捕获居住地周围自然环境中存在的野生动物,此外还饲养一定数量的家畜。而反过来,当家养动物的比例占据多数,狩猎、捕捞动物的比例转变为少数时,证明当时人获取肉食资源的方式有了很大的改变,即主要是通过有意识地饲养家畜来保证肉食资源的供应,但也不排除还有一定种类和数量的狩猎活动。相比狩猎活动,饲养活动更多地体现出计划性、管理性,其在整个获取肉食资源的方式中占据主要比重,是人的生存活动能力进一步提高的表现。我们按照获取肉食资源方式以饲养家畜为主的状况,将这种获取肉食资源的方式命名为开发型,即当时人们的肉食主要来自饲养家畜,但在一定程度上还依赖于捕获居住地周围自然环境中存在的野生动物。从长时间段的历史看,上述内容显示出中国新石器时代的人类获取肉食资源的方式的大致发展过程。

我们可以认为,新石器时代的居民总是尽可能地通过狩猎或捕捞的方式获取野生动物,即尽可能地把肉食来源放在居住地周围自然环境中所存在的动物资源上。而通过饲养动物获取肉食资源这类开发自己另一种生存活动能力的行为,似乎是在利用狩猎或捕捞动物的方式不能保证肉食来源的前提下形成的,是不得已而为之。中国新石器时代的居民由完全依赖于自然环境提供的动物资源,到开始逐步开发某些野生的动物资源,把它们作为家养动物,再到主要依靠这类开发的动物资源获取肉食这一系列生存活动行为的变化,总是在人口数量的增加、随之而来的肉食量需求的增长及居住地周围自然环境所能提供动物资源的减少这种制约下被动地形成和发展的。这个过程可以归纳为"被动发展论"。

这里需要强调的是,对各类家养动物的饲养和管理相比渔猎方式要复杂得多,在《周礼·职方氏》里阐述了天下九州分别获取的农作物和动物,其中唯有豫州是"其畜宜六扰,其谷宜五种",其他各州都没有达到这个水平。豫州即中原地区,这个地区饲养六种家养动物及种植五谷方式的形成和发展,与这个地区社会复杂化的进程及早期国家的形成过程是密切相关的,这也从一个方面印证了生产力决定生产关系,经济基础决定上层建筑这个真理。

## 第十三讲

# 新石器时代的手工业

秦小丽

复旦大学科技考古研究院

手工业考古是探索过去手工业发展的重要研究方向,不仅关涉人工制品的变化,透物见人,也涵盖了社会组织、文化交流的内容。本讲将对中国新石器时代的手工业进行梳理,启发我们认识手工业的发展和变革对中国早期文明形成的作用。

## 一、新石器时代手工业考古的特征

以手工业为专题进行的考古学研究,是近十多年来才开始受到关注的课题。而在此之前,人工制品分别被置于各个领域独立进行研究,比如陶器的类型学分析、石器的功能分析、微痕观察、编织纺织等,并没有把这些部分放在完整的手工业体系下进行研究。近年来,部分学者认识到了人工制品的技术以及技术背后的工匠组织、社会团体的重要性,逐渐意识到将人工制品置于当时社会体系的大系统下进行思考的必要性。于是,学者们纷纷开始采用新的研究理论和方法去探讨手工业考古的方方面面。

### (一) 手工业考古的研究现状

学术会议的举办可以表现学界的研究动向。近年来学术界举办了多场手工业考古专题研讨会,其中尤以四例最具代表性。

第一场是2016年由首都师范大学举办的"陶器研究:技术、经济与社会"

学术会议。本次会议由一批年轻学者组织,聚焦新石器化进程中的早期陶器,会议主旨以研究早期陶器的起源、制作技术等问题为主,关注陶器的早期烧制技术以及当时社会的生态环境关系等。第二年,首都师范大学又举办了这样的研讨会,这次会议以"手工业考古·首师大论坛"为会议主题,围绕"手工业考古理论与实践""手工业遗产保护与传承""手工业综合研究""手工业技术与经济""手工业考古发现与研究"等主题进行了发言讨论,交流了近年来手工业考古的新成果和收获。会议的内容也较前一次广泛,从旧石器时代打制石器,一直到明清时代陶瓷器的研究,包括了漆器、木器、金属、冶炼等,不仅时代不限,门类也不限,是一个内容比较丰富的研讨会。

第三场会议是 2018 年由中国社会科学院考古研究所与湖北省考古研究所在屈家岭联合举办的"史前陶器:技术与社会"会议。研讨会共分为 6 个模块,20 多位学者围绕陶器的研究史、技术痕迹的分析与观察、多学科视角下的陶器研究、陶窑的考察与研究、民族学与模拟实验以及陶器使用与史前社会等议题来探讨史前陶器的技术与社会,对史前陶器的研究提出了新的认识和思考。

第四场会议是在 2019 年由中国社科院考古所和中国考古学会两周考古专业委员会在西安联合举办的"手工业考古丰镐论坛——以商周制陶业为中心"。本次会议围绕西安咸兴区大原村发现的一处大型商周时期陶窑群展开,与会学者的发言内容也多涉及陶器手工业考古以及其他手工业考古。

以上有关手工业研究的会议偏重陶器研究,但是若从行业分类的角度来看,手工业考古至少涉及以下 8 个门类:编织纺织业、玉石器制作手工业、制陶手工业、漆木器制作手工业、酿酒手工业、骨蚌器制作手工业、制盐手工业、冶金手工业。本讲也将从以上 8 个方面对新石器时代手工业考古以及可能涉及的文化的、社会的和技术的问题进行分析讲解。

### (二)手工业考古的定义及发展历程

手工业考古是通过科学分析考古发掘出土的工具、原材料、残留品、半成品、废弃边角料和作坊遗址,了解和复原人类从最初时期的简单工具发明到进行小规模生产活动的发展。手工业的出现与农业和定居紧密相连。大约从新石器时代早期开始,随着农业的普遍化,手工业开始在各地的考古学文化中出现。新石器时代中期,随着农业与手工业的发展,手工业开始从农业生产中分离出来,出现了一些独立的生产部门,有了初期的社会分工。到了新石器时代晚期,随着农业技术进步和农业生产的扩大化,社会财富有了足够的积累并产生了剩余产品,社会权力进一步集中在少数上层社会的精英手中,为社会秩序与统治体系服务的祭祀礼仪与礼仪制度开始出现,由此所需的各种礼仪产品、宗教象征物以及奢侈品促成了手工业生产的飞跃发展。这些手工业门类包括玉石器生产、漆木器生产、编织纺织业生产、骨蚌器生产、酿酒生产等多种行业,比如良渚文化时期的玉器神像的雕刻与大量精美玉器的制作均出自专业工人之手。新石器时代晚期,随着冶金业、制盐业的出现,手工业内部出现了更细的分工,并且可能有了专业化程度较高的技术工人集团的存在。到了夏商周三代,手工业生产的重点变成了青铜器,而且出现了专业化生产。青铜器的冶炼权力主要集中在由国都控制的矿山采集地、运输渠道以及国都的铸铜作坊,形成了一套完全由上层社会控制的手工业生产体系,这不仅仅是因为冶炼青铜器的原材料比较珍贵,更重要的是青铜器往往作为祭祀工具或者王权象征用器。到了春秋战国时期,除了由王室控制的官营手工业之外,还有民间私营手工业和家庭手工业。这一时期,家庭手工业发展得比较成熟,普遍的私营手工业为中国古代工商业的发展奠定了基础。

以上是从新石器时代到春秋战国时期手工业的发展历程。从手工业形式和体系的角度来看,既有自给自足的家庭手工业,也有流通手工业、加工手工业、简单协作体系手工业、专业化手工业等不同的形式和历时性变化。在新石器时代早期,手工业的主要形式还停留在自给自足的阶段,但中晚期以后,手工业在一些门类上有向专业化发展的倾向,开始涉及加工、流通、简单协作等基本形式。

新石器时代出现的三个标志是陶器、定居和农业的出现。在中国至少手工业是和农业与定居同时产生的。也就是说,最初因为有了农业,使得人们定居成为可能,在一片可以耕作的农田边经营自己的家,以适应春耕秋实的农耕生活。而农耕需要生产工具,工具的发明与生产就成为必要,为手工业生产的出现提供了契机。尽管目前来看,考古发现最早的农业工具是石器,但不能排除最早的生产工具是木器的可能,只是因为木器很少能够保留下来,所以在考古发掘资料中不多见。距今8 000多年的跨湖桥文化是个例外,存留下了大量木质工具以及制作精美的木质容器,可以推测木质工具在当时发挥了非常大的作用。

农业与定居是手工业发展的基础。新石器时代早期出现的手工业生产依附于农业生产，是应生产者个人自给自足需要而产生的副产业。因为农业生产需要有工具，人们利用农闲时期在家自己生产必需的工具，这成了早期手工业生产的一个特点。在第二次社会大分工后，手工业从农业中脱离出来，成为一个独立的生产部门。从事手工业生产的人不再务农，而是专门生产工具。这一社会分工对社会体系产生了较大影响，可能导致了不同生产物品间的交换和流通，比如农业耕种者与工具生产者之间的农作物与工具的交换。因此，第二次社会大分工使得手工业第一次真正独立出来。当然，该时期手工业的主要生产形式仍以家户为单位，只在部分地区由于发展的不平衡性，手工业脱离家庭，成为社区、村落或者地域性的手工部门，逐渐出现专门的手工业集团，或者说专门生产手工业产品的工人劳动群体。

### （三）手工业考古的研究对象与方法

手工业考古的研究对象是所有人工制品，这些人工制品的原材料获取方式、运输距离、具体技术与生产过程、产品的形态设计、产品需求和市场流通渠道、消费区域以及消费目的地与消费人群等都是手工业考古的研究内容。

如何通过碎片化的考古资料来研究手工业考古呢？

第一，要正确认识出土遗物的性质。比如陶土、石材等原材料很可能因为不是一件人工制品而被忽视。

第二，对遗留物的技术痕迹进行观察和分析。相比完整的器物，残破的遗物或者制作过程中扔掉的边角料、废弃掉的制作失败的残次品反而是更理想的研究对象。这类遗物的出土环境、伴出共存遗物以及每件遗物上的制作痕迹的分析与观察是手工业考古研究的重要一步。

第三，手工业考古需要与传统考古学研究不同的理论与方法。石器的操作链理论、物品的生命周期理论、生态位之下的人工制品与生存环境的关系等都是手工业考古可以应用的理论与方法。

第四，科技考古方法的应用。科技方法的应用可以提供许多肉眼无法观察到的信息，包括原材料产地、掺和料的元素构成、技术原生地与传播地的辨别等。

第五，人工制品的技术生产过程研究。这里需要分析的对象就不仅仅是器物或者半成品，还需要对手工业生产赖以生存的手工业作坊遗迹进行研究。通过手工业作坊遗址的调查和发掘，不仅可以发现和获取与手工业生产直接相关的原材料、工具和设施、产品、半成品和废弃物，以及生产过程中的若干现象，更重要的是可以准确了解各种遗迹、遗物和现象之间的相互关系，能够据此准确地复原当时的工艺技术和生产流程。

第六，借助民族考古学与实验考古，可以为手工业考古提供辅助参考资料。包括民族学对传统制陶的观察、模拟实验考古记录操作动作、技术难度、劳动时间等，以此为根据来研究生产这些手工业产品可能具有的社会背景、社会意义以及价值所在。

第七，要考察手工业生产成品的使用与实践。满足日常生活所需的手工制品和用于礼仪、或者作为权力象征的特殊产品的制作和使用情境自然不同，因此，讨论不同阶层的社会需求所产生的手工业部门的异同非常必要。

第八是手工业生产体系的研究。手工业考古不能只关注单个手工业产品或者手工业作坊的个案研究，还必须关注这些个案在整个社会体系中的位置以及相互关系，将石器制作、陶器生产、酿酒规模、编织纺织、冶金铸造业、制盐业以及骨蚌业等不同生产体系置于社会框架下，从共时性的角度观察手工业作坊之间的关系。

### （四）新石器时代手工业的特点

新石器时代手工业已包括对玉石器、骨器、陶器、蚌器、漆木器、编织业等材料的加工。尽管新石器时代晚期出现了日常生活之外的奢侈品加工专业体系，但规模十分有限。纵观整个新石器时代手工业的特点，它还处于手工业发展的最初阶段，大致有以下五个特点。

第一，家庭型或者分散型的手工业生产占据主流。

第二，新石器时代晚期出现两种生产体制：一是生产一般工具、自给自足的家庭手工业，或地域性手工业集团，以此满足农业耕种和日常生活需要；另一个就是奢侈品生产，由上层社会掌控，产品用于地域间统治集团的交流与交换。这一生产部门的规模有限，与前一种部门还未完全分开。

第三，手工业专业化还处于初始阶段。大部分专业化的手工业作坊是在中晚期开始出现的,但是很不普遍。

第四,手工业内部分工还不显著。陶器、玉石器、骨器等生产的内部分工不明确,虽然有个别专门生产一种产品的作坊,但整体还处于内部分工的初始阶段。

第五,专业工人集团未完全独立。大部分作坊工人可能是兼职的农民,在农闲时进行手工业生产。部分中心遗址出现了脱离农业的专业工人,可见,手工业专业化的进程和社会复杂化以及早期国家的产生有紧密的关系。

(五)新石器时代手工业门类与发展阶段

新石器时代的手工业大致有八个门类,分别是编织纺织业、玉石器制造业、陶器烧造业、漆木器生产业、骨蚌器制造业、酿酒业、制盐业和冶金业。

从手工业门类变化的角度,可以把新石器时代手工业分成早、中、晚三期。新石器时代早期(距今约9 000—7 000年),最早出现的手工业部门是玉石器、制陶业、骨蚌器业,少量遗址出现了编织和漆木器业,但并不普遍。到新石器时代中期(距今约7 000—5 000年),编织和漆木器业比起前期有所发展,特别在长三角地区发现较多。玉石器制造业是这一时期最为发达的手工业部门,其制作技术比前期提高很多,在钻孔、切割与雕刻技术方面有较大发展。陶器制作水平空前发达,彩陶、白陶、黑皮陶等制作精良的产品和复杂的陶窑结构显示出这一时期制陶业的发展,生产业已形成一定的规模,且成品多样化。纺织业开始出现。骨蚌器业开始精细化、多样化。除了哺乳动物骨骼的使用外,还有大象、鳄鱼、海贝、河蚌等动物骨骼和蚌贝类被大量使用为原材料。随着农业的发展,农产品剩余增多,各地上层社会开始出现酿酒业。到新石器时代晚期(距今5 000—4 000年),制盐业和冶金业开始小规模地出现。制骨、制陶和玉石器生产的内部细分工也开始出现。

## 二、新石器时代手工业考古研究的方法与理论

(一)如何从考古学角度研究手工业?

从考古资料中提取有关信息,并描述手工业技术流程、原材料、产品的分

配流通和消费者群体、手工业专业场所与专业工人集团的存在等细节,需要一整套可行的理论与方法,并从考古遗迹与遗物遗留状况中识别手工业存在的蛛丝马迹,其中包括:

第一,以遗址中是否存在制作工具的废弃场所、操作间,是否有废弃品的堆积等为根据,判断手工业专业程度。

第二,考察与制作有关的考古遗存和遗物的相互关系。遗物主要是指半成品、废弃品等,遗存则包括陶窑、玉石器生产的平台、生产废弃物的壕沟、用水的水井、土坑等。通过遗物和遗存之间的关联性,可以考察产品从生产到消费的整个生产消费链。

第三,在研究的方法与理论上,针对考古出土碎片化、不全面的资料来窥视原材料来源、生产技术流程、产品种类的选择、消费地流向中的流通等生产和消费过程,在系统的理论框架下把握这一技术流程与生产使用过程的社会背景。

### (二)新石器时代手工业技术

第一,需要认识人工制品使用原材料与利用方式。任何人工制品都需要从自然界中发掘所需的原材料,对原材料的了解与认知是制作这些产品的第一步。

第二,源自旧石器时代对石器的认知与基本技术的掌握,先民首先需要具备切割技术与打磨技术。到了新石器时代,人们又掌握了片切割、线切割、研磨砂等新知识,同时在雕刻、钻孔、琢磨、镶嵌等技术上达到了更高水平。这些基本技术可以在不同门类中得到广泛应用。

第三,对陶土的开发与利用是新石器时代人类的最大贡献。而在制陶技术上的摸索,在陶器成型、烧制、陶窑结构和技术上取得了巨大成就。

第四,漆木器和涂漆技术在新石器时代得到发展。

第五,酒的发酵与酿造技术,表明当时的人们已经掌握了谷物果蔬的特性以及发酵的基本原理。

第六,盐在人类生存中不可或缺。在新石器时代晚期有制盐遗迹的发现,人类已经有了对井盐、海盐、池盐的利用技能。

第七是冶金技术的发明。虽然新石器时代仅发现了合金工具与武器,但是暗示着人类对青铜器合金成分配合与冶炼有了一定的认知。

### （三）技术操作链理论

"技术操作链"是近年来人工制品技术研究方面的重要理论之一。该理论最早由法国人类学家和社会学家马塞尔·莫斯（Marcel Mauss）和旧石器考古学家勒儒瓦高汉（André Leroi-Gourhan）提出，起初用于研究打制石器的制作过程。该理论原理也同样适用于陶器、骨器和玉石器的研究，从原料、打制粗坯、整形、磨制、抛光、雕刻等一系列连续规则性动作，来复原人工制品如何制作、技术细节有何特征等。操作链概念对于类型学的优势在于对技术连续流程的动态分析，可以和类型学相辅相成，互为补助。技术操作链理论还与社会结构、生产组织息息相关，技术操作链的延伸就是成品和社会的关系。

### （四）物品的生命周期理论

任何可视性的文化物品都会有一个原材料获得、生产、流通、使用、修补、再利用、废弃的历史过程，这就是文化人类学家舒弗（Michael B. Schiffer）提出的物品生命周期概念（Life History Processes of Systemic Context）。任何人工创造的物品在其生命活动期间可以广泛区分为五个元素：获得（原材料）、生产（制作）、使用（消费）、维护（修复、再使用）与废弃（终结）。文物通常采用以上五种元素的多种社会背景，同一文物可以在这段生命周期的许多时间点上进入考古记录，其过程可以包含五个元素的全部或者其中某一个或者几个元素和阶段。这种研究的基础是对一个遗址遗物的生命周期的社会学分析。

### （五）手工业研究中的产业链

手工业研究中的产业链的提出，是在个案研究的同时，考虑其在整体产业体系中的位置，以观察不同的手工业体系之间的关系以及手工业部门之间的关系。产业链理论可以把手工业遗物及相关遗址放在一个空间进行考虑，是探索不同手工业遗址之间关系的一种重要方法。

### (六) 手工业研究中的科技考古分析

手工业考古研究中的科技分析方法很多,主要有以下几种:

第一,玉石器的微痕观察,包括制作痕迹和使用痕迹的观察。

第二,玉石器的埋藏环境分析,比如玉石器受沁、用火焚烧等自然与人为现象的认定。

第三,玉石器的产地分析。

第四,陶器的胎土与掺和物微量元素分析。

第五,陶器残留物的生化学分析,包括脂肪酸、酒石酸、淀粉粒分析等,可以探讨陶器的使用方式。

第六,漆液产地与成分分析,有助于还原漆料、木材的采集、运输与流通。

第七,骨器动物类别鉴定与环境分析,骨骼作为原材料利用中对动物的选择性以及动物骨骼部位的选择,切割工具痕迹等都需要专业的科技考古技术与鉴定来完成。

## 三、手工业制作工坊的定义、分类与研究方法

### (一) 定义与要素

一般而言,手工业制作工坊需要从考古资料层面进行界定。陶器制作工坊需要陶窑,因此陶窑的有无是一个明显的要素。但像玉石业、编织业、制骨作坊等不需要特定的工作设备、只需要足够空间场地就可以生产的手工业,应如何判定作坊呢?因此,以下五点或可作为界定手工业作坊的要素。

第一,作坊内部必然包含一定的空间范围,也就是活动空间。

第二,有相应人工制品的特殊遗迹存在,比方操作台、仓库等。

第三,有一定数量的加工工具。

第四,原材料、加工对象成品、半成品和废弃品构成一定程度的堆积。

第五,周围有超出一般垃圾量的短时内废弃品堆积范围。

### (二) 分类

手工业作坊根据其规模与产品特征可以分为三个类型:专业手工业聚落

遗址、聚落内局部专业作坊遗址以及一般居址周围或者家庭居址内自给自足作坊遗址。这三种类型也代表手工业作坊的三个层次,即从地域,到聚落,再到居住的三级作坊类型。手工业作坊规模的区别也显示出生产者、产品的消费对象、产品种类的差别等,与当时社会结构体系紧密相关。

### (三)手工业作坊遗址的研究

手工业作坊的研究首先要参考聚落考古学的研究方法,将作坊遗址置于其所在的社会环境中,研究作坊本身、作坊之间以及在地域社会中手工业作坊体系的关系。

第二,需要研究作坊遗留人工制品的制作技术与制作过程。在个案研究的基础上,再做作坊之间关系的研究。

第三,要研究作坊的使用过程,借助实验考古学和民族考古学来复原制作技术。

第四,关注遗址内不同性质手工业作坊研究。一个遗址里除了陶器作坊,可能还同时存在玉石器作坊、骨器作坊等,不同作坊的相互关系、不同工匠人群的关系都是需要研究的问题。

第五,还包括聚落遗址内手工业作坊及相互关系的研究。

第六,地域之间的专业性手工业作坊与聚落的研究,包括专业工匠的居住场所、与聚落的供应关系等。

第七,中心遗址内手工业作坊的性质与周边遗址内的作坊关系的研究。比如良渚文化遗址群的作坊和周边地区作坊的关系等,这些都是值得关注的课题。

## 四、新石器时代手工业门类研究

### (一)新石器时代手工业部门——编织与纺织业

新石器时代的编织和纺织业发展可以分成三个阶段。第一阶段是对植物类认知与初步编织阶段。第二阶段是对植物纤维加工利用阶段,即把可利用植物做成线、绳的纺线阶段。第三阶段才是织布。需要强调的是,编织和纺织可能并存,并不一定是发展阶段的关系,也可能是技术与产品的差异,由对植物的不同加工造成。所谓纺织,实质上包含两个不同的概念:纺是把纤维加捻成纱、线、绳;而织是把纱或线织成布,是两道既有联系又不相同的工序。人类学会对植物纤维进行加工利用后首先学会纺线,其后才能把用植物纤维加工的绳编成器物,用线织成布。因此一般来说,"纺"的产生要早于"织"。

1. 编织阶段

"编"就是把一些线条形的东西编成一件器物,从技术角度来讲,需要将三个或者三个以上的细长物通过交叠穿插,而形成具有较为稳定结构的编织物。从考古学资料来看,编织业起源的时间点也还没有定论,主要是作为编织物原材料的植物类纤维受到埋藏环境的影响很难保存下来,导致了研究材料的缺乏。但是新石器时代陶器上偶然留下的一些编织纹饰可以为我们提供一些线索。

(1) 西安半坡的早期编织技术

西安半坡遗址出土陶器的底部、表面和侧面留下了很多与编织有关的纹饰,这些间接证据是研究早期编织物技术的有效分析资料。半坡陶器上共发现了100多种编织纹饰,从编织技术上可分为四种类型,分别是斜纹编织法(经带与纬带垂直相交,纬线下穿两根或者一根经线而成)、缠结编织法(纬带绕经线)、绞缠编织法(先将经线正好,然后用两条纬线绞穿经线而成)、棋盘格或间格纹编织法(经纬两线垂直相交,相互相间压穿而成)。半坡遗址的这四种编织方法已展现出非常娴熟与复杂的技术。此外,半坡还发现了绳线捻接法形成的各种粗的绳和细的线图案,说明这一时期线绳编结技术也很发达。由于资料的局限性,我们还无法得知当时的植物原材料,鉴于对植物的认识、选择与加工是编织业研究中重要的研究部分,为此考古发现的编织类遗物仍然是不可缺少的资料。

(2) 早期编织物的发现

以下选择具有代表性的出土编织物材料进行介绍。

① 跨湖桥文化与河姆渡文化出土的芦苇编织物:这是目前出土最早的编织考古实物。跨湖桥遗址出土的苇编和植物编织的绳子保存良好,略晚的河姆渡遗址和田螺山遗址也出土了数量较多的芦苇编织物和苇席遗物,能清楚地展示苇席编织方法。

② 良渚文化出土的竹编编织物：竹编指的是将竹子劈成片来编织器物。良渚文化时期，长三角地区出现了竹编织物，浙江诸暨尖山湾遗址出土的编织物共计 20 多件，其数量之多在国内是首次发现。竹编织物种类繁多，原材料以竹子、芦苇和藤类为多，器类有篮子、篓子、簸箕等工具。另外在良渚古城的钟家港河道遗址也发现了编织工坊。

③ 钱山漾遗址出土的竹编和草编织物类：良渚文化之后的钱山漾文化时期不仅出土了较早的竹编和草编遗物，还出土了一些丝绸纺织品，这也是新石器时代出土丝纺织品实物的考古遗址之一。

（3）人类对植物纤维利用的加工工具

人类对植物纤维利用的考古学证据除了编织材料的植物外还有加工工具，主要有以下几种。

① 纺轮：一种快速转动的纺线工具，在考古遗址中出土较多。从新石器时代早期开始，人类首先利用残陶片制作纺轮，把陶片打制成圆形，在圆形片中部钻孔做成纺轮。这时的穿孔偏离中圆心，周边加工粗糙，显示了纺轮的原始形态。纺轮一般直径在 3 厘米～4 厘米之间，主要用于手工拧线纺纱。

新石器时代中晚期，随着制陶业发展，利用泥土专门制作的纺轮成为主流，形状也多种多样。一般多是扁圆形略有厚度、中间带孔的圆饼形纺轮，比如河姆渡遗址出土的 70 余件纺轮。还有像陀螺一样的立体三角形和略凸的圆形，比如西安新街遗址出土的纺轮。而在长江中游大溪文化和屈家岭文化遗址中发现的纺轮是彩绘的，湖南的一些遗址出土的纺轮则有刻画纹饰等。到了新石器时代晚期，纺轮不仅有陶质的，也有玉石质、骨蚌质和木质的，形状有扁圆状、算珠状、截头圆锥状等，并有大、中、小之分。

不同材质与形状的纺轮是如何使用的，目前还未有定论。要研究纺轮的使用方法，除了需要纺织和编织方面的专家从特定技术上进行专门研究外，也可通过痕迹观察，从实验考古学和民族学方面进行研究。

② 滑轮：在河姆渡遗址的第四文化层中，发现了两件"I"字形纺轮，其形制和藁城台西商代遗址、唐山古冶夏家店下层文化遗址出土的纺轮极为相似，考古学家基本认为它是手摇纺车的零件，也可称为"滑轮"。

③ 网坠：网坠的用途存在较大争议。大多数学者认为它是一种捕鱼工具，但也有人认为它跟纺线有关系，是合绳捻绳的工具。

2. 纺织阶段

有了对植物的充分认识与利用经验之后,带来了绳与线的制作技术,因而编织与纺织就成为可能。一般认为纺织的知识来源于编与结,是编结启发了原始纺织技术的诞生。

(1) 新石器时代的骨针与编织

一般认为骨针是缝衣服用的,简单地说就是把两片布合到一起,因此应该是纺织程序之后的缝制工具。但也有学者认为骨针也可用于织布用,用骨针把经线和纬线挑起来织布的方法在民族学调查中有相似的例子。骨针在考古遗址中发现得非常多,可能暗示骨针的应用是多元的。

(2) 丝与布的发现与早期养蚕业

关于布的发现和早期织布技术研究有三类资料。第一类是文献记载。《吕氏春秋》记载"神农身亲耕,妻亲织"。甲骨文里也有"蚕""桑""丝""帛"等与布和丝相关的记载。一些学者认为早于这个阶段就应该有了比较成熟的布与丝,才会在甲骨文中有所表现,草鞋山与钱山漾等遗址丝织品与布的发现,可以证实这一观点。

第二类是关于养蚕与蚕的考古遗物。山西芮城东庄王村遗址出土了蛹形陶饰,河姆渡遗址出土带有"蚕纹"和"编织纹"的牙雕小盅,江苏吴江梅堰遗址出土的黑陶器上有蚕形图案,河北正定南杨庄遗址还发现了两件蚕蛹,山西夏县西阴村新石器时代遗址内还发现过一个被刀子割过的蚕茧。养蚕捻丝正是纺织业的第一步。

第三类是考古发现的纺织品实物。1972年江苏吴县草鞋山遗址出土了三块炭化纺织物残片,是我国迄今所知年代最早的纺织品实物。经鉴定,可能是利用野生葛纬线起花的罗纹纺织物。浙江吴兴钱山漾遗址也出土了几块苎麻细布残片,每根麻线的直径不及半毫米,织布技术极其精细。钱山漾遗址还出土了绢片、丝带、丝线和丝织品等,其纤维原料属于家蚕丝。最近,在郑州青台仰韶文化遗址发现了中国最早的丝绸,陕西石峁遗址发现了麻布。

(3) 原始织机的发现与早期纺织技术

新石器时代纺织品实物的发现,使得研究当时使用的织机、纺织工具与技术、纺织原材料的获取方式成为纺织考古的研究重点。现有考古资料中,网梭在考古发掘中出土比较普遍,磁山文化遗址、河姆渡遗址、田螺山遗址与东北的新开流遗址中均有发现,表明网梭应是当时的编织纺织工具。

织布工具最早在跨湖桥遗址发现,有木质和骨质的定经杆、纬刀,以及残留有线的陶制纺轮和缠陶线圈。河姆渡遗址发现的织布用的梭子,把线放在梭子里,沿经线、纬线反复来回,这应该是使用织机织布的证明。另有骨质和木质的纺织工具,如骨机刀和木制机刀、绞纱棍、骨经轴等工具的发现,表明纺织业在距今 8 000 年的长三角地区已经开始。

原始的织布方法,古时称为"手经指挂"。根据云南石寨山青铜器上的纺织图,妇女腰束一带,席地而织,用足踩织机经线木棍,右手持打纬木刀在打紧纬线,左手作投纬引线。这种织机被称为踞织机或腰机,包括木桩、经轴、定经杆、分经木、综杆、机刀、梭子、幅撑、布轴和腰带等机件。完整的原始织布机在田野考古中还没有发现。但是跨湖桥与河姆渡遗址出土的机刀、卷布轴,梭子、分经木等可能是踞织机的零件。

(4)原始民族资料

除了文献资料、考古资料和实验考古以外,对于织机复原还可以参考原始民族纺织的方式。比如台湾少数民族也会使用类似的织机,纺织妇女席地而坐,将简单的织机套在腰间纺织。这种织机及其相关工具与河姆渡遗址出土的原始纺织材料相似,可以为我们复原织机提供启示与旁证。

(二)新石器时代手工业部门——玉石器制作

回顾玉石器制作的研究史,玉石器作坊、作为奢侈品的玉石器的地域交流,以及玉石器使用痕迹的观察是目前研究中的三个重要方面。

1. 新石器时代玉石器制作概述

新旧石器时代以打制石器与磨制石器为划分标志,而半磨制石器的出现大致在旧石器时代晚期,广西柳州白莲洞遗址二期和陕西宜川龙王辿遗址出土的局部磨制石器是我国迄今发现的年代最早的磨制石器,距今约 15 000 年。距今约 9 000 年前的江西万年仙人洞上部堆积中出土的磨制梭形器应该是最早的全部磨光石器。到了新石器时代早期,石器加工技术迅速发展,黄河流域的前仰韶文化遗址与长江流域的多处遗址中出土了大量器形规整的石斧、石磨盘、石锛等磨制石器。东北地区的小南山遗址与兴隆洼遗址开始出现玉器,器形以玉玦、玉坠为主。长江下游在新石器时代早期也开始了玉器制作,器形除玦外,多为管珠类,原材料种类以萤石、叶蜡石、绿松石、石英等为多,人类还处于对玉石原材料的探索阶段。到了新石器时代中期,玉石器制作出现了较大的技术革新,对原材料认知大幅更新,出现了棱角锐利、体型扁薄、整体磨光的石制工具,单面穿孔和双面穿孔技术也开始出现。玉石器手工业在东部沿海地区和东北地区逐渐形成规模,璜、镯、环、珠、管等器形广为流行。凌家滩文化、大汶口文化、崧泽文化的玉器在原材料和技术上都发生了较大变化,玉石手工业进入繁荣期,这些文化的玉器制作不仅具有较高的专业化生产水平,对其他文化的玉器也产生了重要影响。到了新石器时代晚期,玉石器制作已有更细的分工,琢玉工艺出现了浮雕、透雕、圆雕等技术。最具代表性的良渚文化玉器不仅种类丰富,有琮、璧、钺、冠形器等礼器,还有环、镯、牌饰、坠饰等装饰品和组件,构图繁缛精致、寓意深刻,以阴刻雕刻,刻线流畅,堪称艺术的巅峰之作。同时玉石器数量大幅增长,出现了一批体积大、造型复杂、工艺技术精湛的玉器。各个地区都有其代表性的玉石特点,良渚之外,还有红山文化的动物形象玉制品、山东临朐朱封墓地出土的嵌绿松石透雕冠状形玉笄、陶寺墓地的镶嵌玉骨笄、石家河文化的圆雕虎头和人面雕像等。

2. 玉石器与制作工坊研究

精美的玉石器制作离不开手工业作坊,考古发掘资料中也在不断增加玉石器遗物之外与制作相关的遗迹与遗物。这就促使我们可以将玉石器研究放在两个大的视点内进行思考,即玉石器本身的技术流程研究和以手工业作坊为基本资料的手工业体系研究。在这之前,首先需要明确玉石器作坊的定义以及判断标准。

(1) 玉石器作坊的定义与判断标准

玉器作坊是指生产玉器的遗址,也是指玉器制作所遗留下来的遗物与遗迹现象。判断玉器作坊的条件有以下四点:第一,玉器作坊内部必然包括一定的空间范围,也就是玉器制作的活动空间;第二,玉器作坊内有若干相应的玉器制作特殊遗迹设备,与一般住址相区别;第三,加工玉器工具的存在,包括这些工具与相应玉器制作特殊遗迹设施的空间关系;第四,加工对象玉器的成品、半成品和废弃品。

(2) 玉石器作坊的分类

一般而言，作坊内包括了玉料、制作残留废弃品、半成品和攻玉工具与制作平台等相关遗迹之间空间配置的关系，还可进一步区分为专业制玉聚落遗址、聚落内局部专业性制玉遗址以及聚落内自给自足制玉作坊这三个类型。此外，按照生产玉器原料、生产玉器种类的差异还可以把玉作坊遗址再进行细分。

(3) 玉石器作坊的研究方法

在确定了玉石器作坊并进行分类之后，如何从微观与宏观的角度对玉石器和其作坊遗址进行深度研究是手工业研究的关键。目前可以总结出以下三个层次的研究方法：第一，以聚落考古学的方法研究玉器作坊以及玉器作坊间的关系；第二，观察玉石器制作技术——以技术操作链方法为指导的技术流程研究；第三，玉器制作技术量的复原——模拟实验考古学研究。

浙江余姚田螺山遗址 H9 玉石制作作坊、浙江桐庐方家洲玉石器加工作坊遗址、安徽凌家滩遗址 M23 出土玉石制作遗物等案例，都为研究新石器时代长江下游地区的玉石器手工业制作技术流程和手工业工坊及产品性质的历时性变化提供了材料。

3. 长江下游地区玉石器手工业作坊与制作技术的发展

从河姆渡文化时期的田螺山 H9，到马家浜-崧泽文化的方家洲工坊遗址，再到良渚文化时期的塘山遗址、钟家港遗址、中初鸣遗址，长三角地区玉石器制作传统从早期到晚期呈现了一定的连续性和多样性。在原材料选择上，早期的田螺山 H9 基本以萤石为主，还有叶蜡石、石英石、燧石等，并未开发透闪石、阳起石和蛇纹石等软玉，原材料的选择总体比较随意。在制作工艺上，多根据原石形状略经修整打磨成坯，器形简单，以管珠类、扁圆类玦饰为主。这些器类的钻孔因原石硬度低也易于操作，仅靠埚钻和弓钻法就能做到。到了马家浜-崧泽文化时期，原材料选择出现了变化，软玉类的透闪石、阳起石类玉石被用于制作玉器，原材料种类逐渐变得规则而单一。制作技术上，不再根据原石形状制作玉石装饰品，而是将较大的原材料经过人工截割，设计规划目标性产品，比如在崧泽文化的石马兜遗址就发现了有切割痕迹的板状石材。同时，钻孔技术也发生了很大变化，在石马兜遗址发现了大量石钻芯，佐证了管钻法的出现。这一时期玉器制作的典型代表就是凌家滩遗址出土的玉器,遗址墓葬中出土的玉石钻芯和石质管钻等工具以及遗留在原材料上的切割痕迹都反映了这一时期玉器制作在原材料选择与技术上的变化。可以肯定地说,东部地区的玉石器制作从河姆渡-马家浜文化到崧泽-凌家滩文化的变化是空前的,标志着制作技术的革新。

到了良渚早中期,在继承崧泽以来的玉石器制作传统的基础上,器形设计与纹饰雕刻方面有了很大的进展。与此同时,玉石器的用途也发生了根本性的变化:从装饰品转化为礼仪性宗教象征物。这一转变凸显了玉石器在整个良渚社会结构中的重要性,由此形成的玉石器制作集团不仅仅是一个手工业生产部门,在上层社会统治机能中也发挥了不可或缺的重要作用。玉石器作为宗教象征物,在良渚社会统治体系中发挥了前所未有的作用。以良渚古城北部的塘山遗址为例,该作坊使用大型的方形板料为原材料,使用透闪石、阳起石作为原料,应用刻槽分割法及管钻法的技术,标志着技术变革的完成。良渚文化反山和瑶山墓地里还随葬了大量玉管珠,它们大小尺寸非常一致,是规格化的产品。管珠类玉器很可能在大型石板上规划切割打磨,分段钻孔后,再按照规定的尺寸切割成管珠,因此大小一致、规格统一,这反映了制作技术上发生的变化,也适应了社会需求而逐渐变得规格化。

到了良渚晚期末段,玉石器的功能再次发生变化。随着玉石器生产的专业化,玉器出现商品化的倾向。属于这一时期的钟家港玉石器工坊和中初鸣玉石器工坊的共同点是均生产单一的一两种小型装饰品玉石器,比如锥形器和管珠类,同时,原材料与前期不同,除了少量软玉类透闪石、阳起石外,使用蛇纹石,与同时期大型墓葬的玉石器随葬品有一定差异,但与一般墓葬中多发现的锥形器、管珠类原材料相同。这可能暗示,良渚文化晚期的玉石器生产与早中期相比,在生产体制与产品以及消费模式上均发生了较大的变化,而这种变化暗示着整个良渚晚期社会结构的变革。

4. 玉石器研究中的科学分析方法

玉石器手工业研究中玉料的产地分析、矿物来源和原材料的微量元素分析都可依靠科技分析手段来解决。目前应用较多的方法有使用低真空扫描电子显微镜(LV-SEM)观察玉石器表面、X射线荧光对玉石器所含矿物进行无损化学分析、玉石器受沁变色的科学分析以复原埋藏环境下玉石的变异与否、玉石器灼烧与否的科学鉴定等。

除了对玉石器的物理和化学分析外,还可以使用显微镜对玉石器制作痕迹和使用痕迹进行观察,以复原玉石器制作工具与技术细节。与此相辅相成,还需要重视玉石器制作技术的实验考古学研究。玉石器生产技术细节、生产品消耗的产能以及玉石器产品的用工数量与玉石器的社会价值息息相关,比如钻孔技术与耗时、雕刻技术与图案设计以及消耗的劳动力成本等,都是研究具有装饰性和礼仪性玉石器的非使用价值所代表的社会意义时不可缺少的要素。微痕研究通过观察玉石器的使用痕迹来研究工具的使用方式,以此界定石器的使用功能。

### (三)新石器时代手工业部门——制陶业

1. 陶器的定义

陶器是指以黏土为胎,经过手捏、贴塑、泥条盘筑、轮制、模制等方法加工成型后,再经慢轮修整、快轮修整后,在700℃～1000℃的温度下烧制而成的烧制品。陶器种类有红陶、灰陶、白陶、彩陶、黑陶和黑皮陶等。陶器是人类第一次利用天然泥土,按照自己的意志创造出来的人工制品,标志着人类历史上革命性的创新。江西万年仙人洞、吊桶环洞穴遗址发现的陶片证明,中国陶器的产生已有17 000多年的悠久历史。

2. 制陶业概述

以黏土为原料,经过人的设计与手工制作而成的陶器,是富有多孔性特征的土质烧制品。陶质容器的发明使得一些需要炊煮后才能食用的植物和贝壳类水产品成为可食的食物之一,扩大了人类食物的范围和种类,彻底改变了人类的生活方式。制陶手工业在中国发生在农业经营和定居生活之后,而在西亚等地则是在农业和定居相当发达,并持续很长一段时间之后,才有了陶器,特别是陶容器的生产。这种地区性的差异的依据是陶器在人们日常生活中的需要,与所在地区的自然环境以及植物动物的加工方式等紧密相关。

关于制陶业的研究需要关注两点,第一是陶器的发生。新、旧石器时代之交,只有石器作为工具,已有容器要满足生活所有需求不是一件简单的事。陶器的产生在中国有南北两大区域,分别在不同时间和不同自然环境下各自产生。北方发生在距今10 000多年的北京东胡林、河北南庄头等5处～6处华北地区的遗址。南方陶器的出现早于北方,在江西万年仙人洞、吊桶环等遗址发现了大约距今 17 000 年的陶器,湖南玉蟾岩遗址也发现了 1 万年之前的陶器。在距今 1 万年到 8 000 年之间,黄河流域的前仰韶文化、北辛文化和裴李岗文化,浙江地区的上山文化上山遗址、湖西遗址和桥头遗址都出土了年代较早的陶器。

第二点需要关注的,是对陶器的工艺的历时性变化与共时性特征研究。陶器的制作技术、陶窑结构与火道设计的历时性变革与不同区域的特点、烧成温度的提高、器物种类和型式的复杂多样化过程、陶器用途的奢侈品化都是非常重要的研究课题。

仰韶文化时期最大的特点就是各地不同考古学文化中均有发达的彩陶。在农业引起生活变革以及制陶等新技术发明创造的大背景下,人们的思想处于一种自由奔放状态,制陶者根据自己的感受,在制陶的新技术领域里自由发挥自己的艺术天分和想象力,陶器艺术得到长足发展。到龙山文化以后,陶器开始衰退,除了礼器制作精良外,日常用器与前期相比有所退化。因此,仰韶文化时期的彩陶是中国陶器生产的一个高峰。彩陶利用天然的矿物颜料在陶坯表面进行描绘,用赤石和氧化锰做的橙色原料,入窑烧制后即可呈现出各种颜色的图案。在陶坯干燥后、烧窑之前画好的经过烧制形成的彩绘是烧前彩,烧后彩则多用于墓葬随葬品。

早期陶器还在陶器刻画纹饰上有很多成就。陶器刻画纹饰是陶器艺术的表现之一,比如河姆渡陶器上的野猪刻画纹、田螺山的大象都生动描绘了动物的形象。

新石器时代早中期除了彩陶外,在湖南地区还流行发达的白陶。白陶体现了陶器制作的技术革新。白陶的制作需要使用一种特殊的高岭土,湖南地区的人们当时已对高岭土有所认知与开发。使用高岭土烧制的陶器满足了精神思想与艺术感受的需要,它们器形特别,且表面镂空雕刻了各类纹饰,体现了高度的艺术成就。白陶在山东地区也有发现,尤其是大汶口文化中晚期出现较多,在礼仪用陶器中白陶所占比例略高,但没有证据显示这种白陶仅作为礼仪而特别生产。到了龙山文化时期,白陶数量减少,白陶的器类固定在盉、鬶等酒器上,白陶和蛋壳陶在这一时期的使用似乎暗示着礼仪性陶器专业化生产的苗头。而在长三角地区则是黑皮陶比较特别,陶器的外表呈黑色,里侧断面呈灰色,故称之为黑皮陶。部分黑皮陶上还刻有精美的纹饰图案,器形多盉、鬶、双鼻壶,显示这种陶器并不是生活实用器类,而是特殊场合使用的礼仪性陶器。

新石器时代的陶器之所以呈现出不同的颜色,主要是因为制陶原料中含有的呈色元素不同,并和烧窑后期人们改变、控制陶窑火焰有关。灰陶是在烧窑后期采用还原焰,原料中铁的氧化物大部分转化为二氧化铁,使得烧成的陶器呈灰色或灰黑色;而橙黄陶则是氧化环境下的产物。因此,了解陶窑结构和烧制技术是研究制陶业的关键。

3. 陶窑结构和烧制技术

新石器时代早期陶器的烧制可能采用平地堆烧。这种方法由于火力不集中达不到一定温度,致使所烧陶器质量差,成品率低。但从平地堆烧到陶窑可能不是渐进式地变化的,两者可能共存。

陶窑的出现是制陶技术的一大突破。根据考古发掘资料,新石器时代的陶窑主要有横穴式窑和竖穴式窑两种,同时还有双穴窑等不同形式。早期陶窑掘地为穴,以穴为窑,因而有横穴与竖穴之称,前者较为原始。初期横穴窑的火膛、窑室和火道大体在同一水平面上,以新郑裴李岗发现的陶窑为代表。后来窑室渐渐升高,火焰通过倾斜的火道进入窑室,如宝鸡北首岭早期 Y1 的窑室,而临潼姜寨一期的 Y1,火道已呈 35 度倾斜。竖穴窑的窑室在火膛之上,火膛上小下大呈袋形,往往有数股火道与窑室相通,火焰通过倾斜的火道进入窑室,火道股数由少增多。西安半坡的竖穴窑只有一两条火道,代表了早期形式,而邹县野店的大汶口文化陶窑有五条火道,既有横穴窑的长筒状火膛,又有竖穴窑的垂直火道,颇能体现横穴窑向竖穴窑的过渡。这种变化的代表当推陕县庙底沟的陶窑,在面积不足 0.7 平方米的窑床上,设有宽约 70 毫米的火道 8 条,其上设出火孔 25 个,凡远离燃烧室的出火孔均较大。燃烧室已深入窑室之下,有利于提供热量。而在山西垣曲宁家坡庙底沟二期遗址发掘的两座大型陶窑结构则更清晰地体现了这种竖穴窑的构造变化。由此可见,新石器时代陶窑结构的变化始终围绕着提高窑温和火候的均匀性的主题。甘肃天水师赵村遗址发现了横穴窑和竖穴窑并存的烧制技术。虽然横穴窑在仰韶文化时期普遍存在且结构相似,但陶窑火道的多少、火力是循环的火道还是直道的都存在一定差异。一般认为,横穴窑比较早,在庙底沟二期文化时期开始流行竖穴窑,到了龙山文化时期竖穴窑占据主流。陕西赵家来遗址的竖穴窑的火力是直接的,火力较大,陶器的火候更高一些。相同结构的竖穴窑从龙山文化晚期开始一直到夏商时期的变化不大,但是烧制容量增加了很多,火候均匀稳定,陶色纯净均匀,没有斑块。竖穴窑比横穴窑在火力上更胜一筹,通过陶窑火口、火膛、火道、窑室和窑箅的设置,能够人工控制烧窑火力大小、装烧量、火控能力、窑内的气氛等。因此陶窑结构体现着制陶业者在技术上的智慧。入窑焙烧是制作陶器的关键工序,烧成温度一般为800℃～1 000℃。对陶窑结构与烧制技术的掌握程度决定了陶器的最终质量。

陶器类型和陶器的颜色成因与制陶技术、审美观均有关系,与陶窑和烧制技术关系更为密切。陶器是橘红色还是灰色与人为掌控火焰、控制氧化还有还原的烧造氛围有关。新石器时代早中期,由于陶坯在烧制过程中与大量空气接触,烧成的陶器多为红色。新石器时代晚期,窑顶已为封闭式,利用保持窑温和控制空气进入,可能在陶坯烧成末期,封闭烟囱并渗水入窑,以生成还原性气氛,故龙山文化时期的陶器变得以灰陶为主,能够生产薄如蛋壳却坚硬无比的黑陶。

4. 制陶作坊空间研究

陶器制作空间的研究有三个关键点。第一是对陶窑作坊本身以及周边附属设施的研究,包括取土、原材料存放、原料制备、加工成型及器表装饰、陶坯晾晒、窑炉及烧制、产品存放、废弃物处理场地等制陶本身的各种空间,和制陶者的生活空间乃至工匠死后的埋葬空间等。

第二是陶器制作工坊在聚落中的分布空间,包括研究陶器制作是分散在房址附近还是集中分布在聚落中的某一区域、它与其他设施的空间关系等。

第三是制陶作坊所在聚落的自然地理环境。制陶作坊的选址除了人文地理的因素之外,还涉及陶土、掺和料以及燃料等原材料的获取、水源以及交通等问题。一般认为,取土和用水便利是制陶作坊选址的两大自然要素,遗址周围的自然环境里制陶原料的丰沛程度、用水的便利程度可能决定了陶器制作工坊的选址,并关系到制陶业的发展。

5. 陶器制作技术与工艺研究

制陶技术与工艺研究是陶器制作研究中的主要部分。从陶土的选择、掺和料的来源、陶土加工、陶器的成型、装饰、窑炉的结构,到使用的燃料,每个环节紧密相扣,组成陶器制作体系中不可或缺的内容。

(1) 陶器的理化学特性

《天工开物·陶延》中记载"水火既济而土合",说明人类已经认识到陶器的理化性能。陶土根据特性的不同,可分为塑性黏土和瘠性掺和料两类,前者是陶器主料,而后者为掺和料,用以调节陶土自然成分的适应度。

新石器时代陶器大致分为泥质陶和夹砂陶两大类。前者为经过淘洗后的纯净陶土制成,而后者泛指陶土中夹杂有掺和料的陶器。陶器化学组成包括主量和微量元素,主量元素决定陶器的物理性质和外观,反映陶器的原料种类和工艺,而微量元素虽不影响陶器的物理性质,却可以提供掺和料产地的信息。李文杰先生的研究总结,根据陶土主量元素中 $SiO_2$、$Al_2O_3$ 和助溶剂总和含量的不同,可以将陶器所用黏土分为四类:普通易熔黏土、高镁质易熔黏土、高铝质耐火黏土、高硅质黏土或高岭土。掺和料是指制陶过程中,在以上黏土中有意识添加的各种瘠性材料,诸如沙粒、蚌末、碳屑、植物叶茎、稻谷壳等,其作用是调整泥料的塑性,改善泥料的成型性能,增强耐温度急变性能,防止烧制时的开裂变形和使用时渗水漏水,对于炊器和盛装流质液体的陶器来说尤为重要。

(2) 制陶技术流程

以下将根据陶器的制作程序步骤进行分析。

① 原材料与掺和料

陶器制作的机制很简单,因为原材料就在人类生活的周围,可以信手拈来。但要生产耐火、防水、可以炊煮的陶器,则需要对陶土有更多的认知。如何选择陶土、是否加入掺和料、加入怎样的掺和料用以满足不同陶器的功用,都是掌控陶器制作不可或缺的环节。同时,由于地区之间土壤性质的差异,不同地区生产的陶器在原材料与掺和料的选择上也必然有所不同。距离较近的地区之间,即使陶土相似,掺和料也可能有所不同,因为掺和料的成分与比例是根据人对陶器的用途和需要而添加的,只要不是同一群人制作的,就一定会有差异。通过科学分析辨认出的差异正是我们研究陶器地域间不同的重要元素。而陶土则可以根据土壤学的地区性数据库积累,来分析陶土原材料产地以及在加工制作过程中的添加成分。目前较有效的陶胎研究方法是岩相学分析观察、土壤性质分析、掺和料成分认定与来源分析。这些方法为陶器研究开拓了新的信息源,使得陶器研究在可视性的器型与纹饰外有了更为广阔的研究前景。

② 成型与整形技术

陶制容器的成型技术是陶器制作的关键,而成型技术也经历了根据制作经验由简单到复杂的变化过程。一般认为,陶器最初是手制的,经历了手捏、贴塑、泥条盘筑、模制法和轮制法等过程,最后以修整来完成成型。在成型过程中,除了基本的技术外,还有制作者对陶器器型的设计理念与美学诉求包含其中。整形是为了使得器型更符合使用的要求、外形更规整完美,一般在陶器初步成型后进行修整。整形的具体方法有拍打、刮抹、滚压、慢轮修整、蘸水抹光等。这一阶段会在陶器表面或者内部留下使用工具的痕迹,有时制作者手指指纹痕迹、工具刮抹痕迹、表现拍印纹饰的顺序与方向的痕迹等都会留下。有些痕迹还成为陶器表面的纹饰被保留下来,比如绳纹、篮纹、附加堆纹、麻点纹等。根据观察这些痕迹可以复原陶器制作与修整的过程与特征。由于制陶人的不同,每件陶器均会体现制作者的工具使用习惯、修整动作惯性、制作者的指纹等信息,这些信息是研究陶器制作工人集团差异的有利资料。随着制陶经验的积累及制作技术的提高,快轮修整技术出现,陶器的外形得以变得规整平滑,同时生产量也得以提高。但对考古研究来说,修整越精美的陶器留下的制作痕迹就越少。

③ 器表装饰

陶器的器表还可以进行彩绘、刻画、透雕、堆塑等,提高美感与宗教艺术表现力,表现了制作者在美学艺术、宗教思想上的感受与表达,是一种艺术灵感的表现。这样的装饰与绳纹、附加堆纹等多在陶器耳部、腹部、肩部等为了粘结不同部位而拍打留下的、具有实际功用的纹饰有本质的区别。还有一些陶器则完全被做成了生动的动物形象的容器。可见,这些具有强烈装饰色彩的陶器与其使用的属性相比,艺术与创作的意义更重要,也许这就是今天所谓的陶艺的鼻祖。

④ 烧制技术

烧制技术是完成陶器制作最关键的一道工序,也是人类手工业技术史上的重大革新,要求人类对火炉、燃烧材料、温度掌控、氧化还原等技术与原材料都有深刻认知与掌握。我们今天要想复原陶器的烧制技术,可供观察的线索只有陶窑结构、烧制遗留的残次品、陶器颜色和硬度、变形情况等。利用科技方法以及实验考古学与民族考古学调查法还可进行技术复原的辅助,比如实验考古学可以得到烧制陶器的温度、成色等数据,而民族考古学对原始陶器制作的调查则可以给出针对操作过程的直观参照。

(3) 制陶工具

目前在新石器时代考古发掘资料中有一些与制陶相关的制作工具,以各种形态的陶拍为主。陶拍均为陶制,形状有圆形、长方形、不规则形等。虽然目前未发现木质陶拍,但根据原始民族制陶工具多为木质陶拍来推断,新石器时代估计也曾经使用过木质陶拍,只是因为埋藏环境无法在考古遗址中保存下来,比如云南傣族使用的木质陶拍和越南原始民族使用的制陶工具就都以木质制陶工具为主,形状相似,陶拍上饰有网状、条状和菱形纹饰。慢轮修整时的转盘在民族调查中以木质与金属转盘为主,但在考古发掘中仅发现了陶制转盘。最早的发现在西安半坡遗址,最近在西安杨官寨仰韶文化遗址的陶窑区也发现了一件,因此至少可以说陶转盘是关中地区仰韶文化时期的制陶工具之一。

6. 陶器制作技术的观察和研究

(1) 陶器断面观察

陶器制作技术的研究是分析当时社会生活与技术的重要手段之一。日本在这方面的研究迄今积累了较多成果,在此可概括出以下几点。

陶器断面研究:以弥生时代陶器为观察对象的高桥护先生,通过大量的陶片观察和实验研究,并以陶器制作过程中产生的胎土组织结构的不同作为基准,分析出弥生陶器器体的造型技法有三种:第一种陶片断面组织呈层状或流纹形状的陶器,应是泥条盘筑法所制作的;第二种陶片断面组织呈碾压构造的陶器,则应是泥板结合法所制作的;第三种轮制法制成的陶器比较容易确认。

黏土接合方法的观察:另一位以绳文陶器作为研究对象的家根祥多先生则通过对福冈曲田遗址陶器制作时黏土接合方法的观察,发现在同一遗址出土的陶器中,其黏土的接合方法也有所不同。比如,绳文时代晚期的深钵形陶器,其黏土带的特点是幅度约为 2 厘米,多内向倾斜,或可称为内倾接合。而同遗址中出土的、与朝鲜半岛无纹陶器相似的陶器以及具有弥生板付式特点的陶器,其黏土带不仅比前者宽,且呈外向倾斜,或可称作外倾接合。黏土带方向的不同,反映了制作者习惯性动作的差异,可能暗示曲田遗址在绳文时代晚期,由于与来自朝鲜半岛的移住者有密切交流,陶器制作技法发生了变化。

(2) 陶器痕迹观察

日本对陶器痕迹的研究也较普遍。五十岚彰先生把这种研究总结为以下三点。第一,制作痕迹,主要指成型过程中留下的整形痕迹,以及修整过程中的调整、施纹痕迹,还有烧制过程中的熏痕。

第二,使用痕迹。以日本制盐陶器的使用痕迹研究为例,可以先考察炊煮器的内面调整和透水性变异的分析,其次观察炊煮物遗留痕迹,最后通过痕迹观察对炊煮器的加热方法和当时的料理方法进行阐释。

第三,废弃痕迹,也就是陶器废弃的背景分析,主要包括陶器在物理性原因下所产生的破损、移动和埋没痕迹的研究。

(3) 陶器测量数据的多维比较研究

在陶器研究中,常常会见到一些非 A 型又非 B 型,但又具有 A、B 型特征的陶器,这样的陶器在日本被称作"折中陶器"。关于折中陶器的制作者研究,中园聪先生曾用多变量分析中的主成分分析(PCA)来把握折中陶器之间的异同。其具体方法是将同一遗址中不同时期的陶器分为两组,对各组陶器本身的特征用八个数据项来表示,以方便测量和计算,然后对测量到的数值通过多变量分析得出其主成分因素进行比较。这八个测量数据项分别是器高、口径、内口径、最大腹径、上腹部总高度、下腹部总高度、底径、底部厚度。得到这八项数据后,把三维的陶器用二维的坐标和柱状图来表示,求出各自的分布特点后再进行比较。因为陶器制作是连续而复杂的工程,其中包含有许多必须通过学习才能掌握的知识,与此同时,制作者个人的习惯性动作也会留下制作痕迹。因此,尽管陶器制作是制作者置身其中的一系列社会性行为,不受个人意志的支配,但在制作者身处的环境有所变化时,也会有易变的一面。因此,如果我们能够知道陶器属性中易变和不易变的因素的话,就可以知道折中陶器的制作者和模仿者是谁了。

(4) 陶器色调和厚度的研究

考古报告的最后总附有陶色、陶质统计表。日本不仅有针对陶质和陶色的专门研究,还有对器壁厚度的研究。松本直子将日本国土厅出版的、用于一般土壤色相鉴定的《标准土色贴》标准用于陶器色调研究,开创性地使用色相(颜色种类)、辉度(明暗感觉的定量化)和亮度(颜色的鲜艳度)等比较项目对陶器的外表和内壁颜色进行对比统计,并用标准土色记号登记,记录的数据可用多变量解析的方法做趋向分析。陶器厚度数的测量和研究同样是将厚度数字化,以方便定量分析。

陶色和器壁厚度的研究目的是用定量的手段考察技术的变化。陶色的变化大致有三种可能:胎土的调整、烧成的变化以及前两者的结合。而器壁厚度则只能是在陶器制作技术的学习过程中传承或习得的。两相结合,能比较全面地反映陶器制作集团之间的交流和移动。

(5) 陶器的显微镜观察——岩相学分析法

岩相学分析是陶器胎土构成物分析的最佳方法,指的是通过分析胎土中包含的岩石矿物种类及其性质与这些岩石矿物母体的地质构成物比较,来探求陶器产地。陶器的岩石矿物学研究在20世纪30年代作为新石器时代研究的一种方法开始于欧美各国,从70年代开始以绳文时代陶器为主要对象开始在日本盛行。日本的研究方法可总结为以下几点:

其一,将陶器胎土中的矿物与出土遗址的土壤做比较。

其二,将陶器胎土中的重矿物提取出,分析样品中包含的各重矿物粒数的百分比,从而来探明各样品之间的相似度和差异度。

其三,将陶器制成薄片直接观察。这种方法是不仅可以观察岩石矿物,还可以观察陶器制作技术痕迹和岩石矿物之外的混合物。在观察时,主要着眼于胎土的岩石矿物中是不是存在与陶器出土地点的地质条件不同的物质,从而断定其从外地输入的可能性。可见,陶器胎土的观察和分析,在陶器的移动以及地域间交流关系的研究中具有非常重要的意义。

(6) 陶器的器面调整与纹饰

在陶器制作的最后阶段,一般分为器面调整和花纹装饰。前者与制作技术紧密相关,即为了使陶器更结实或形状更规整,多采用拍打、刷抹和磨光等方法。拍打造成了器表的篮纹、方格纹和绳纹。拍打使用的工具是陶拍,其形状和宽度有一定规则尺寸,陶拍在拍打陶器表面时留下的印迹的宽度一般被称为"调整单位",可以判断拍打时的方向、是否使用同一工具以及拍打的次数等。陶拍一般人手各执一件，同一群人陶拍的相似度较高，反之则较低，故而是判明陶器制作者集团差异的重要依据。另外，陶拍还会随着人群迁徙而移动，因而在研究陶器的地域间交流时也是一项有力的观察项目。

以上从六个方面对陶器技术的属性研究进行了总结，当然未能涉及的研究还有许多，比如深泽芳树从陶器制作的必要性和容易模仿程度的观点出发，以陶器纹饰和器表修整方法的差异来分析陶器的属性特征，而林谦作则注目于胎土的调整法和纹饰组合所传达的信息这一属性特征。家根祥多不仅讨论了对陶器盘筑用的黏土带的接合法的观察，而且还从这一非视觉性的属性特征中讨论了从亚欧大陆和朝鲜半岛到日本渡来人的问题。山内清男则以对绳纹施纹原理的探索，形成了有名的绳纹纹样论，不仅关注绳纹含义的解释，还通过各种实验，得出绳纹的施纹方法不是拍打，而是滚压的结论，为绳纹纹饰形成技术开辟了一条全新的研究途径。

7. 关于陶器生产体制的研究

当我们对一个遗址作坊里的陶器制作技术做了分析研究，就会考虑陶器制作在整个手工业和社会结构中的位置，也就是说，关于制陶作坊经营者的所属等需要从生产体制层面进行分析。

第一个是制陶作坊的经营者问题，即经营主体是个体家庭还是聚落氏族、部族或是某种形式的共同体，抑或是多种形态并存。如果是个体家庭，那么其来源、身份、地位以及是否世袭等问题需要进一步探讨。

第二个是工匠及附属劳动者，包括制陶者的来源、身份、地位及其生存状态等有关工匠的问题。

第三个是作坊内部的专业化分工，牵涉制陶工艺流程的各个技术性环节，特别是制作成型和烧制两个流程；是由同一批工匠从炼泥到成型各自完成的，还是多个群体工匠分工合作完成的；制陶手工业内部和工匠之间有无明确的专业流程分工等多个问题。

第四个是作坊外部的专业化分工，牵涉一个作坊是只生产一种陶器，还是多种所需陶器同时生产；即使同一类陶器由多个不同作坊生产，不同的作坊有没有更细的分工等问题。

第五个是所有制问题，即一个陶器作坊究竟是属于家庭的，村落的还是地域集团的？其掌控权利属于村落首领还是地域权力阶层？产品形式是专供型生产还是经营性生产？若是地域经营性生产或者家庭工坊,那么其产品流通形式和主要消费者对象如何？这些都是需要探讨的课题。

8. 陶器研究展望：陶器的社会学

陶器研究包括陶器的文化类型学、民俗学、社会学、技术工艺学、产品流通与消费、陶器的功能等多方面的研究。类型学是传统考古分析的基础,是研究考古学文化历时性与共时性特征不可或缺的方法。民俗学研究包括族属、宗教、历史背景等方面,而技术工艺学则包括陶器属性与机能的分析,陶器艺术以及科学技术分析,社会学和产品流通则与研究陶器的生产流通、消费背景、社会体制有关。陶器的功能更涉及人们的生活方式以及古人食物的烹饪方式与陶器的关系。总体而言,新石器时代的陶器研究可以被统称为陶器的社会学。

### （四）新石器时代手工业部门——骨蚌器制作业

骨蚌器指的是人们利用动物的骨、角、牙,以及蚌、螺等材料制作的各类人工用品。原材料的骨料不仅来自家养的猪、牛、羊、狗、鸡等家禽、家畜,也有人类通过狩猎捕获的野生动物,如鹿、大象、乌龟等。骨器在新石器时代人类日常生活中具有不可忽视的作用,其使用范围广泛,随着考古发掘的进展,出土骨器的数量和种类也逐渐增多。

1. 骨蚌器制作手工业综述

骨蚌器最早出现于旧石器时代晚期,在新石器时代遗址中出土更为普遍。有学者认为,骨器起源于早期人类敲骨吸髓的行为,所以早期的骨器是打制而成的,有锤击法、刮削法、压制法等不同的加工修理骨器方法。

贾湖遗址出土的、裴李岗文化时期的骨笛是世界上发现年代最早、至今尚可演奏的乐器,骨笛用鹤的尺骨制成,多为七孔,显示其制作技术之成熟。蚌螺壳类也在旧石器时代就有出土,北京东胡林遗址出土的蚌壳项链更是其中的精品。

新石器时代的大部分骨器均为磨制。早中期骨器制作的一个显著特点是"因材做器",在选料、器型加工方法上没有形成固定模式。骨器制作以分散的个体加工为主,原料来源不稳定,生产具有随机性。片切割和磨制是该时期骨器制作的主要技术。新石器时代晚期开始在选料、器型等方面都形成了一定的模式，出现了针对某一种器形大量制作的现象。但是由于骨蚌器的制作场所没有遗留特定设施，较少发现骨蚌器制作工坊遗址。

骨蚌器可按用途分为生产工具类、生活用具类、工艺装饰类、其他用具类。生产工具类有骨锥、骨铲、骨针、骨刀、骨匕等；生活用具类有骨叉、骨勺、骨板、骨质笔筒、象牙笔筒等；工艺装饰品有骨簪、骨镯、骨环、象牙刻板、蚌珠、骨珠、骨坠等；其他类则是骨镞、骨笛等武器和乐器比较多。蚌器中也有蚌刀、蚌镰、蚌镞、蚌珠、蚌挂饰等工具、生活装饰品及武器，在器类上与骨角器相似。

2. 骨蚌器制作技术与流程

骨蚌器制作的第一步是加工对象原材料的选择：一般多选择大型哺乳动物的骨骼和野生鹿角等作为原材料。然后是骨骼类型与部位的选择。从考古出土骨器观察，选择长骨、肋骨制作长条形器物的较多，下颌骨和肩胛骨则多作骨铲。其次是取料及方法。截取时多用片状工具，其方法有砍断、锯切、劈裂等。长骨和角料在截料、坯料的进一步切割时，均采取片状工具切割，切割可能利用石片、蚌壳或者锋利的骨片从不同侧面开始，转向切割，切开骨壁的大部到骨髓腔时停止，然后用砍砸、折断等方法分割骨器。第三步是改料或局部加工，即修理取坯，使用的方法包括切割、镂刻、刮削、剔挖。第四步是定型，主要使用砺石类工具磨制。第五步是精加工，采用打磨、抛光和刻槽等方法进行。第六步是钻孔，采用单双面钻孔法。第七步是雕刻纹饰并最后完成。

3. 制骨作坊研究方法

关于制骨作坊的定义，一般认为存在以下要素：第一，比较固定的生产活动空间；第二，原生或次生堆积中出土有骨器加工工具；第三，原生或次生堆积中出土有骨器成品、原料和废料，彼此之间具有制作工序上的关联性，即能够清晰地看出骨器加工的整个流程。

除上述三个要素外，还应参考遗存的规模，从而排除家庭制骨活动的固定生产活动空间被误认为专业作坊的可能。综合以上因素一般认为，制骨遗存主要包括骨器加工时所留下的遗迹和遗物。遗迹主要包括相对固定的骨器加工场所，例如房址、埋藏骨料的地层或灰坑、水井、骨器制作者的墓葬等。遗物主要包括骨器加工过程中产生的废料、半成品、残次品、制成品，以及加工中所使用的各种质地的工具等。

新石器时代骨蚌器手工业作坊的类型可以分为家庭式手工业作坊与专业手工业作坊两大类。

(1) 家庭式制骨作坊案例分析

小珠山遗址位于辽宁长海广鹿岛上，遗址发现了距今 6 500 余年的制骨作坊。作坊中靠近北墙区域出土了大量鹿科动物骨骼，房址的中部发现了鹿骨、鹿角制作的骨器、角制品以及它们的半成品，在房址中，还发现了各类加工骨器使用的石器。根据其规模判断，该遗存应该是一处典型的家庭式制骨作坊。这是辽东半岛首次发现且年代最早的制骨作坊，为研究该地区史前时期人类的社会分工以及社会生产力发展水平提供了珍贵资料。

(2) 专业制骨手工业作坊案例分析

① 钟家港制骨作坊：在百工云集的良渚古城东侧的钟家港遗址南段，发现有制骨作坊的遗迹与遗物。作坊里发现有残断的骨料，既有大型牛骨关节部经切割或者截断的骨骼，也有很多动物长骨和肋骨等被切割后残留的边角料残片。遗址内还发现有鹿角被利器砍断或者尖端部被截断的痕迹。此外，在发现的 30 多个人头骨中，部分头骨上有钻孔和加工痕迹，推测当时也用人骨做骨器。良渚晚期的钟家港是一处多种手工业作坊集中的地区，骨器作坊只是其中一类，这显示着当时的手工业体制有一定的组织性和规划性。包括这一大型制骨作坊在内的所有手工业作坊集中在钟家港南段，这表明当时早期国家对手工业部门的掌控。

② 陕西神木石峁遗址制骨作坊：据报道，2018 年陕西神木石峁遗址发现了骨器手工业作坊，出土了几万件精细的骨针。由于未发现其他骨器产品，因此确定这是一处专门生产骨针的手工业作坊。经鉴定，骨针的原料取材于羊的趾骨。人们在采集到合适的骨料后，先把它们砸碎，从中挑选出长条的骨片进行切割和打磨，制成细小的骨条，再打磨和钻孔加工成骨针，在部分骨料上还可以清楚地看到这些切割的痕迹。但利用何种钻孔技术能够钻出如此细小的针孔尚不明确。骨针工坊所在的皇城台区域不仅是贵族的活动区域，也是这座石城的手工作坊区。这一点与良渚文化晚期将不同门类的手工业作坊集中规划在钟家港南侧的状况一致。

(五)新石器时代手工业部门——漆木器制作

跨湖桥遗址发现了新石器时代早期的漆弓,同时还出土了目前中国境内最早的独木舟等大量木器。因此,漆木器生产至少在距今 8 000 年就在长江下游地区初具规模。人类很可能掌握了漆的流动性和黏结力性能,对漆的性质有所了解,意识到漆膜可以保护木器使之不易变形开裂,且有着良好的隔水性,其耐磨、耐热、耐酸的优点也使得它在此后成为新石器时代上层社会贵族阶层所青睐的生活必需品和彰显身份的奢侈品。

1. 漆木器制作技术

从出土实物来看,早期漆器多以生活器物为主,胎体多以整木斫制的厚木胎居多,及至晚期才有薄木胎漆器出现。在装饰手法上,以素面为多,黑色与红色是其基本色,运用多种色漆的彩绘手法也已经出现。值得一提的是,漆、玉器以及绿松石的镶嵌技术都是新石器时代的创新。

2. 早期漆木器出土举例

(1)跨湖桥出土的漆木弓总长 121 厘米,黑色,胎为木质,木弓外的表皮具天然漆成分。河姆渡遗址出土的朱漆碗口径约 9.2 厘米~10.6 厘米,底径 7.2 厘米~7.6 厘米,高 5.7 厘米,是以整块木料挖斫而成的,器壁厚,呈椭圆瓜棱形,圈足略外撇,外壁涂有一层朱红色涂料,内髹黑色。漆筒形器的口径亦为 9.2 厘米~10.6 厘米,底径 7.2 厘米~7.6 厘米,高 5.7 厘米,木胎外壁两端缠有多道藤质物,暗示这一时期人类已掌握了把生漆提炼成透明熟漆的髹漆技术。余姚田螺山遗址出土的多件漆木蝶形器与黑漆木筒在技术上与河姆渡遗址出土的漆器相似。其中漆木蝶形器长约 21 厘米,宽 10 厘米,整木雕刻而成,两侧髹饰黑漆,背面有浅凹槽和穿缀孔。江苏常州圩墩遗址下层马家浜文化也发现有两件喇叭形木器及筒形器。这件喇叭形器髹饰黑漆与朱漆,黑漆与朱漆使用在同一件漆器上,自如地运用朱黑两色来装饰器物,是漆器制作的重大进步。

(2)良渚文化时期出土的漆木器数量增加,多集中在良渚古城附近的几个重要遗址。反山、瑶山、卞家山是目前出土漆木器最多的几处遗址。反山遗址 M12 出土的嵌玉高柄朱漆杯,高约 20 厘米,直径约 6 厘米~8 厘米,整器表面涂抹朱红色漆,并镶嵌大小不一的玉粒 141 颗,摆出重圈、螺旋、直线、卷曲等复杂的构图，表明工匠熟练掌握了漆器镶嵌技艺。下家山遗址共出土20余件漆木器，有漆觚形器、筒形器、漆盘、漆豆等。首次发现的变形鸟纹器盖是在朱漆底上以红漆勾勒变形的鸟纹，鸟纹内填以黑漆。而觚形漆器表面均髹朱漆，有些觚形器的腹部雕琢有两组螺旋形的突弦纹。下家山还出土有榫卯结构的木器构件和木质陀螺等。钟家港南段漆木器作坊出土的漆木器有未成形的木盆坯、独木梯子、木盘、舟形器以及漆器残片等。

（3）在山西襄汾陶寺遗址大型墓中也发现了成组的随葬彩绘漆木器。胎骨已腐朽，可辨器形有盘、斗、豆、觚杯、案等，多以红漆为底，用白、黄、黑、蓝、绿等颜色彩绘纹饰。其中漆木豆器形大，豆柄高。在稍晚于陶寺遗址、大致与二里头文化时期相当的内蒙古敖汉旗大甸子墓葬中，也发现了多件形似觚的薄胎朱色漆器，其上镶嵌着绿松石珠和海贝，色彩鲜明。二里头遗址中也出土了以漆棺为主的大型漆器和漆觚等小型漆器。

3. 漆木器制作工坊遗址

良渚古城附近的钟家港遗址的漆木器制作工坊是目前唯一可以确定的漆木器手工业作坊，其规模较大，产品也十分多样化。除了发现漆木器成品残件外，还发现了木器坯半成品和漆木器成品残片等。在钟家港的废弃坑内发现了至少三件器内残留有漆液的小型陶器，盛放漆液的小陶杯比较特别，器壁很厚，口部较大，似乎是专门用于盛放漆液的容器，这是确定该遗址为漆木器制作工坊的重要依据。

（六）新石器时代手工业部门——酿酒业

考古资料显示，在新石器时代早期，人类就开始饮酒，至少在距今9 000年的河南贾湖遗址和浙江桥头遗址的陶壶上就发现了果酒的残留物。新石器时代中晚期，酿酒与饮酒的考古资料增加，到了二里头文化时期，酿酒与饮酒的礼仪制度逐渐成为上层社会体制的一个重要方面。因此，新石器时代可以说是中国传统酿酒与饮酒活动的初始期，用发酵的谷物和水果来酿酒是当时的主要形式。

1. 酿酒原材料与基本技术

酒是碳水化合物经发酵而成的酒精饮料，古代称作"已醇"。水果里含有发酵性的糖类，只要经过酵母菌的分解就能生成酒精。人类可能受到含糖野果自然发酵的启示,开始酿造果酒。在裴李岗文化贾湖遗址中,就发现了由各种水果和野生稻子等酿造的混合酒水。而在磁山文化时期的 88 个灰坑内发现了 14 吨粟,这些大量剩余的粟有可能是酿酒的谷物原料。谷物的主要成分是淀粉,淀粉经过糖化发酵能酿造成酒,但这一转化过程复杂,需要特定配方、适当温度和相关保存知识。当时的人工酿酒技术可能是把谷物蒸熟后拌以曲蘖,装在容器内,加入一定比例的水,放置在特定环境下,经过发酵,捞去糟粕后便是最原始的水酒。因此,从酿造技术上来说,从野果酿酒到谷物酿酒中间应有一段发展过程。

2. 新石器时代酿酒遗物的发现研究

酿酒的手工业作坊发现得很少。目前能确定的是河北藁城台西村二里岗文化晚期的 F14,这里不仅有作为酿酒空间的房址布局,还在大型储藏酒的陶瓮内发现了酒的残留,并且有酿酒工具的漏斗、酒壶和酿酒用的谷物和野果的残留物。年代更早的、属于新石器时代的酿酒工坊并未发现,只能通过科学分析确定一些遗址内有专门用于酿酒和饮酒的陶器,或者某个特定房间的地面土壤中残留有酒的成分。

(1) 河南舞阳贾湖遗址:1999 年中美合作利用气相色谱分析、液晶色谱分析、傅里叶变换红外光谱分析和稳定同位素分析等技术,对贾湖遗址出土的 16 片壶形陶器残留物进行了分析,结果显示,这些陶器沉淀物中含有酒石酸,还发现了稻米、山楂、米酒、蜂蜡、葡萄单宁酸等成分,表明这些陶器曾经盛放过稻米、蜂蜜和水果类等混合发酵而成的饮料。

(2) 中原地区仰韶文化四处遗址:斯坦福大学刘莉团队近年来对中原地区四处仰韶文化时期遗址出土的陶器进行了淀粉粒分析。

西安米家崖遗址发现的一组陶器上有酿造谷芽酒的淀粉粒残留证据,其中尖底瓶可能用于装酒,漏斗是一种制酒工具。陕西蓝田新街遗址也出土了残留有酿酒才有的谷物淀粉粒的漏斗、带流罐和尖底瓶。河南偃师灰嘴遗址的陶器上残留有酿酒发酵谷物淀粉粒,同时还发现遗址内的房子地面土壤里也有酒的成分,可能是做酒或举行饮酒宴会的场所。第四处杨官寨遗址在出土的尖底瓶和漏斗上也有酿酒的残留物。四处遗址陶器分析均使用淀粉粒与植物硅体分析法,这一系列研究意在复原仰韶文化陶器功能与宴饮礼仪的关系。

（3）山东两城镇遗址陶鬶分析：山东大学的方辉、栾丰实等与宾夕法尼亚大学的麦克文教授团队对山东两城镇遗址出土的陶鬶做了残留物分析，发现有水果酒的酒石酸。陶鬶从大汶口文化时期出现一直到龙山文化时期，多在高等级的大型、中型墓葬中发现。大汶口晚期空三足的陶鬶都以随葬品的形式出现在墓葬内，暗示着鬶多用于葬仪形式。由于一些鬶上能观察到火烧的烟痕，我们推测，这些鬶并不是专门为随葬制作的明器，而是生活中使用的酒器被用于随葬。

（4）长江下游地区的陶质酒器：酒器可分成酿酒器具、盛酒器、分酒器和饮酒器等不同器类。长江下游地区从河姆渡文化、马家浜文化时期起就有垂囊盉、平底实足盉、实足鬶、异形盉等。到了崧泽文化时期，陶器类型有过滤器、刻槽盆、实足鬶、盉、壶和觚杯等酒器，以及被认为是酿酒工具的大口尊、甑等，与前期相比，酒类陶器丰富起来，说明酿酒和饮酒在崧泽文化时期变得发达。

良渚文化时期，酒器类型虽然不如崧泽文化时期丰富，但出现了以实足盉和袋足鬶为固定搭配的酒器组合。良渚时期，大多数鬶与盉出土于生活性的灰坑、房址和文化层中，并不作为墓葬中的随葬品。空袋足鬶大多为夹砂红陶，器壁较厚，在足部、侧壁部和底部有火烧痕迹，可能曾被用于温酒。盉则是制作精美的灰胎黑皮薄壁陶器，观察不到用火的痕迹。温酒的鬶与分酒的盉似乎成套使用、相伴存在，尽管数量都不多。

（5）其他地区出土的酿酒遗物：湖北天门市石家河古城三房湾遗址东台地南北长106米，东西宽52米，近5 510平方米的范围内均为含陶杯文化地层。以RT9251为例，仅20平方米范围内埋藏的红陶杯数量就不少于8 156件，平均每平方米埋藏陶杯407件，表明这里可能是专门制作陶杯的遗址。

（七）新石器时代手工业部门——制盐业

中国最迟在新石器时代晚期（公元前3500—前1800年）已经开始了制盐活动，而且对海盐、湖盐与井盐都有一定的认识与开发。

1. 四川盆地的井盐遗址

根据北京大学李水城与哈佛大学傅罗文团队多年来在四川中坝遗址的工作，新石器时代晚期中坝遗址已经开始井盐生产。中坝遗址最早的盐生产工具是一种带花边口的大口尖底缸，而在接下来的三星堆文化和十二桥文化时期,熬盐工具由大口尖底缸变成几种小型尖底杯和船形小杯。到西周初期,这种以小陶杯作为熬盐工具的技术又发生变化,熬盐陶罐变成了花边口圆底罐。从春秋时期开始,这些圆底罐在容量和形态上变得相当标准化。由于用古代陶器制盐时,常以陶罐兼作塑造盐块的模子,因此,制盐陶器的标准化不但暗示着专业工匠的出现,同时标准化的盐块可能也有助于形成固定的交易单位,以便长距离贸易运输。

2. 山东地区的海盐遗址

海盐制作主要分布在山东和浙江。长期在山东做考古发掘的燕东生认为,龙山文化时期遗址——寿光双王城出土的陶片中,与制盐相关的很多。过去认为,山东早期的盐资源主要来自海水,但考古发现表明,更多产盐遗址位于当时海岸线15千米~30千米以外,这说明当时制盐除依靠海水以外,可能还开采地下卤水。从考古发掘及历史文献的记载看,从黄河三角洲到胶莱河沿岸分布着一大批古代制盐遗址群,每个遗址群内又包含了数十处制盐作坊,这种超大规模、保存完好的古代盐场在世界范围内都十分罕见。这些遗址虽然时代不同,但都出土了大量制盐用的陶器——盔形器。一些遗址的年代最早可以追溯到龙山文化时期,商周时期的制盐遗址最多,比如山东寿光大荒北央遗址及阳信李屋遗址出土的许多盔形器内壁附着白色凝结物,XRF及XRD分析结果表明,这些白色凝结物的氧化钠及氯含量都远高于周边土壤,是制盐陶器无疑。

3. 浙江宁波的海盐遗址

浙江宁波海域以及周边岛屿也是海盐产地。大榭遗址位于舟山群岛与宁绍大陆之间的大榭岛,距宁波市中心约40千米。在大榭遗址二期的钱山漾文化遗存中发现大量海盐制作遗迹遗物,包括盐灶27座、灰坑5个、陶片堆2处、制盐废弃物堆18处。制盐聚落分布于人工营建的两处土台上。出土陶片中可辨器型的有陶缸、盆、支脚等,还有大量红、白、橙、紫色烧土块和白色钙质小结核(经检测为碳酸钙),初步认为它们的形成可能与海水淋滤采自滩涂的盐泥有关。可见,这处钱山漾文化时期的海盐制作遗存是目前发现的具有一定规模的早期大型制盐作坊遗址。

4. 晋西南的湖盐遗址

形成于新生代第四纪的解盐是山西南部历史上著名的池(湖)盐生产基

地,解池-盐湖沿着中条山余脉,由中条山北麓长约 40 千米的狭长范围内的数十个天然盐湖组成,总面积 132 平方千米,是世界第三大硫酸钠型内陆湖泊。运城盐湖富产石盐和芒硝,经过长期沉淀与蒸发,形成天然的咸水湖。盐湖已有 4 000 多年的采盐历史,所产之盐通常称"解盐""潞盐"或"河东盐"。

位于运城盐湖附近的东下冯遗址是一处龙山文化到二里岗文化时期的遗址,在二里头时期的堆积中发现了制盐遗迹,二里岗文化时期的大型圆形仓储建筑则被认为是放置硝盐的仓库。

5. 中国盐业考古的展望

中国盐业考古已取得了长足的成果,在方法上多借助科技分析手段。由于盐的主要成分氯化钠具有高度水溶性,在考古遗址中难以直接发现,仅靠肉眼观察很难确定是否与制盐有关。借助化学分析手段,如 XRF 及 XRD 分析制盐陶器器壁及遗迹中残留白色钙化物,可以有效地证实盐业生产活动的方式。另外,也有针对盐成分进行分析的尝试,包括使用 XRF 分析制盐陶器及土壤中氧化钠($Na_2O$)及氯(Cl)的含量,以及运用电子扫描显微镜(SEM)检验制盐陶器器壁内外盐的梯度变化。由以上研究可知,即使氯化钠溶解后,在陶器器壁及有关活动场所的土壤中仍有残留盐分,因此经过分析可以掌握该地有无制盐活动的证据。

除了科技考古分析外,还可以利用考古学对陶器测量绘制的传统优势,加强对制盐陶器各种属性进行实测、观察,并以定量分析和统计学的方法进行陶器数据分析,通过制盐陶器研究了解当时是否有制盐陶器的专业化体系、制盐的工人和组织化的专业生产团体存在,进而探讨制盐手工业与流通、贸易及消费的关系。盐业生产工序流程的复原,还需要依赖民族志或者原始民族资料的类比分析。日本制盐考古研究中就借鉴了很多民族志的实例以及现代民俗与传统制盐手法的技术流程,并取得了一定研究成果。

(八)新石器时代手工业部门——冶金业

1. 新石器时代冶金考古概况

在新石器时代中晚期,西北和中原地区出土了一些铜器,具有代表性的有陶寺遗址出土的铜铃和铜环、齐家文化遗址出土的铜刀和铜镜、神木石峁遗址发现的铜刀和石质的铸范等。这些金属遗物的发现暗示着这一时期已经有了比较成熟的冶金铸造业。已有研究表明,河西走廊的冶金活动在距今4 100—4 000年的马厂文化晚期就已存在,在略晚的西城驿文化时期,冶炼活动的规模扩大,与齐家文化在冶金遗址上多有共存,并称为"西城驿-齐家冶金共同体"。这一共同体在冶金格局、冶金规模、技术特征、器物形态等方面呈现出自身的特色。目前发现有早期冶金遗迹与遗物的遗址包括张掖西城驿、民乐东灰山与西灰山,玉门砂锅梁、古董滩,金塔火石梁、缸缸洼、白山堂铜矿等。

2. 西北地区冶金矿物特性与技术

西城驿遗址铜冶炼所用矿石主要来自河西走廊的北山地区,可分为两种:一种为仅含铜的氧化矿石,有些残留一定的硫化矿物;一种为含砷、铅、锑等合金元素的矿石。当时使用了"氧化矿-铜"的冶炼工艺,以冶炼红铜为主,存在先冶炼纯铜,在冶炼流程后段添加含砷、锡等合金元素的矿石炼制青铜合金的技术。在河西走廊地区早期冶金发展中,马家窑、马厂、西城驿、四坝人群是冶金技术的主要掌握者,齐家文化正是通过与这一人群的交流,获取并广泛传播了冶金产品或冶金技术,从而对中国其他地区早期冶金技术产生了不同程度的影响。

冶金考古学家苏荣誉则认为,中国早期冶金技术的产生与陶器烧制技术互相影响,陶和冶、陶和铸紧密相关,不可分割。冶金术依赖三个技术要素:还原性气氛、高温和矿石,其中的前两个可以由制陶术直接提供。还原性气氛的获得与控制是冶金术发生要素之一,金属元素主要以氧化物、硫化物或盐、碱类化合物的状态存在于矿石之中。冶金过程简单地说就是将金属从其氧化物中还原出来,而这一反应只能在还原气氛中进行。从冶金动力学的观点看,高温技术保证了还原反应过程中实际产生了金属块粒而不只是若干金属原子,确保还原反应在宏观而非微观层面进行。

3. 黄铜、青铜与红铜在中国境内的考古发现

中国目前所知最早的铜制品是陕西临潼姜寨仰韶文化半坡类型一期遗址中发现的铜片,属于锌黄铜材质。东乡林家和永登蒋家坪马家窑文化遗址中也发现了铜器和冶铜遗物,年代都在仰韶文化范围内。迄今所知中国最早的青铜器是甘肃东乡林家马家窑文化地层中发现的一把青铜刀,刀背略呈弓形,圆头,柄部甚短,系用双面范铸成。到了龙山文化和岳石文化时期,出土

铜器及冶铸遗物的达到 15 处遗址。齐家文化出土铜器的遗址共 7 处,虽然遗址数量少,但出土的铜器以及铸造遗物非常丰富。到了青铜时代早期,除二里头文化时期外,在中原以外的周边地区也有 13 处遗址出土了青铜器遗物。也就是说,新石器时代晚期各地进入铜石并用时代和青铜时代的绝对年代各不相同。比如,夏家店下层文化的年代虽然与二里头文化相当,但从青铜器物上来看还处于铜石并用时期或刚刚进入青铜时代,而同时的中原地区的二里头文化已进入成熟的青铜时代。在山西夏县东下冯遗址的二里头文化的堆积内,出土了较多青铜武器与工具,而偃师二里头遗址则出土了青铜容器,其制作技术显示该地区开始进入成熟的青铜时代。

从分布地域上看,中国早期铜器及冶铜遗物基本上分布于黄河流域,但也不能排除各地区考古发掘工作发展不平衡的因素。例如安徽含山大城墩出土的相当于二里头文化早期的青铜刀、最近新发现的安徽合肥近郊的三官庙遗址出土的二里头文化时期的 18 件青铜武器与工具,以及西藏曲贡所出土的青铜镞都值得关注。

中国早期铜器多种材质并用,既有原始黄铜、原始青铜,也有原始红铜(甚至天然铜)。制造技术既有铸造,也有压力加工成形,多种成形工艺并存。这是人类各地早期冶金的共同特点,也正是这种多样性,为各地冶金技术形成不同的工艺传统提供了选择和契机。

## 第十四讲

# 考古学对中国文明起源的探索历程

赵 辉
北京大学考古文博学院

"中华文明探源工程"的研究课题已经开展了近20年,今天我从中国考古学近年来围绕探源工程对中国文明起源和早期发展过程的研究出发,分三个部分和大家谈一谈我对这个问题的认识。

首先介绍"中华文明探源工程"作为一项研究课题是如何产生的。其次与大家分享到目前为止,学者们就这个题目取得了哪些重要的认识与收获。最后讨论我们将来如何解决现在存在的问题、如何进一步拓展这个课题。

## 一

探索中华文明之源的问题不是从来就有的。在中国传统历史体系中,对上古时代的认识很成系统。我们现在一谈上古时代,必谈司马迁《史记》中的《五帝本纪》。根据现在学者的研究,在司马迁之前至少有东方和西方两个五帝的系统和多种说法,司马迁主张的是他杂糅了两个系统后的个人见解,但因为《史记》的崇高地位,其说渐为流传,影响最大,即今天我们所熟悉的黄帝、颛顼、帝喾、尧、舜这五个古代帝王。

尽管五帝之说有些不靠谱,但古人描述的上古历史中有很多看似颇为合理的内容,比如在谈到上古发明的时候,从"有巢氏""燧人氏",到"黄帝作舟车"等,有很多记载。若把这些发明创造按出现的时间排列起来,很符合从简单向复杂、从低级到高级的技术发展规律。如果说制造技术中最尖端前沿的是军事工业,那么《越绝书》中的记载"轩辕、神农、赫胥之时,以石为兵……黄帝之时,以玉为兵……当此之时,铁作兵……",也好像有一个很清晰的技术发展进步的逻辑。

从社会发展的角度说,最著名的就是《礼记·礼运》篇中关于"大同之世"和"小康之世"的描述:

> 大道之行也,天下为公,选贤与能,讲信修睦。故人不独亲其亲,不独子其子;使老有所终,壮有所用,幼有所长,矜、寡、孤、独、废、疾者皆有所养;男有分,女有归。货恶其弃于地也,不必藏于己;力恶其不出于身也,不必为己。是故谋闭而不兴,盗窃乱贼而不作,故外户而不闭。是谓大同。
>
> 今大道既隐,天下为家,各亲其亲,各子其子;货力为己;大人世及以为礼,城郭沟池以为固;礼义以为纪,以正君臣,以笃父子,以睦兄弟,以和夫妇,以设制度,以立田里,以贤勇知,以功为己。故谋用是作,而兵由此起。禹、汤、文、武、成王、周公,由此其选也。此六君子者,未有不谨于礼者也。以著其义,以考其信,著有过,刑仁讲让,示民有常。如有不由此者,在埶者去,众以为殃。是谓小康。

从"选贤与能"到家天下,从"天下为公"到迎合私有财产制度的礼义的发生、刑法的建立,以及城防、攻伐等的出现,貌似也很符合社会发展的逻辑。

对传统上古历史体系提出根本性质疑的是疑古派。在新文化运动之前,已经有研究者对传统历史体系产生怀疑。在新文化运动的背景下,以顾颉刚为代表的一批史学家用西方整理史料的方法重新整理了中国历史史料,得出一个重要结论:我们今天看到的历史都是"层累地造成的"。因为过去太遥远、太渺茫,大家对它的记忆本来就是语焉不详的几句话,后代的文人、诸子百家和研究者又把自己的想象不断地附加进去,才变成我们今天看到的这样一部有血有肉的、生动丰满的历史,但真正的历史可能完全不是那样。所以说,疑古派从史料的可靠性这个根本上彻底颠覆了传统历史体系。

疑古派或者古史辨派摧毁了这套"层累的历史",但在重建中国上古史时,由于原来的史料或被深度怀疑或被全部否定,他们就无能为力了。考古学就是在这种情况下被引入中国的。

从19世纪后期起,一些国外探险家在中国境内从事与考古有关的科考和探险活动,但某些活动以偷盗文物为目的,鱼目混珠、泥沙俱下。因此国内有一部分学者认为,既然在中国的土地上有了考古工作,就可以算作中国考古学的开始。但是19世纪后期,疑古派还没有诞生,重建中国古代史的任务还没有提出,所以西方探险家的活动在中国学术界未能激起多大反应。尽管敦煌藏经洞的经卷被盗运出国,引起国人大哗,但这与学术研究的关系也不大。在重建中国上古史的任务提出后,如何运用新方法、通过新途径来重建中国古代史的学术问题受到关注,此时,应该说是安特生的工作给中国学界做了一个示范。

1918年,安特生发现周口店遗址,不久又发现了河南渑池仰韶村遗址,1921年对后者做了发掘。根据在仰韶村遗址的发掘所得,安特生发现仰韶遗址出土的某些遗物如收割谷物的石刀、三足陶器等和以后的中国传统文化仍有关联,由此提出了仰韶文化是中国史前远古之文化的重要论断。安特生的工作为中国学术界起到示范作用,即除了使用文献和传说的史料来书写历史之外,还可以使用地下出土的文物来重新组织和构建历史。

与前面提到的观点不同,另一种观点认为,中国考古学的开端应该由中国学者从事考古工作开始计算,即1926年李济在山西夏县西阴村的发掘以及1928年中央研究院历史语言研究所在殷墟的发掘工作。我个人认为,从学理上说,还是从安特生的工作开始算比较合适,后一种说法有点"民族主义"的色彩。

但是,中国考古学的诞生并不完全等于中国文明问题的提出。我们今天所说的"文明"是一个多义词,大到人类的成就可以称为"文明",小到个人修养也可以称为"文明"。今天课堂上所说的"文明",专指最早的国家形态的出现。显然在中国考古学诞生之初,这个问题并没有被提出来,因此有必要简要梳理一下中国考古学如何提出和解决中国文明问题的研究过程。

中国最初的考古工作内容,可以用傅斯年先生为史语所考古组写的一副楹联来表达:"上穷碧落下黄泉,动手动脚找东西。"它的首要任务是发现过去有什么。在这个过程中,遂有了对殷墟的发现、发掘以及结合甲骨文对商王世系的考订,从而把这段原本为传说的时代变成了信史时代,以至于后来说到中国文明的时候,西方学者都是从商代开始算,理由是再早还没有发现系统的文字。

中国考古学的产生一开始就是出于要重建中国历史的这个根本原因,所以中国考古学从一开始就是历史学的一部分,它的学科性质在当时就被确定下来。这和北美等新大陆的考古学不一样,他们把考古学放在人类学的框架下发展,因为北美考古学家所面对的遗物是"异民族""异文化"的东西,所以要从文化比较的研究角度去考古。而中国考古学是把史前史当作一套完整的中国历史的一部分去做研究、去追溯的,这个学科性质和学科目标恐怕不会改变。

改革开放后不久,中国学术界重新开始和国外进行学术交流,在比较了人类学框架下发展的北美考古学之后,中国学界也曾产生过考古学的性质究竟属于历史学还是人类学的讨论。前两年,中国社会科学院考古研究所有一些学者又要在《文物报》上讨论考古学的学科性质,如果看看中国考古学产生的这段历史,就明白这个问题似乎根本没有讨论的必要了,中国考古学在产生之初,就被赋予了一个历史学的任务——重修古史。当然,在研究史前史的方法上,我们需要借鉴人类学及相关人文学科的方法和思路,如果完全在中国文献史的框架下研究考古,被框定住了,画地为牢,反而不好。但这是另外的问题了。

从20世纪20年代到七八十年代,中国考古学把主要精力放在了填补考古发现的时空空白上,我们把这一时期叫作考古学的"物质文化史研究阶段"。这时的中国考古学虽然还不具备提出中国文明相关问题的能力,但一批非常重要的考古成果的产生催生了对这个问题的一些思考。

20世纪50年代,徐旭生根据文献索引,认为豫西、晋南地区是夏人的主要活动区域,之后他发现了二里头文化和二里头遗址。徐先生当时没有把二里头遗址定性为"夏都",这间接导致了今天对"二里头是商还是夏"的无休止的争论。新石器时代考古的主要工作,就是在各地发现、梳理出各个考古学文化的时空关系。邹衡等学者在建立了三代文化分期的年代学体系后,对先周、先商文化的讨论以及对三代周边地区文化的讨论,其实是具有同样性质的工作。

20世纪80年代初,以苏秉琦先生提出的"区系类型学说"为代表,中国考古学的物质文化史的研究可算告一段落。但这并不意味着这类研究已经全部完成,在物质文化的框架内,还有许多细节内容我们不太清楚,有些空白还有待发现填补,所以物质文化史的研究会一直持续下去。但在这个轮廓已然清楚的物质文化区系框架基础上,中国考古学对中国新石器时代的物质文化史有了一些非常重要的结论性认识。

第一,中国史前文化的发展是多元的,并且在多元发展的过程中进行了越来越频繁的互相交流,各地文化面貌开始趋同,出现了"一体化"趋势。苏秉琦先生描绘中国史前文化是"满天星斗",虽然他没有明确说出"一体化"这个词,但他在《中华文明起源新探》中借用了承德避暑山庄外八庙之关系的例子,来表达各地文化趋近、趋同的历史大势。严文明先生则借用了费孝通先生研究中国古代多民族问题时使用的"多元一体"一词,以说明中国新石器时代的文化经历了一个多元一体的过程。目前,"多元一体"已经成为被最为普遍接受的历史概念。

第二,中国史前文化在多元一体化的发展过程中,在某个时间节点上还形成了以中原为中心的历史趋势。

物质文化可以被看作社会发展和运作的表层衍射,物质文化的演进发展大势也即中国上古时期社会、历史的大趋势,这一点非常重要。中国考古学在物质文化史的研究上花了很长时间,但是从重建中国历史的使命和责任来说,我们一定要把文化史的研究延长和深入到物质文化背后的社会内容上去,不能总是停留在历史表面现象的梳理上。当然,话要从两面说,因为有了"区系类型学说",有了对中国考古学文化大脉络的基本认识以后,我们才有能力、有时间、有可能去思考更深层次的问题。

其实,中国的考古学家也并不是完全沉浸在物质文化史的研究中,他们也在思考造就这些物质文化背后的社会面貌之类的问题。于是就有了20世纪50年代以来的、以完整地揭露一个史前氏族社会为目的的田野工作,其中最典型的例子是对陕西西安半坡遗址和临潼姜寨遗址的聚落复原工作。通过这些工作,我们对当时的社会有了初步的认识。有一段时间的研究充斥着关于仰韶文化阶段是母系氏族社会还是父系氏族社会的讨论,尽管现在来看，这些观点有些简单，考虑不是很周全，但在当时的条件下，大家都在力所能及地思考着古代社会的发展状况这类问题则是事实。由于当时中国考古学的重点是填补物质文化年代框架上时空的空白，再加上缺乏科学地揭露和复原史前村落的技术手段和研究方法，因此在物质文化史研究阶段虽然一直存在有关古代社会的思考，也一直存在尝试复原古代社会面貌的做法，但不为主流。

从 20 世纪 80 年代起，中国考古学进入了"古代历史社会复原阶段"。与"物质文化史研究阶段"相比，这个阶段所需的研究材料、研究问题和研究方法都有所不同，可以说中国考古学在整个研究体系上发生了根本的变化。

"文革"结束后不久，中国学术过去自我封闭的状态被打破，重新开始与国外学术界的交流。也正是在那个时候，苏秉琦高屋建瓴地提出区系类型学说，为研究者指明了具体的研究方向，这些皆激发了当时考古工作者们主动开展田野工作的热情。繁荣的田野工作"无心插柳柳成荫"，得到了一批引人注目、极具冲击力的考古发现，让人重新思考中国史前社会的面貌。

举例来说，考古学家在辽宁牛河梁遗址的几十平方千米范围内，发现了十几处以"坛、庙、冢"称呼的石构遗迹。红山文化的年代大致相当于仰韶文化，按过去的说法，仰韶文化处在母系氏族社会的阶段，但大致同时的红山母系氏族公社居然有牛河梁遗址这样宏伟的建筑成就，这就颠覆了我们对原始社会的传统认知。又比如，在浙江良渚的反山、瑶山墓地出土了极其精美的玉器，莫角山实为人工堆筑起来的超大型土台基，甘肃秦安大地湾的大型宫殿建筑、河南新密古城寨龙山时期高大的城墙、湖北天门石家河大型城址等，都是颠覆传统认识的发现。这就自然而然地促使人们开始思考：这些考古现象代表着社会究竟发展到了什么程度？中国文明起源的问题于是被提了出来。

1983 年，夏鼐先生在日本访问时，在学术讲演中正式提出了有关中国古代文明产生的观点。其基本逻辑是：由殷墟以及后来郑州商城的发现可知，商无疑是一个成熟、发达的文明。如果二里头是传说中的夏，它也是一个发展到一定高度的文明。那么在此之前理所当然还应该有一段文明的历史，这一段应该在新石器时代的最末期去寻找。几乎同一时期，苏秉琦先生根据前述红山文化等的一系列新发现，也提出了中国文明比学界的传统认识（也即夏代)提前了1 000年的论断。

以夏鼐先生、苏秉琦先生为标志,中国考古学正式提出了中国文明起源的问题。我们知道,文明起源问题的本质是社会形态、社会发展程度的问题。它的提出,标志着中国考古学从物质文化的表面历史研究,开始转入对古代社会历史的深度复原研究。中国考古学也由于这一重大研究问题的带动开启了学科转型,这是中国考古学学术史中的重要一环。

比较西方考古学,也有一个相似的过程。第二次世界大战结束后,西方考古学物质文化史的建设已到了一定程度,考古学家开始思考下一步的学科方向。以20世纪60年代兴起的新考古学为标志,学者们开始讨论文化变化背后的动力,如环境因素等。大体上说,西方学者是从环境、技术、生产、经济的角度,开启了学科向另一个层次的转变,而中国考古学则是从社会形态角度的讨论开启了学科转型。但是,不论从环境、经济、生产的角度,还是从社会的角度出发,研究者最后迟早都要对人类的社会进行整体的把握。所以,东西方学术道路貌似不同,实则殊途而同归,背后是学科从物质文化史研究开始,由表及里、由浅入深的发展逻辑在起作用,中外亦然。

迄今为止,中国文明问题的研究经历了三个阶段。

最初阶段可谓是"定性的研究"阶段。对于考古的新发现,人们会迫不及待地给予一种性质的判断:它是不是文明?有人谈到良渚文化时,还会用"在文明的门槛上""一脚在文明这道门槛里,一脚在门外"这样的语言来形容。在文明性质的判断标准上,一般是引用经典作家的几条标准——城市、冶金术、文字等,或者是引用柴尔德从考古学物质资料的角度列出的十条城市文明特征。在研究过程上,有这么几个阶段是很自然的,因为当我们面对新鲜事物的时候,首先要做的就是对其有一个性质上的基本判断。

然而大家很快发现,文明,乃至某种具体的文明要素,其产生往往是一个漫长的过程,而不是一夜之间就出现了的。把中国各地遗址的情况按照时代排列一下,就可以获得中国社会从简单、原始、平等变得越来越复杂的阶段性认识,这是中国文明问题研究的第二个阶段——我叫作"一般过程的研究"。指导这个阶段研究的思想是一般进化的观点,如母系氏族—父系氏族、古国—方国—帝国等。

到了21世纪初,受到中国文化多元一体论的启发,又有一些学者开始思考由多元文化创造的多元社会是否也分别具有不同的发展道路。要解决这个问题，就需要首先把每个地方文化背后的社会进程看作一个个的历史事件，进行个案式的梳理研究。我个人把这种研究叫作"历史主义的"研究。考虑到各地史前文化既有自主发展的一面，彼此又存在各种联系、交流，其背后社会的演进也应该是既有自己的特点，也有相通的部分的。那么，在个案式的研究之后，还要做个案之间的比较研究。如此才能揭示出各史前社会文明化进程的具体特点、道路，以及它们又分别以怎样的方式、怎样的内容参与了中华文明的总进程，而最终沉淀或凝聚成中华文明的特质特点。如果强调比较研究这个环节的话，也可以把它叫作"区域间的比较研究"。总之，我认为这是中国文明研究的第三个阶段。2015年，教育部重点研究基地北京大学中国考古学研究中心出版了《聚落演变与早期文明》一书，是中心2000年启动的一项重大课题的研究成果。该项研究正是根据上述思路设计、开展的。但是平心而论，当前中国考古学的主要研究力量和兴趣仍然集中在第二个研究阶段上，区域间比较研究虽然代表了方向，但毕竟开始不久，还有待进展。

此外，自第二个研究阶段以来，除了研究内容上的变化，还有一个变化就是就中国文明起源这样一个大型课题而言，单凭研究者个人往往力不从心，集体的、团队的研究成为越来越重要的形式。"聚落演变与早期文明"就是这样一个集体项目，而2012年开始至今的"中华文明探源工程"，更是一个动员了国内大部分相关研究者和多学科人员组成团队的大型集体项目，持续至今，仍在进行。

以上介绍的是当前学界有关中国文明起源问题的一些主要认识、观点。出于以上提到的原因，它们主要还是属于第二个研究阶段的成果。

## 二

要想比较清楚地梳理中国文明起源这个历史过程，首先需要从相关遗存的年代着手。虽然考古学文化的年代框架已经建立起来，但其中问题很多，抵牾矛盾之处比比皆是。所以，中华文明探源工程的研究队伍花了很大力气，就此进行了精细校正，一方面是大量的考古学文化相对年代的比较研究，另一方面是测定了数千个 $^{14}$C 年代数据，并将这些相对年代和绝对年代整合成年表。

根据年表,我们发现公元前 3800 年到公元前 3000 年左右,也即黄河中上游地区的仰韶文化庙底沟阶段,以及长江下游地区的崧泽文化,长江中游地区的大溪文化和西辽河流域的红山文化阶段,各地史前社会呈现出向复杂化和分层化加速发展的趋势,有些地区社会复杂化现象已然十分突出。

公元前 3000 年左右,红山文化中出现了一座极为特殊的遗址群,即位于凌源、建平、喀左三县交接地区的牛河梁遗址群。该址群分布几十平方千米,有十几处地点,几乎全都是被称为"坛、庙、冢"的石构建筑。据郭大顺先生见告,近年更仔细的调查将遗址群范围内的遗址点增加到数十处,依旧主要是这类与日常生活村落迥异的石构遗迹。根据考古发掘得知,这些石构遗迹都是为进行高级丧葬、祭祀活动而刻意营造的,是整个红山文化的宗教中心。而一个简单、平均的社会是不太可能出现这种现象的。

安徽含山凌家滩是崧泽文化群中面积最大的遗址,有近百万平方米,有三重环壕。环壕北部有一片墓地。墓地中间是一座方形的祭坛,四周分布中小型墓葬,小型墓葬随葬品贫乏,中型墓葬除了随葬一些日用器皿外,有的随葬较多的玉芯和残碎玉料,如 M20 随葬有制作玉斧子时钻孔下的玉芯 111 件,墓主人可能是与制玉有关的人士,如管理者或工匠。大墓分布在祭坛南侧墓地的南部边缘处,其中 07M23 是凌家滩遗址迄今发现的规模最大、随葬品最为丰富的墓葬,出土了大批高规格玉器。由此可见,凌家滩墓地中社会成员的阶级、等级分化非常明确。凌家滩大型聚落周围还有一些小聚落,规模远不及凌家滩大,也没有发现玉器这类高档制品,说明社会分化不仅出现在了聚落内部,也发生在聚落之间或者聚落群的内部。

同时期的中原地区也出现了上百万平方米的大遗址,如陕西华县的西关堡、泉护村遗址、河南灵宝的铸鼎塬遗址等。仰韶文化早期的代表遗址——半坡、姜寨面积都不大,总计 4 万~5 万平方米,为环壕聚落,内部成组的房子围绕中心广场来布局,每一组里有一个大房子,也有一些中小型房子,房子里出土的遗物和墓葬随葬的遗物没有等级的差别,是一种平等、平均的氏族村落生活景观。而到了仰韶文化中期,以灵宝西坡遗址为代表,几座特大型房屋独立出来,集中在中心广场上,聚落在结构和布局上与前一个阶段有很大不同,还发现了规模颇大的墓葬,原本平等、平均的社会生活发生了变化。

囿于资料,我们现在还不能对这一阶段的社会发展状况给出十分明确的判断,但将来在探讨中国文明起源问题的时候,公元前3800年到公元前3300年是一个值得关注的历史阶段。

下一阶段——公元前3300年到公元前2300年,某些地区的社会发展已经达到可以称之为国家的阶段,其中最典型的代表就是浙江余杭良渚遗址。

需要说明的是,受各种条件的限制,规模最大、投入最多的中华文明探源工程也只能在每个历史时段中选择一到两个典型遗址,进行重点发掘和研究,良渚的考古是这一时间段落的重点工作。所以,我们权且以在良渚的所见作为这个时期中国史前社会状况的代表,而暂不涉及同时的其他地方社会文明化进程上的特殊性问题。

良渚遗址发现于20世纪30年代,20世纪七八十年代,遗址中发现了反山、瑶山墓地,并在边长450米×670米的莫角山上发现了大面积的广场等建筑遗迹。

2009年,良渚考古又有新突破,在葡萄畈地点发现了古城城墙,城墙的上部由纯净的黄土夯筑而成,下部由石块打底,最下部还有一层基础土。经过调查钻探,很快古城的范围被圈出来,其面积达260多万平方米,外围影影绰绰还有一重外廓,算进来,总面积就达到800万平方米之巨。而城中的莫角山也被基本确认是一座人工堆筑起来的长方形土台。又在古城的北侧和西侧发现一套水坝系统,山口处的高坝主要起到阻遏山洪的作用,山前低坝围出大面积水域,蓄水功能显而易见,塘山一段低坝还有内外两重坝体,之间呈现为一道宽直的水道,研究者推测可能是将山区物产如黏土、石块、木材运输等建筑材料运送至良渚古城的水路。所谓高坝和低坝,只是建筑的海拔标高不同,建造技术一如古城城墙,规模上则更有过之。

如此规模巨大的工程,耗费的人力、物力也是惊人的。根据估算,高低水坝、城墙和莫角山土台的总土方量约1100万立方米,如果1立方米黏土等建筑材料的开采、运输和最后堆筑到水坝城墙之上需要3个人工/天,按每天出工1000人计算,每年就是30万人工,达到这个规模需要连续工作110年。且不说还要有人负责工程组织、质量监督、后勤保障等一套东西。

$^{14}C$年代测定表明,水坝建造的年代稍早,古城的始建年代稍晚,应当是先修建水利工程改善当地的水沼湿地环境,再建造城池,这说明良渚人对该

地区的水文地理有深刻了解,有很高的科学技术水平。其次,如此旷日持久的劳动力组织背后,肯定存在一个强制的公共权力在起主导作用。透过这项大工程,我们还要看到其背后的社会运转有一个强有力的机制在起作用。

前一阶段崧泽文化中出现的社会分化,在良渚遗址中体现得更加明显,良渚上层人士占有的社会财富之大,前面已经有几位老师讲述过,我就不再重复了。我们再看一看良渚社会的城乡分化情况,这背后又涉及若干更深刻的问题。

良渚城聚集了大量人口,这其中除了大小贵族阶层之外,在钟家港河道及两侧考古发掘发现了大量钻孔玉芯、燧石石片、玉器废料,漆木器、竹编等手工业遗物,还有三根14米长的建筑用大木料等,显示出城内有大量手工制造业和建筑业人口。这些各种专业技能的人群聚集在此,而且一定还有生产和产品管理、交换和贸易管理等一整套机制,这说明良渚城的组织原则不仅仅是血缘关系了,这是现代城市按社会功能的组建原则的雏形、开始。在距离良渚古城40千米的茅山遗址中,发现了面积80多亩的水田遗迹和石犁等农业工具,是个典型的农业村落。因为茅山遗址的考古资料尚未全部发表,我们还无从知道这座农业村落的家户人口的数量。但从良渚文化其他遗址的情况看,这类农业村落也就是七八户人家,他们很可能是一个以血缘关系为基础的集体,而和城市迥然不同。

值得注意的是,虽然在良渚城内的莫角山、池中寺地点发现有粮仓,但却一直没有发现过与农业生产相关的迹象,如耕作农具、水田等,这说明良渚居民不从事农业,所需粮食完全仰仗外部供应。良渚城内确切的居民数量无从知晓,仅从大城的规模看,权且估计3万人,则每年大概需要3 600吨粮食。那么,在茅山这样的七八户人的村落中,按五口之家计,茅山村落的男女老幼共40人左右,每年消费粮食约7吨。已知茅山的水田有80多亩,按亩产200斤计,每年总产8吨,富余出1吨多。也就是说,要满足良渚古城的需求,需要3 600座茅山这样的村落的全部余粮。而且若考虑到城内还有粮食仓储和贵族阶层的超标准消费,则古城每年实际从外面获得的粮食还要更多。若按每平方千米内有4座茅山这样的村落计算,那么,将近4 000座农业村落的分布面积大约1 000平方千米,这和以良渚古城为中心的天目山以南、钱塘江以西的所谓的"C"字形盆地面积恰好相当。这意味着良渚城和周围至少1 000平方千米的农业区结成了一个经济实体,同时也是一个政体,因为要把这些村落的剩余产品全部搜罗到城内,单靠互惠、交换等平等利益关系,怕是很难达到的。所以,这就指向了良渚城内存在着一个可以直接管控这一范围的公共权力,并且也不难想象良渚的供给权力是带有强制性色彩的。

此外,良渚城的存续运转,除了粮食之外,还需要玉石器、漆木器等各种原料和建材,它们大多产自平原湖沼外围的山地,因此良渚城直接控制的面积还要更大。

综上,良渚的社会成员之间的分化、城乡之间的分化,都显示出存在着一个强有力的公共权力——这在政治学上被称为国家的最基本条件。所以我们据此可以做出判断,良渚已经进入了可以称为国家的社会发展阶段。

良渚文化的分布远大得多,一些地区还有当地的中心聚落,只是良渚城在规格上最高。但是,我们还不能据此就肯定良渚城统辖了整个良渚文化。不过从以下现象中,我们或许能发现一些线索。通过类型学分析可知,良渚玉器上几乎是唯一的刻画图像即所谓的"神人兽面",它有一个从比较具象而逐渐被渲染夸张,被不断神格化、神秘化的过程。这非常像是一个造神的过程。这个过程在良渚古城的相关遗物上显示得最为连续和清晰,也即以良渚城为中心的造神运动。而这个过程又大致和良渚城的建造过程吻合。良渚文化之前的良渚地区遗址数量并不多,良渚文化开始,当地突然集中了大量的人力兴建城市。伴随着这一连串巨大工程的开始,人们开始造神,两者吻合,当不是偶然。又知道在整个良渚文化范围内,神人兽面几乎是唯一的图像,颇有一神教的意味,这和红山文化自然崇拜的信仰体系很不一样。虽然我仍然不能根据良渚的宗教是以良渚城为中心创造出来的,又为整个良渚文化的信仰这一现象,来回答良渚古城和其他地方中心究竟是什么关系的问题,但从世界历史的范围上看,一神教的产生总是和民族、国家的重大变故有关,换言之,在良渚文化范围内存在着高度一致的精神信仰这一现象,已经暗示了良渚的一神教一定通过某种方式、机制在某种程度上参与了整个良渚文化社会的治理。

总之,良渚文化是中国大地上第一批文明的先行者,在这个意义上,我们把它称为"原生型文明",把公元前3300年到公元前2300年称为"古国时代前段"。之所以叫"古国",是因为在古史传说中有"天下万国"的说法,我认为把古书里所谓"国"的国家形态弄清楚后,也许能归纳出中国古代文明进程的具体特点,这就比"早期酋邦"这样的普世概念要清晰,也是为以后的研究留下可发挥的空间。

公元前2300年到公元前1800年,历史进入"古国时代后段",各地的文明化格局发生大变化,红山文化、良渚文化衰落下去,而晋陕高原、山东地区、中原地区、两湖平原、成都平原普遍发现一批城址,譬如两湖平原的石家河遗址和成都平原的宝墩遗址。

晋南地区最著名的是以陶寺遗址为代表的陶寺文化。该遗址是一座面积达280万平方米的大城,多年考古发现表明,这里集合了盐业、铜矿、石材等多种资源。有人认为陶扁壶上的毛笔朱书就是文字,还释读为"尧"字。此外,我个人虽然不赞同遗址的半圆形土台为观象台的说法,但在农业民族中,"观天授时"应该很早就有了,此后成为皇权的一种仪式性象征。

陕北地区备受关注的石峁遗址有"皇城台"、内城、外城三重结构,总面积超过400万平方米。城门和城墙皆用石块包裹夯土建造,"皇城台"和内、外城城墙上均发现城门,内、外城城墙上还有墩台、"马面"、角楼等设施。城墙墙体在建造时,分层埋设圆木,是加固墙体的措施,起到"木骨拉筋"、防止墙体倾斜崩塌的作用,应该和《营造法式》中"纴木"的功能相似。近两年,在"皇城台"最顶层一圈石墙上发现了许多建筑构件,是毁弃了一座建筑,将构件砌进墙体上的,很多石块上面有精美雕刻,图案大致可分两类,一类为北方草原畜牧狩猎题材,另一类和石家河文化的玉器纹饰有相似之处,又隐约可下接三星堆的铜面具形态。还有几件圆柱石雕,令人不禁联想到图腾柱。

古国时代后段与古国时代前段相比的另一大特征是出现了大量与暴力、战争有关的信息。在石峁遗址外瓮城南北向长墙和北墩台门道入口处,发现了两处集中埋置人头骨的遗迹,每坑均有24个头骨,部分头骨有明显砍斫痕迹,个别枕骨和下颌部位有灼烧迹象。经初步鉴定,这些头骨以年轻女性居多。除了石峁,在中原地区,乱葬、人牲奠基等尤其常见。

此外,古国时代后段的大型遗址还往往具有多种文化因素混杂的特点。石峁遗址中可以看到大量来自东方文化的遗物;在河南地区龙山时代的城址里,有的可以看到东方文化的影响,有的可以看到江淮地区文化的影响,有的可以看到长江中游两湖地区文化的影响,当然还有长城一带南下的文化因素。这种新气象说明这个时期文明的产生伴随着频繁的、规模较大的人口流动。在越来越明显的一体化进程中,中原地区变成了"大熔炉"。这是古国时代前段看不到的现象。在这个意义上,也可称这个时段的文明为"次生型文明"。

公元前 1800 年以后,中原地区进入了所谓以二里头遗址为代表的"二里头文化时期",它不仅吸收周围文化的影响,也输出自己的文化,又是古国时代晚期文化所不具备的特征。联系到后来三代"以中原为中心"主导历史进程的基本特点,我把这种现象叫作"王朝气象"的开始。

中国文明形成过程的阶段性特征,简单小结如下:

公元前 3800 年到前 3300 年,中国史前社会文明化的进程在此前漫长积累的基础上加速发展,是探索中国文明起源的关键时段。

公元前 3300 年到前 2300 年,一些地方社会率先形成了国家,称为"古国时代早期",或"原生型文明"。

公元前 2300 年到前 1800 年,黄河流域普遍出现了国家,称为"古国时代晚期",或"次生型文明"。

公元前 1800 年开始,是王朝时代的开端。

## 三

应当说,以上认识若和 20 年前比,无疑是大大前进了一步,但它们主要还是依照前述一般进化过程式的思路得到的,围绕中华文明的起源和早期发展问题的研究,还有继续深化的必要。

首先,中国史前文化是多元一体的,这已经暗示我们各个地方社会的文明化进程可能在原因、机制、途径、模式等方面不一样。各地环境的多样性导致生业经济内容不同,导致文化的多元、多源现象。江浙地区以稻作农业为主,北方地区以粟作农业为主,长城沿线畜牧业发达,江淮地区则是多种生业经济的混合模式。经济模式不同,相应的上层建筑也会有差别,意味着背后的社会复杂化、文明化进程的多样性。有人概括,中国史前文明可以分为南方和北方两种模式。比如陶寺墓地的社会阶层结构类似金字塔,少数的上层社会人士和庞大的基层民众,而良渚、大汶口反映的是橄榄型社会结构,社会中层比较多。从手工业生产方面来说,似乎也能从主观上感受到南方精细的做工和北方的粗犷风格。所以说我们的确能触摸到中国文明发展的不同模式。进而,北方是可以再做分解的,河套地区和中原就有许多差别,南方模式里也可以细分,山东地区和江浙地区不太一样,但又有相通的地方。最近我读到孙波的文章,山东龙山文化的城址基本上是在比较稳定的环境中发展起来的,其代表的一个地区的社会权力的产生,可能主要和繁荣的经济活动、市场交换有关,并在此机制上形成了管理社会的公共体系,这和中原地区以武力斗争形成城市的模式不同。中原地区的城址"寿命"大多在100—200年,建造得快,废弃得也快,使用时间相对短,反映社会环境动荡。而长江下游地区、黄河下游地区的社会大格局相对稳定,在稳定环境中生长和在斗争环境里生长出的社会权力,原因不同,特点也就不同,是不同的文明化路线。

再看一看各地的信仰体系,在中原地区我们找不到良渚文化、红山文化那样的自然崇拜或"一神"信仰,更多的是礼仪化、制度化、政治化色彩浓厚的一套物品,如牙璋、长刀、斧钺之类。

其次,现在所知中国文明"一体化"的过程是:在各地社会文明进程的折冲中,中原社会凭借地理优势后来居上,奠定了以后社会、历史发展的基本方向。这个过程的内容是中原社会广泛但有选择地借鉴吸收了周围文明技术、思想、制度等各方面的成就。在进一步解读每个地方文明的具体形成过程和机制之后,接下来需要讨论的是:各地方文明是如何融合、融汇出一个中国文明的? 在这个过程中,谁起了什么作用、谁贡献了什么、什么被保留下来、进一步发展成了什么、扬弃了什么? 最后剩下的,才是以后的中国文明的基础。

最后,"不识庐山真面目,只缘身在此山中",我们光了解中国的情况还不行,还要了解中国与世界的关系。

最近这些年,考古学家们确认了一些史前中国与世界其他地区有过接触、联系的新资料,主要在新石器时代的最后阶段,包括牛羊等家畜、麦类作物、冶金技术等进入到中国。这些外来因素看似都是技术层面的东西,但这些新事物进入中国以后,究竟是如何塑造中国社会的发展乃至变革的,则是接下来需要研究的内容。

另外,我认为还要开展文明之间的比较研究。只有在比较中才能更准确地把握中国文明的特点,才能了解到在整个人类文明的发展过程中,哪些是最基本的东西,哪些是一个地区、一个社会自身特色的东西。了解这些对我们理解今天的世界是有帮助的。也只有了解了这些,才可能为规划我们的未来和整个人类的未来有所参考、帮助。这是我们研究历史的最根本意义之所在。

我的讲课就到这里,谢谢大家。

# 授课教师简介

(按姓氏笔画排序)

文少卿,男,复旦大学现代人类学教育部重点实验室博士(2017 年毕业)、法国国立东方语言文化学院(INALCO)人类语言学博士(在读)。现为复旦大学科技考古研究院青年副研究员。已发表 SCI 论文 16 篇,核心期刊论文 4 篇,书籍论文 6 篇。其中"历史名人的父系谱系的确定""新石器时代转型对东亚父系遗传结构影响的评估""入缅远征军和淮海战役烈士遗骸的鉴定"等课题备受学术界和大众的关注。研究方向为考古人类学和古 DNA 研究。

方向明,男,中山大学人类学系考古学专业(1989 年毕业),现为浙江省文物考古研究所研究员,中国考古学会公共考古指导委员会副主任。主要从事新石器时代考古发掘和研究,负责或主要负责编写出版了《反山》《庙前》《昆山》《小兜里》等大型考古报告,著有《神人兽面的真相》、《中国玉器通史》(新石器时代北方、南方卷),发表学术论文 100 余篇。

朱泓,男,现任吉林大学匡亚明特聘教授、考古学院博士生导师。中国考古学会常务理事兼人类骨骼考古专业委员会主任,吉林省资深高级专家、国务院政府津贴获得者。先后主持了国家社科规划项目、国家基础科学人才培养基金项目、教育部博士点基金项目、教育部人文社会科学重点研究基地重大项目和国家文物局专题项目。研究方向为体质人类学、古人种学、古病理学。

陈杰,男,华东师范大学自然地理学博士(2002 年毕业),现任上海博物馆副馆长,研究馆员,中国考古学会理事,上海市人类学会副会长。国家社科基金重大项目首席专家,并承担了国家文物局专项资金、上海市社科基金等多项科研项目。主持的青龙镇遗址考古项目被评为"2016年度全国十大考古新发现"之一,主持的上海广富林遗址荣获首届中国考古学会田野考古奖。著作有《实证上海史——考古学视野下的古代上海》《良渚文化的古环境》等,发表相关论文60余篇。研究方向为长江下游地区考古。

孙国平,男,1988年毕业于北京大学考古专业,现为浙江省文物考古研究所研究员、史前考古室主任。自2004年至今,主持河姆渡文化代表性遗址田螺山遗址考古工作,探索精细化野外考古手段、多学科中外合作考古研究与考古发掘、遗址现场保护和展示开放协同开展的工作模式,并参加多项研究课题。先后赴日本、英国、菲律宾、美国、韩国、瑞士、澳大利亚等国做过学术访问和交流。已发表30多篇考古报告、简报、论文,并出版多部著作。研究方向为长江下游地区考古。

林留根,男,南京师范大学社会发展学院历史学博士(2011年毕业)。现为江苏省考古研究所所长,研究员,江苏省考古学会理事长,中国考古学会理事,中国新石器时代考古专业委员会副主任。主要从事中国史前考古、商周考古研究,主持发掘连云港藤花落遗址、邳州梁王城遗址、宜兴骆驼墩遗址、泗洪顺山集遗址、兴化蒋庄遗址,主持的蒋庄遗址考古项目被评为"2016年度全国十大考古新发现"之一。目前承担"考古中国——长江下游文明化模式"课题研究,主持常州寺墩遗址考古调查与发掘。出版《藤花落》《梁王城》《顺山集》考古报告,发表《论顺山集文化》《从东山村遗址看长江下游社会复杂化进程》等论文数十篇。

张弛,男,北京大学考古学系博士(1997年毕业)。现任北京大学考古文博学院教授、博导,北京大学中国考古学研究中心主任。参与或主持发掘石家河、仙人洞、八里岗等遗址,出版有《长江中下游地区史前聚落研究》《社会权力的起源——中国史前葬仪中的社会与观念》等著作。研究方向为中国新石器时代考古、田野考古。

胡耀武,男,中国科学技术大学科技考古专业博士(2002年毕业),现任复旦大学科技考古研究院教授、博导,中国科学院大学人文管理学科群委员会委员,中国科学院脊椎动物演化与人类起源重点实验室副主任,中国第四纪科学研究会人类演化与环境考古专业委员会秘书长,中国科学技术史学会科技考古专业委员会主任。曾主持或正在主持国家自然科学基金、中科院-德国马普学会伙伴小组项目,作为骨干参与 973 项目和中科院专项。研究方向为生物考古,注重通过人(动物)骨的稳定同位素分析技术,探索我国先民的生存方式及演变历程。

赵志军,男,美国密苏里大学人类学博士(1996 年毕业),现任中国社会科学院考古研究所研究员、西北大学考古学家工作室首席专家、博导,中国考古学会常务理事兼植物考古专业委员会主任,动植物考古国家文物局重点科研基地主任。主持过美国国家自然科学基金、中国国家自然科学基金、中国社会科学院重大研究项目、国家文物局指南针计划专项等 10 余项科研课题。2015—2018 年,连续四年入选爱思唯尔(Elsevier)中国高被引学者名录(社会科学类)。研究方向为植物考古、农业起源和早期发展。

赵辉,男,曾任北京大学考古文博学院院长,现为北京大学考古文博学院教授,北京大学博雅教授。主要从事中国新石器时代考古、田野考古的教学与研究,在史前社会演进、中华文明探源领域有专门的研究。

秦小丽,女,日本京都大学文学博士(2002 年毕业),现任复旦大学科技考古研究院教授、博导,兼任日本金泽大学国际文化资源学研究中心客座教授。曾先后参加和主持过陕西临潼康家龙山文化大型聚落遗址、陕西南郑龙岗寺仰韶文化墓地、河南焦作府城夏商时期城郭遗址和山西夏县东阴村商代遗址等重大遗址的发掘与资料整理工作,在国内外学术杂志发表中、日、英文学术论文近百篇。研究方向为地域间交流的考古学、新石器晚期-夏商周考古、陶器的生产体制与利用方式。

夏正楷,男,1965 年北京大学本科毕业,1968 年研究生毕业。北京大学城市与环境学院教授。曾任教育部高校地球科学教学指导委员会副主任、地理学教学指导委员会主任,中国第四纪委员会常委、中国森林风景资源评价委员会委员等职。主要从事环境考古研究。著有《环境考古学——理论与实践》《第四纪环境学》等专著,和《青海喇家遗址史前灾难事件》《我国中原地区 3500 aBP 前后的异常洪水事件及其气候背景》《伊洛河水系变迁和二里头都邑的出现》等学术论文,并获 2018 年"中国考古大会研究成果奖(金鼎奖)"。

袁靖,男,日本千叶大学自然科学研究科博士(1993 年毕业),现任复旦大学文物与博物馆学系特聘教授、博导,复旦大学科技考古研究院院长,中国社会科学院考古研究所研究员,曾任英国杜伦大学考古系客座教授。主持过国家自然科学基金、国家社会科学基金、中国社会科学院重大研究项目、国家文物局指南针计划专项、中欧合作研究项目等多项科研课题。2014—2018 年,连续五年入选爱思唯尔(Elsevier)中国高被引学者名录(人文艺术类)。出版《中国动物考古学》《中国科技考古导论》《胶东半岛贝丘遗址环境考古》等专著。研究方向为动物考古、科技考古、古代人地关系。

韩建业,男,北京大学考古文博学院历史学博士(2000 年毕业),现为中国人民大学历史学院考古文博系杰出学者、特聘教授、博导。对中国先秦时期的文化谱系、文化格局、聚落形态、人地关系、古史传说、中西交流等进行过较为全面综合的研究,出版《早期中国》等专著及考古发掘报告共 15 部,发表学术论文 100 余篇。正在主持国家社科基金重大项目"欧亚视野下的早期中国文明化进程研究"。

# 后 记

科技考古研究院于2018年成功开设了以"中国科技考古的发展与前沿研究"为名称的FIST课程。2019年,我们再次向学校研究生院提出开办以"中国新石器时代考古"为名称的FIST课程申请,并获得批准。2019年6月,FIST课程介绍一经发布,便收到了众多学生的报名。本次课程报名、旁听人数共50余人,除了复旦大学的本科生和研究生外,还吸引了来自北京、江苏、浙江、吉林、内蒙古等高校的学生以及相关研究机构的从业人员。

6月30日至7月4日,FIST课程在文物与博物馆学系的115教室开课。复旦大学科技考古研究院的袁靖教授、秦小丽教授、胡耀武教授、文少卿青年副研究员,北京大学资源与环境学院的夏正楷教授、考古文博学院的赵辉教授、张弛教授,吉林大学考古学院的朱泓教授,中国人民大学历史学院的韩建业教授,中国社会科学院考古研究所的赵志军研究员,江苏省考古研究所的林留根研究员,浙江省文物考古研究所的方向明研究员、孙国平研究员,上海博物馆的陈杰研究员分别进行了讲课。课程期间,学生们认真听讲、积极提问,课程结束后皆按时提交了高质量的作业。作业经由袁靖和董宁宁批改后,提交至学校研究生院录入成绩。至此,FIST课程正式结束。有关本次课程的总结报道《溯本求源、续写新篇——复旦大学FIST课程"中国新石器时代考古"介绍》由董宁宁执笔,刊登于2019年7月19日的《中国文物报》上,后在微信平台和科技考古研究院网站陆续发布。

为推广教学成果、提升考古影响力,我们将此次FIST课程的内容编辑成书,正式出版。各位老师的文稿全部根据课程实况录音整理,由董宁宁负责统筹,分别安排了鲍怡、胡清波、罗亚豪、麦蕴宜、熊建雪、徐紫瑾、赵肖楠、朱旭初等同学把录音转换成文字,并进行了初步校对,在此基础上,袁靖、赵志军、胡耀武、秦小丽、文少卿、董宁宁对文字稿进行了二校,并请各位讲课老师对各自的讲稿进行审订,袁靖最后通读全稿,与各位讲课老师商榷沟通后,最终定稿。

此次 FIST 项目由袁靖负责,董宁宁具体操办,付出了很多辛苦。

此次科技考古研究院的 FIST 项目得到复旦大学研究生院的全额资助。

在此,谨向复旦大学研究生院、文物与博物馆学系、科技考古研究院及各位参与筹备、讲课及编定全部讲稿的老师和同学们表示衷心的感谢。

图书在版编目(CIP)数据

中国新石器时代考古讲义/袁靖主编. —上海：复旦大学出版社，2020.10(2022.10 重印)
(复旦科技考古文库)
ISBN 978-7-309-15297-5

Ⅰ.①中… Ⅱ.①袁… Ⅲ.①新石器时代考古-研究-中国 Ⅳ.①K871.134

中国版本图书馆 CIP 数据核字(2020)第 158667 号

中国新石器时代考古讲义
袁　靖　主编
责任编辑/赵楚月

复旦大学出版社有限公司出版发行
上海市国权路 579 号　邮编：200433
网址：fupnet@fudanpress.com　http://www.fudanpress.com
门市零售：86-21-65102580　团体订购：86-21-65104505
出版部电话：86-21-65642845
常熟市华顺印刷有限公司

开本 787×1092　1/16　印张 18.25　字数 289 千
2020 年 10 月第 1 版
2022 年 10 月第 1 版第 2 次印刷

ISBN 978-7-309-15297-5/K·739
定价：68.00 元

如有印装质量问题，请向复旦大学出版社有限公司出版部调换。
版权所有　侵权必究